易健雄 —— 著

著作人格权与民法人格权理论的冲突及协调

从根本上解决著作人格权与民法人格权理论的冲突问题，理顺「法学理论、法律规范、现实生活」三者的关系，进而为《著作权法》修订工作及法律适用建言献策，成为本书的落脚点。

知识产权出版社
全国百佳图书出版单位
—北京—

图书在版编目（CIP）数据

著作人格权与民法人格权理论的冲突及协调/易健雄著. —北京：知识产权出版社，2020.8

ISBN 978 - 7 - 5130 - 7084 - 3

Ⅰ.①著… Ⅱ.①易… Ⅲ.①著作权—研究—中国②人格—权利—法学—研究—中国 Ⅳ.①D923.414②D923.14

中国版本图书馆 CIP 数据核字（2020）第 136378 号

内容提要

本书运用实证研究方法分析了我国现行《著作权法》上著作人格权制度与民法人格理论的冲突之处，厘清了民法人格权的内部构造，揭示出当前著作人格权背后的多种客体、多重利益关系及其特征。作者在正本清源的基础上提出了"作者人格权"方案，进而为我国《著作权法》的修订工作提供了颇具可行性与接受度的立法建议，试图从根本上解决著作人格权与民法人格权理论的冲突问题。

责任编辑：可　为　　　　　　　责任校对：潘凤越

封面设计：刘　伟　　　　　　　责任印制：孙婷婷

著作人格权与民法人格权理论的冲突及协调

易健雄　著

出版发行：知识产权出版社有限责任公司		网　　址：http：//www.ipph.cn	
社　　址：北京市海淀区气象路 50 号院		邮　　编：100081	
责编电话：010 - 82000860 转 8335		责编邮箱：keweicoca@163.com	
发行传真：010 - 82000893/82005070/82000270		发行电话：010 - 82000860 转 8101/8102	
印　　刷：北京九州迅驰传媒文化有限公司		经　　销：各大网上书店、新华书店及相关专业书店	
开　　本：880mm×1230mm　1/32		印　　张：7.125	
版　　次：2020 年 8 月第 1 版		印　　次：2020 年 8 月第 1 次印刷	
字　　数：200 千字		定　　价：40.00 元	

ISBN 978-7-5130-7084-3

作者简介

　　易健雄，法学博士，西南政法大学副教授、硕士研究生导师，重庆知识产权保护协同创新中心副主任。2018 年获评"西政好老师""全国知识产权系统人才工作先进个人"称号。

序　言

　　著作权制度对中国而言是舶来品，内在于著作权的著作人格权当然也不例外。由于著作人格权生成过程的激烈争论，即至形成，理论界与实务界对著作人格权也未形成一个统一的称谓。著作人格权观念引入中国以后，称谓方面的五花八门并未改观。"著作人格权""作者人格权""作者精神权利""作品精神权利""著作人身权""作者人身权"等诸多称谓并行于世，各类教科书、专著及其他资料文献中均有体现。❶ 学界在论及该主题时，为行文方便而在不同称谓之间选择换用的现象亦为常见。因我国自1990年首次制定《著作权法》以来便将"著作人身权"选定为法律术语，导致"著作人身权"在教科书层面得到较大范围的使用；但在知识产权理论研究层面，仍以"著作人格权"使用为多。受法国、英美法系影响较多的则偏向使用"精神权利"一词。从著作人格权的理论渊源来看，相较于其他语词，"著作人格权"一词在称谓上似乎更为

---

　　❶ "著作人格权"例见张俊浩《民法学原理》（中国政法大学出版社2000年修订第三版）第四编第25章第三节，马俊驹、余延满《民法原论》（法律出版社2005年第二版）第一编第四章第五节，萧雄淋《著作权法论》（五南图书出版公司2001年版）第四章第一节；"作者人格权"例见费安玲《著作权利体系之研究——以原始性利益人为主线的理论探讨》（华中科技大学出版社2011年版）第五章；"作者精神权利"例见李明德、许超《著作权法》（法律出版社2003年版）第三章第二节；"作品精神权利"例见杨延超《作品精神权利论》（法律出版社2007年版）；"著作人身权"例见张玉敏《知识产权法学》（法律出版社2011年第二版）第二编第七章第二节，刘春田《知识产权法》（中国人民大学出版社2002年第二版）第二编第四章第一节，吴汉东《知识产权法学》（北京大学出版社2009年第四版）第二编第四章第二节；"作者人身权"例见汤宗舜《著作权法原理》（知识产权出版社2005年版）第五章第四节。另外，还有个别学者使用"著作身份权"［参见李锡鹤．民法学应有准人身概念［J］．华东政法大学学报，2007（2）］。不同的称谓后面往往隐藏着称谓使用者对著作人格权的不同理解。

合适。

本研究开展之初，正值国家版权局就我国《著作权法》的第三次修订展开前期的调研工作。对民法人格权与著作人格权的比较研究显示，目前的著作人格权与民法人格权理论扞格不入，且存在理论与实践的严重脱节。著作人格权在理论层面归属于民法人格权，但法律规范层面的著作人格权难以贯彻民法人格权的专属性，在法人作品、视听作品、职务作品、委托作品、保护期限等方面表现出与民法人格权理论的强烈冲突。法律规范似乎"背叛"了理论，理论则"扭曲"了现实生活。从根本上解决著作人格权与民法人格权理论的冲突问题，理顺"法学理论、法律规范、现实生活"三者的关系，进而为《著作权法》修订工作及法律适用建言献策，成为本研究的落脚点。目前已完成初步的研究工作，形成了五章约20万字的研究成果。

第一章"著作人格权与民法人格权理论的冲突"列出了我国《著作权法》关于著作人格权的规定与民法人格权理论相冲突之处，引出拟研究的问题：著作人格权当真属于民法人格权？民法人格权与著作人格权该当如何？二者之间的冲突该如何解决？

第二章"民法人格权及其理论基础"系统梳理了民法人格权的理论渊源，探查了民法人格权的内部构造，发现：（1）作为主体基础的人格不同于人格权客体的人格；（2）主体由自由意志结合躯体而成，故生命、身体、健康、自由为内在于主体的内在属性，不同于姓名、肖像、名誉、隐私等社会属性；（3）自然人的内在属性因内在于主体而不能权利化，又因其无从积极支配而无须被权利化，可适用"人之本体保护"模式；（4）自然人的社会属性并非内在于主体故有被权利化的可能，得适用"权利保护"模式；（5）人格权的客体即为自然人的社会属性，相对于内在属性来说，其特征即是与主体并非完全不可分离。

第三章"著作人格权及其理论基础"系统梳理了著作人格权的理论渊源，并结合版权体系国家与著作权体系国家的实在法，考查了著作人格权的构造，发现：（1）英国虽是现代版权观念的发源地，也是独创性理论的首倡国，但因其经验主义的底色、功利务实的做派而未能孕育出"著作人格权"；（2）法国"精神权利"（droit moral）概念的提出与德国"人格权"讨论的展开至关重要，正是二者互相影响，彼此结合，共同促成了"著作人格权"理论的成型；（3）在对著作人格权的理论探讨中，先后产生了基尔克的"一元论"、科勒的"二元论"与现代"一元论"、现代"二元论"；（4）到 20 世纪中期左右，相伴而生的民法人格权与著作人格权均得到了实在法层面的承认：德国著作权法是现代"一元论"在实在法层面的典型体现；法国则是实在法层面现代"二元论"的首倡国；西班牙、意大利等欧洲国家，拉丁美洲的诸多国家以及中国大陆和中国台湾地区，均是现代"二元论"的实践者；日本著作权法则秉持科勒的"二元论"；（5）版权体系国家习惯以普通法来保护作者的"精神权利"，英国还在 1988 年版权、外观设计与专利法中以专章规定了作者精神权利，美国则长期以来拒不接受"作者精神权利"的概念，即使 1988 年加入《伯尔尼公约》以后，在立法层面给予作者精神权利的保护也极其有限。

　　第四章"著作人格权与民法人格权理论的关系"回顾了民法人格权的根本特征——非财产性和专属性，还发现在统一的"人格权"表述下，实际存在两种不同性质的人格权：一种是技术意义上的"人格权"——"生命权""身体权""健康权""自由权"；另一种则是真正意义上的人格权——姓名权、肖像权、名誉权等。前者可称为"人身的人格权"，后者可称为"精神的人格权"。现行《著作权法》规定的著作人格权则具有既无财产性也无专属性的"怪异"特征，难为民法人格权所完全涵盖。反思著作人格权时，发现作者基于创作事实而在作品上表明其作者身份时，其实包含两层意思：一是"我"在作品中表达了"我"的思想，二是作品这个"身外之物"是"我"的。前者强调作者与作品内在的精神联系，不妨称之为"内层含义"；后者强调作者与作品外在的财产关系，不妨称之为"外层含义"。这两层联系可称为作者与作品之间的"固有联系"，在不同类型的作品中，这两层联系有不同的强弱对比。版权观念诞生之初，固有联系之中的"所有权关系"得到确认，精神联系却被有意无意地忽略了。直到今天，"所有权关系"在版权体系国家仍占据主导地位。当法理个体主义在浪漫主义气息的熏染之下，借助主体哲学的力量，将"写者"提升为"作者"，从而奠定了作者对作品的统治地位，进而提出"作品体现作者人格"理论之时，作者与作品之间的精神联系终于彰显出来并得到极度的放大，以至于"固有联系"内的"所有权关系"被淹没在精神联系的光环之中。适逢欧洲大陆的"人格权"讨论盛会，这种放大之后的精神联系被堂而皇之地塞进了"著作人格权"。原有的"所有权关系"因精神联系的膨胀竟被挤出了"署名"这一"老家"，被迫以"著作财产权"的方式直面作品。从此，在法学理论乃至法律规范层面，"署名"只有精神联系一层含义，"署名权"也成了最核心的著作人格权。然而，作为一种事实关联，"所有权关系"始终是存在的，不会因法学理论、法律规范的不承认而消解。由此，便出现了法学理论对现实生活的背离、法律规范左右为难的尴尬局面。检视现行《著作权法》规定的署名权、发表权、修改权、保护作品完整权后，我们看到，《著作权法》规定的著作人格权其实是一个庞杂的体系。其客体、背后的利益、身处的环境都不是单一的。著作人格权实际承载了财产利益、人格利益、公共利益等多重利益的保护任务。集多重利益于一身而仅被定性为单一性质，并试图以民法人格权为其归宿，这注定了著作人格权的"理论性质"与其"现实本性"的不合。

第五章"著作人格权与民法人格权理论的协调"，首先，厘清了"作者—作品"这一基本关系。其次，揭示了我国现行《著作权法》上的著作人格权以"作品体现作者人格"理论为指导，对作品与作者之间的精神联系给予了高度重视，但忽略了署名、发表行为所含有的财产权方面的意义，甚至连作品本身都被忽略了。最后，建议将著作人格权从著作权体系中剥离出去并改称为"作者人格权"。著作权被纯化为财产权，"客体双重"的矛盾也得以解决：著作人格权的客体是作者人格，著作财产权的客体是作品的表达。实践中还存在作品的"类型双重"："文如其人"类与非"文如其人"类作品。鉴于两类作品的不同功能，建议只赋予"文如其人"类作品以作者人格权。至于如何界分两类作品，可考虑在立法层面作例示式列举，具体由司法层面依立法精神个案裁量。总体精神是，只要判定作者人格对于该作品的功能很重要，就认定其为"文如其人"类作品。如非"文如其人"类作品在极端情况下也发生了侵害真正作者的人格利益，真正作者可依一般的民法人格权请求救济。如此，我们得到了改造现行著作人格权体系的方案：在确认作者因创作作品而取得作者身份的基础上，将作者人格权剥离出著作权，纳入民法人格权，并只赋予"文如其人"类作品的作者。这一方案不妨称为"作者人格权"方案（详见第五章第 191 页图 5–3）。

该方案以顺应现实生活的实际需要为目标，立足于中国现行著作人格权体系，综合吸收了英美等版权体系国家以及日本的法律经验，能从根本上克服现有著作人格权体系在理论上、逻辑上的缺陷；结合民法关于人格权的规定，也能满足《伯尔尼公约》第 6 条之二的要求，具有很强的适应性与解释力。本研究成果以"作者人格权"方案为基准，依托国务院法制办公室 2014 年 6 月公布的《著作权法》修订草案送审稿，综合考虑文本的可操作性和社会的接受度，就著作人格权的修改问题提出了《关于〈著作权法〉上著作人格权的修法建议》。

本研究成果具有一定的学术价值和应用价值：（1）厘清了民法人格权的内部构造，区分了技术意义上的人格权与真正意义上的人格权，前者包括将主体内在属性拟制为客体的所谓"生命权""身体权""健康权""自由权"，后者包括以主体的社会属性为客体的姓名权、肖像权、名誉权、隐私权等；该区分为解决困惑理论界多年的"人格权的正当性"问题提供了新的研究思路。（2）揭示出当前著作人格权背后的多种客体、多重利益关系以及其"既无财产性也无专属性"的"怪异"特征，从而揭开了著作人格权的"面纱"，袒露出了著作人格权的"真面目"。(3) 在正本清源的基础上提出了"作者人格权"方案，进而为我国《著作权法》的修订工作提供了颇具可行性与接受度的立法建议。

本研究综合采用了实证研究、历史分析、比较研究、逻辑分析等多种研究方法。运用实证研究方法发现了我国现行《著作权法》上著作人格权制度与民法人格权理论的冲突，考察了著作人格权制度在实践生活中的运行状况，了解到人们对著作人格权的真实态度与使用状况。运用历史分析方法对民法人格权与著作人格权的缘起与发展进行了梳理，探求了民法人格权、著作人格权与理性、自然权利、自由意志、浪漫主义、德国古典哲学等理论之间的深厚渊源，以及著作人格权与民法人格权相伴而生的历史进路。运用比较研究方法考察了德国、法国、日本、英国、美国等多个国家的著作人格权/精神权利制度，从实在法层面探查了著作人格权的构造。运用逻辑分析方法体察了现行著作人格权制度的内在缺陷，进而提出了相应的修改方案与立法建议。

目 录

第一章 著作人格权与民法人格权理论的冲突

当下，中国民法典的制定、著作权法的修订广受法界关注，关于民法人格权、著作人格权的探讨亦是热点问题之一。❶ 多年的理论研究形成了关于著作人格权与民法人格权关系的主流观点。一般认为，著作人格权是指"作者享有的与其作品有关的以人格利益为

---

❶ 为与"著作人格权"相区别，本文以"民法人格权"指称民法研究中一般所称的"人格权"。

我国自1998年3月启动第四次民法典起草工作以来，曾于2002年12月在第九届全国人大第三十一次常委会上审议过民法典草案，后因分歧太大、批评甚多，暂时搁置。但学界关于中国民法典的讨论一直在继续，梁慧星、王利明、徐国栋等知名学者也提出过各自的民法典草案建议稿。2014年10月23日党的十八届四中全会上通过的《中共中央关于全面推进依法治国若干重大问题的决定》明确提出了"编纂民法典"的任务。这必将掀起新一轮的民法典研究热潮。截至2019年底，民法典草案已成形并经全国人大常委会审议，民法典人格权编草案也已过"四审稿"阶段（相关介绍可参见：王利明. 人格权立法的中国思考 [M]. 北京：中国人民大学出版社，2020）。对民法典尤其是人格权编的讨论，必将刺激、推动对民法人格权的研究。

自2011年7月我国《著作权法》第三次修订工作正式启动以来，国家版权局先后起草了《著作权法》修改草案第一稿、第二稿、第三稿，并向社会公开征求意见，国务院法制办公室也于2014年6月公布了《著作权法》修订草案送审稿，向全社会公开征求意见。著作人格权也成为讨论的热点问题之一，在制度设计层面也出现了不同于现行《著作权法》的修改建议。另，国务院法制办公室又于2017年12月以"征求意见函"的形式，向著作权专家提出过一个《著作权法》修改稿，该修改稿几乎是回到了现行《著作权法》，几无理论上的探讨价值，从理论研究角度看，可以忽略不计。

内容的权利""是一般人格权的一种特殊表现形式"❶。即使有强调著作人格权与民法人格权区别者,也不否认"著作人身权是一种特殊的人身权,在多数情况下民法对于一般人身权的原则可以适用于著作人身权"。❷ 民法人格权被认为具有专属性,与权利主体不可分离,不能通过转让或继承由他人享有,也不得抛弃。❸ 相应地,著作人格权也"具有一定的专属性,通常不得转让、继承和放弃"。❹ 单从主流理论层面观察,著作人格权与民法人格权在逻辑上是和谐的。不过,我们的观察不能只停留在理论层面,法律规范与现实生活更值得我们关注。为了逻辑的自洽,理论也许可以不顾及生活事实而自娱自乐,调整现实生活的法律规范却必须直面生活事实。当我们把目光从理论层面投向法律规范❺时,看到的却是著

---

❶ 张玉敏,张今,张平. 知识产权法 [M]. 北京:中国人民大学出版社,2009:113。日本表现得最为典型,认为"一般人格权是母权,没有必要认为作者人格权是与一般人格权性质不同的权利","作者对于作品所享有的人格权与一般的人格权并无本质差异,与姓名权、肖像权、名誉权等权利一样,在与一般人格权的关系上,作者人格权也是一种具体的人格权"(参见:斋藤博. 著作权法 [M]. 东京:有斐阁,2000:134-135;半田正夫,纹谷畅男. 著作权法50讲 [M]. 魏启学,译. 法律出版社,1990:54)。

❷ 王迁. 知识产权法教程 [M]. 北京:中国人民大学出版社,2009:105。类似观点参见:吴汉东. 知识产权法学 [M]. 北京:北京大学出版社,2009:64-65;李明德,许超. 著作权法 [M]. 北京:法律出版社,2003:70-72;刘春田. 知识产权法 [M]. 北京:中国人民大学出版社,2002:66。

❸ 例见:王利明. 人格权法新论 [M]. 长春:吉林人民出版社,1994:17-18。比较详细的介绍参见:马俊驹. 人格和人格权讲稿 [M]. 北京:法律出版社,2009:96。

❹ 例见:刘春田. 知识产权法 [M]. 北京:中国人民大学出版社,2002:66;李雨峰,王迁,刘有东. 著作权法 [M]. 厦门:厦门大学出版社,2006:57;比较详细的介绍请见:费安玲. 著作权权利体系之研究——以原始性利益人为主线的理论探讨 [M]. 武汉:华中科技大学出版社,2011:114-120。

❺ 本文以现行《著作权法》为研究样本,但会根据具体情形对国务院法制办公室于2014年6月6日公布的《著作权法》修订草案送审稿进行对比性研究。对国务院法制办公室2017年12月以"征求意见函"的形式向著作权专家提出的《著作权法》修改稿,则因其几无理论价值而不予讨论。

作人格权与民法人格权理论的诸多冲突。

一、关于法人作品

我国现行《著作权法》第 11 条第 3 款规定了"法人作品"，❶
对于法人作品，法人或其他组织"视为作者"。"视为"二字表明
立法者在这里使用了拟制的法律技术，即"你本来不是作者，但推
定你是作者"。❷ 拟制技术的运用至少有四层含义：

（1）承认只有自然人才真正有可能成为作者。创作作品是一个
脑力劳动过程，是一种生理活动，只有自然人才具备这种生理机
能，而法人没有生理机能，不具备思维能力，无法创作作品，不能
成为作者。

（2）法人本来不是作者，只是被"视为"作者。这种"视为"
不能是法律的臆断，必须有足够充分的理由。能够担当得起"足够
充分的理由"的，只能是社会生活的现实需要：一者，"如果不允
许法人取得作者的地位，将不符合版权交易的实际情况"；❸ 二者，
某些作品不以法人名义发表就没有意义；三者，某些作品的创作条

---

❶　该款规定："由法人或者其他组织主持，代表法人或者其他组织意志创作，并
由法人或者其他组织承担责任的作品，法人或者其他组织视为作者。"张俊浩先生认为
该条规定的其实是与团体取得著作权无关的条件，是说了外行话，因为此条只涉及作品
的观点问题，不涉及作品本身。参见：张俊浩. 民法学原理（下册）[M]. 北京：中国
政法大学出版社，2000：573.

《著作权法》修订草案送审稿第 15 条第 3 款对该款作了修订："由法人或者其他组
织主持或者投资，代表法人或者其他组织意志创作，以法人、其他组织或者其代表人名
义发表，并由法人或者其他组织承担责任的作品，法人或者其他组织视为作者。"两相
比较，这一修订新设了一种法人作品的情形——"由法人或其他组织投资"，增加了一
项限定条件——"以法人、其他组织或者其代表人名义发表"。此种修订并没有改变现
行《著作权法》规定的内部结构，"投资"这一新设情形甚至进一步远离了原来的著作
人格权理论。

❷　江平，沈仁干，等. 中华人民共和国著作权讲析 [M]. 北京：中国国际广播出
版社，1991：46.

❸　半田正夫，纹谷畅男. 著作权法50讲 [M]. 魏启学，译. 北京：法律出版社，
1991：75.

件由法人提供并由法人承担责任，如果不由法人统一行使著作权，难以实现权利的平衡。❶

（3）在法人视为作者的情况下，法人可以成为作品的原始著作权人。我国著作权包括著作人格权与著作财产权，这意味着法人可以取得著作人格权，包括署名权、发表权、修改权、保护作品完整权。若认为著作人格权为民法人格权的一种特殊形式，则必须承认法人能够——至少在拟制的意义上——享有人格权。❷ 而依著作人格权理论，作品是作者人格的外化，体现作者的思想或情感，故著作人格权只能由作者专享，不能转让等。若如此，不能成为作者的法人就不能享有著作人格权了。

（4）对"正统"理论来说，"视为"毕竟是一种非正常情况，是为了解决"正统"理论与现实生活需要的矛盾不得已而采用的便宜手段，故只能是在特殊情况下适用，不具有普遍性，否则将危及"正统"理论本身的"正统"性。

对于这种"视为"技术的采用，有学者批评这会导致"法人如何行使著作人身权的问题"。❸ 其实，在法人"视为"作者的情

---

❶ 李琛. 知识产权片论［M］. 北京：中国方正出版社，2004：83.

❷ 关于法人能否享有人格权，历来存在两种不同的观点，否定说认为所谓法人人格权实质上并无精神利益，只是一种财产权，且不具有专属性［例见：尹田. 论法人人格权［J］. 法学研究，2004（2）］；肯定说认为法人人格权是立法技术上的安排，关系到法人存在的基本利益，主要表现为法人名称权［例见：薛军. 法人人格的基本理论问题探讨［J］. 法律科学，2004（1）］。《最高人民法院关于确定民事侵权精神损害赔偿责任若干问题的解释》明确否认了侵害法人人格权可以请求精神损害赔偿。该解释第5条规定："法人或者其他组织以人格权利遭受侵害为由，向人民法院起诉请求赔偿精神损害的，人民法院不予受理。"2009年12月26日通过的《侵权责任法》第22条规定："侵害他人人身权益，造成他人严重精神损害的，被侵权人可以请求精神损害赔偿。"

❸ 郭禾教授认为，所谓的"法人意志"严格说来不完全是著作权法所保护的作品的表现形式，在很大程度上它体现为作品的思想内容，不属于著作权保护的范围。而在作品中所体现的创作人的个人风格却又难以被视为"作者"的法人所关心，所以在法人成为作者的情况下，著作人身权可能难以得到充分的保护。参见：王利明. 人格法新论［M］. 长春：吉林人民出版社，1994：565。

况下，真正的创作者的利益在著作权法中被有意略掉了。"作品体现作者人格""著作人格权专属于作者"等论断在法人作品面前显得苍白无力。当然，这毕竟是一种"视为"情形，如果现实生活中这种情形不是很多，那么在理论乃至在法律上都是可以接受的，毕竟"任何理论都不可能完全自足"。问题是，到如今，现实生活中法人"视为"作者的情形只是个别社会现象吗？

二、关于视听作品

如果说法人作品还有拟制技术可作为某种解释的理由，《著作权法》第 15 条关于视听作品著作权归属的规定则干脆甩开了"视为"的拟制技术，❶ 直接规定不是作者的制片者可以享有除署名权

---

❶ 我国《著作权法》第 15 条第 1 款规定："电影作品和以类似摄制电影的方法创作的作品的著作权由制片者享有，但编剧、导演、摄影、作词、作曲等作者享有署名权，并有权按照与制片者签订的合同获得报酬。"

这一规定在此次《著作权法》修订过程中历经曲折。修改草案一稿（2012 年 3 月）将其修改为："如无当事人相反书面约定，视听作品著作权由制片者享有，但编剧、导演、摄影、作词、作曲等作者享有署名权……编剧、作词、作曲等作者有权就制片者使用或授权他人使用该视听作品获得合理报酬，合同另有约定除外。视听作品中可以单独使用的剧本、音乐等作品，作者可以单独行使著作权，但不得妨碍视听作品的正常使用。"这一规定将当事人约定置于优先地位。修改草案二稿（2012 年 7 月）又将其修改为："视听作品的著作权由制片者享有，但原作者、编剧、导演、摄影、作词、作曲等作者享有署名权。原作者、编剧、导演、作词、作曲作者有权就他人使用视听作品获得合理报酬。视听作品中可以单独使用的剧本、音乐等作品，作者可以单独行使著作权，但不得妨碍视听作品的正常使用。"这一规定又取消了当事人约定的权利。明确对视听作品而言，署名权以外的其他著作权，包括著作人格权都归制片者享有。修改草案三稿（2012 年 11 月）再次作了修改，规定："电影、电视剧等视听作品的作者包括导演、编剧以及专门为视听作品创作的音乐作品的作者等。电影、电视剧等视听作品的著作权中的财产权和利益分享由制片者和作者约定。没有约定或者约定不明的，著作权中的财产权由制片者享有，但作者享有署名权和分享收益的权利。视听作品中可以单独使用的剧本、音乐等作品，作者可以单独行使著作权，但不得妨碍视听作品的正常使用。"修改草案送审稿未再修改。这一规定没有从正面规定制片者享有署名权以外的著作人格权，但这一结论完全可从条文的表述中明确推断出来。综观历次修改版本，"制片者得享有署名权以外的著作人格权"的框架并没有被打破。

以外的其他著作权，这意味着制片者还可以享有发表权、修改权与保护作品完整权等著作人格权。这已完全不是民法人格权所能解释的了。如果说著作人格权专属于创作作品的作者而不可转让、放弃、继承等，法律又凭什么强行规定不是作者而只是投资人的制片者享有这些权利？当年的立法参与者告诉我们，当年关于视听作品的著作权归属争议很大，"焦点还在于钱"。有一种意见就是按照"创作者才享有著作权"的理论，认为视听作品的著作权应归导演等作者。但制片厂非要著作权不可："制片厂拿出几十万、几百万元钱来拍一部电影，其著作权不归制片厂归谁？"制片厂还坚持，一部好的视听作品可以出口，卖很多钱，但有可能在不影响整个剧情的条件下，要对作品进行某种删节，而这种权利只能让制片厂享有，否则会出现很多问题难以解决。而且在《著作权法》公布前30多年，视听作品的著作权都是归制片厂的，这已经成为一种生活事实了。❶ 正是为了尊重生活、满足现实的需要，《著作权法》不顾人格权的专属性而将署名权以外的其他著作人格权都配置给了制片者。❷

　　此种法律规范"背叛"理论而能适应生活的现象引人深思：为什么只有"背叛"理论的法律规范才能适应生活的需要？生活的第一性不容置疑，可能的问题只会出在理论身上。如果不是民法人格权理论出了问题，就只能是著作人格权理论的问题了。难道说所谓的著作人格权其实不属于民法人格权？

---

❶ 江平，沈仁干，等．中华人民共和国著作权讲析［M］．北京：中国国际广播出版社，1991：137-138.

❷ 作为著作人格权理论发源地的德国为了贯彻其理论，没有直接规定不是作者的制片者享有著作权，但为了适应现实生活，给电影作品的诸多作者配置了一项法定义务：必须"将电影作品、对电影作品进行翻译以及其他类型的演绎或改编的排他性使用权许可给电影制片人"。参见《德国著作权法与邻接权法》第89条第1款。即便如此，该法仍然遭到德国学者的批评，认为这样的规定只是为了遵循法理论家"内在的思维要求"，但仍然会给电影制片人带来诸多难题。参见：M.雷炳德．著作权法［M］．张恩民，译．北京：法律出版社，2005：201。

三、关于职务作品

类似的问题在《著作权法》关于职务作品的规定中同样存在，所不同的是，关于职务作品著作权归属之规定的问题更多。● 依《著作权法》第 16 条第 2 款第（2）项，若法律、行政法规或合同

● 《著作权法》第 16 条第 2 款规定："有下列情形之一的职务作品，作者享有署名权，著作权的其他权利由法人或者其他组织享有，法人或者其他组织可以给予作者奖励：（一）主要是利用法人或者其他组织的物质技术条件创作，并由法人或者其他组织承担责任的工程设计图、产品设计图、地图、计算机软件等职务作品；（二）法律、行政法规规定或者合同约定著作权由法人或者其他组织享有的职务作品。"

国家版权局《著作权法》修改草案一稿（2012 年 3 月）将该规定修改为："职工为完成工作任务所创作的作品为职务作品，其著作权归属由当事人约定。如无约定或者约定不明的，职务作品的著作权由职工享有，但工程设计图、产品设计图、计算机程序、受聘于报刊或者通讯社创作的作品以及大型辞书等作品的著作权由单位享有，作者享有署名权；职务作品的著作权由职工享有的，单位可以在其业务范围内免费使用该作品。"这一修改赋予了当事人的约定以优先地位，同时扩大了特殊职务作品的范围，将"受聘于报刊或者通讯社创作的作品、大型辞书"以明示列举的方式纳入了特殊职务作品，从而突破了学界关于"特殊职务作品一般属于功能性作品"的论断。修改草案二稿（2012 年 7 月）对一稿的规定作了微调："职工为完成工作任务所创作的作品为职务作品，其著作权归属由当事人约定。当事人没有约定或者约定不明的，职务作品的著作权由职工享有，但工程设计图、产品设计图、地图、计算机程序以及受聘于报刊社或者通讯社的记者为完成报道任务创作的作品的著作权由单位享有，作者享有署名权。依本条第一款和第二款规定，职务作品的著作权由职工享有的，单位可以在其业务范围内免费使用该作品。"修改草案三稿（2012 年 11 月）进一步作了微调："职工在职期间为完成工作任务所创作的作品为职务作品，其著作权归属由当事人约定。当事人没有约定或者约定不明的，职务作品的著作权由职工享有，但工程设计图、产品设计图、地图、计算机程序和有关文档，以及报刊社、通讯社、广播电台和电视台的职工专门为完成报道任务创作的作品的著作权由单位享有，作者享有署名权。依本条第二款规定，职务作品的著作权由职工享有的，单位有权在业务范围内免费使用该职务作品并对其享有两年的专有使用权。依本条第二款规定，职务作品由单位享有的，单位应当根据创作作品的数量和质量对职工予以相应奖励，职工可以通过汇编方式出版其创作的作品。"修改草案送审稿未再修改。从著作人格权归属来看，相较于现行《著作权法》，三次修改草案与送审稿除赋予当事人约定以优先权以外，还扩大了特殊职务作品的范围，非功能性作品也可以成为特殊职务作品而由单位享有署名权以外的著作人格权。

约定职务作品的著作权由单位享有，则作者享有署名权，单位享有除署名权以外的其他权利。不仅法律、行政法规可以将署名权以外的著作人格权直接配置给单位，合同约定也可以做到这一点。如此，我们可以得到一个结论：著作人格权可以通过合同而转移——署名权除外。如果著作人格权可以转让，它还能是人格权吗？如果其他著作人格权可以转让，为什么署名权不能转让？是否只有署名权还属于民法人格权的"特殊形式"？

四、关于委托作品

如果说《著作权法》关于职务作品归属的规定，让人对署名权属于人格权还抱有一丝希望的话，《著作权法》关于委托作品归属的规定则破灭了这最后的希望。❶ 依据《著作权法》第 17 条规定，委托作品的著作权归属可由委托人与受托人通过合同约定，合同未作明确约定或没有订立合同的，著作权属于受托人。依著作人格权理论，只有作者才是实际从事创作的人，才能因其创作行为享有著作人格权。如果可以通过合同将包括署名权在内的著作人格权都约定给委托人，是否意味着著作人格权其实与作者并无必然的联系，

---

❶ 《著作权法》第 17 条规定："受委托创作的作品，著作权的归属由委托人和受托人通过合同约定。合同未作明确约定或者没有订立合同的，著作权属于受托人。"

国家版权局《著作权法》修改草案一稿（2012 年 3 月）将该规定修改为："受委托创作的作品，其著作权归属由当事人约定。当事人没有约定或者约定不明的，委托作品的著作权由受托人享有，但委托人在约定的使用范围内可以免费使用该作品；当事人没有约定使用范围的，委托人可以在委托创作的特定目的范围内免费使用该作品。"这只是将《最高人民法院关于审理著作权民事纠纷案件适用法律若干问题的解释》第 12 条的规定上升为法律，并入著作权法中而已，并未进行实质性修改。修改草案二稿、三稿、送审稿均未再对该条作出修改。

也是可以转让或放弃的?❶ 即使该条直接规定"著作权属于受托人"的情形,也面临同样的疑问,甚至更为严重。因为生活实践中,受托人未必就是真正从事作品创作的作者,绝不少见的是,受托人是单位而非个人,其接受委托后,再指定其某位职工完成该作品的创作,这就在受托人内部形成了职务作品。依该条规定,在合同未作明确约定或没有订立合同的情况下,作为单位的受托人直接享有著作权,而作为作者的职工在此处于著作权法上的"无权"状态❷——著作人格权与作者已是完全分离。至此,《著作权法》关于著作权归属的规定完全可以让人产生如下疑问:著作人格权是否不属于民法人格权的特殊形式?

如果坚持只有作者才能享有著作人格权的观点,则《著作权法》上述关于著作权归属的规定无异于剥夺了某些作者的著作人格权,而人格权依民法人格权理论是不可被剥夺的。这些规定"实际上违背了著作人身权与著作人人身不可分离的原则,给我国著作权理论研究带来了很大的困难"。❸ 同样不可否认的是,《著作权法》作出上述规定有着足够充分的理由,有学者将这些理由归纳为权利行使的便利,权利与投资、风险的平衡,创作的特定目的。❹

---

❶ 有学者认为这里其实涉及法律条文的解释问题,即这里的约定应不包括著作人格权。例见:孙新强. 论委托作品的性质和特点 [J]. 南京大学法学评论,2000(秋季号):157;刘有东. 著作人格权制度研究 [D]. 重庆:西南政法大学,2010:44;陆映青. 委托作品著作人身权归属探蠡 [D]. 上海:华东政法大学,2010:22. 于2010年9月26日在重庆举行的"纪念《著作权法》颁布二十周年暨著作理论研讨会"上,李扬教授也表达了这一观点。这一观点与生活实践未见完全契合。详细探讨请见后文"著作人格权的'真面目'"部分。

❷ 此处能否再援引《著作权法》关于职务作品的规定,确定包括署名权在内的著作权如何在作为受托人的单位与作为作者的职工之间的分配,在法解释学上还有讨论的余地。但依该法条的文字表述,作为作者的职工的确是被无视了。

❸ 刘春田,刘波林. 关于职务作品著作权的若干问题 [M] // 中国版权研究会. 版权研究文选. 北京:商务印书馆,1995:179.

❹ 李琛. 知识产权片论 [M]. 北京:中国方正出版社,2004:84.

五、关于保护期限

我国《著作权法》第 20 条规定作者的署名权、修改权、保护作品完整权的保护期不受限制，第 21 条规定公民作品发表权的保护期与著作财产权的保护期相同，及于作者终生及死亡后 50 年。这些规定表明，著作人格权在作者死亡后仍可受到保护。著作财产权在作者死亡后仍可受到保护并不存在问题，因为著作财产权可以继承，当然可以受到保护。著作人格权则应专属于作者人身，不能继承，作者死亡后，著作人格权应归于消灭，谈不上再受法律保护的问题。《著作权法》的这些规定并不合乎人格权的属性。民法人格权理论并不认为死者还有人格权，更谈不上保护死者的人格权了。❶《著作权法》关于著作人格权保护期限的规定至少在表述上与民法人格权理论相冲突。诚如吕基弘先生所言，"著作人格权之保护可及于著作人死亡之后，此种保护上之特殊性，系民法人格权所不具有者。民法上之人格权虽为权利主体之人终身所享有，但一旦权利主体死亡，在理论上即认为其人格消灭，故人格权亦随之而消灭。"❷ 民法界也有此认识，认为民法人格权存在于人的一生，即与人的生命相始终，而著作人格权则始于作品形成，也并不因权利人死亡而消灭。❸ 另外，若结合《著作权法》关于特殊职务作品与视听作品著作权归属的规定，还

---

❶ 民法理论界关于死者人格保护的讨论可谓众说纷纭，存在死者权利保护说、死者法益保护说、近亲属权利保护说、人格利益继承说、人身权利延伸保护说、人身遗存保护说等观点。但主流观点并不认同死者还具有人格，更谈不上对死者人格权的保护。有关介绍分析可参见：周清林．主体的缺失与重构：权利能力研究［M］．北京：法律出版社，2009。

❷ 吕基弘．著作人格权之研究［D］．台北：台湾大学，1981：23－24.

❸ 马俊驹，余延满．民法原论［M］．北京：法律出版社，2005：102。也有人对此表示异议。如曹新明教授认为，"实际上，这应当是一种误解。在这一点上，著作人身权与一般民事权利体系中的人身权并无两样：一般民事主体生前享有的人身权，死亡后不再存在，法律所保护的只是生前获得的人身利益，如名誉、荣誉、隐私等；作者死亡后，其生前享有的著作人身权也不再存在，其所受保护的仍然是生前之于作品所获得的人身利益。"（参见：吴汉东．知识产权法学［M］．北京：北京大学出版社，2009：65）

将得出以下结论：关于特殊职务作品与视听作品的修改权与保护作品完整权的保护期限，《著作权法》竟然没有作出规定！❶

《著作权法》上述规定表明，著作人格权与民法人格权理论存在内在冲突。尽管立法者尽量保持著作人格权与民法人格权理论的和谐，如试图坚持著作人格权不能转让的原则，❷ 谨慎地使用"保护""行使"，避免使用"继承"等术语，❸ 等等。知识产权理论界也试图调和著作人格权与民法人格权的关系，如对"著作人身权"的专属性加上"一定""通常"等限定语，❹ 试图缓和现实中的著作人格权与理论中的民法人格权的冲突与矛盾。不过，"一定""通常"等修饰语更多地反映出理论界对现实生活的勉强承认与对理论自身的无奈将就。这不禁让人感叹，著作人格权与民法人格权理论的协调来的如此勉强，面对现实生活，著作人格权理论却又如此的捉襟见肘！这促使我们不得不追问：《著作权法》规定的著作人格权为何会与民法人格权理论发生冲突？是民法人格权理论存在问题，还是著作人格权自身的问题，抑或二者根本就不该被列于同一体系？这样的追问迫使我们对二者进行反思民法人格权与著作人格权理论。只有识得二者的"真面目"，才有可能解答上述追问。

---

❶ 国家版权局《著作权法》修改草案与送审稿已解决这一问题。三次修改草案与送审稿的解决方案是一致的：先将修改权合并到保护作品完整权内，再将现行《著作权法》第20条"作者的署名权、修改权、保护作品完整权的保护期不受限制"的规定修改为"署名权、保护作品完整权的保护期不受限制"。如此，特殊职务作品与视听作品的修改权与保护作品完整权虽然归属于单位或制片者，但因已无现行《著作权法》第20条"作者的"限制，故也可适用"署名权、保护作品完整权的保护期不受限制"的规定。

❷ 参见《著作权法》第10条第3款："著作权人可以全部或者部分转让本条第一款第（五）项至第（十七）项规定的权利，并依照约定或者本法有关规定获得报酬。"依反面解释，该条第1款第（1）项至第（4）项规定的"著作人身权"则是不能转让的。

❸ 参见《著作权法》第三节关于"权利的保护期"的规定以及《著作权法实施条例》第15、第17条等规定。

❹ 理论界在论及著作人格的专属性，典型表述如："著作人身权具有一定的专属性，通常不得转让、继承和放弃。"参见：刘春田.知识产权法［M］.北京：中国人民大学出版社，2002：66。

第二章　民法人格权及其理论基础[1]

　　人格因其至为丰富的内涵而被认为是"法律上一个最抽象的概念"。[2] 从词源上看，"人格"源于拉丁文"persona"，传说是一个有名的罗马演员为遮掩他不幸的斜眼，使用了假面具，并称之为"persona"。[3] "persona"本意是指面具（mask），一种遮蔽性和表演性的伪装，后转义为用这种面具所表演出来的"角色"。[4] 在罗马法上，"persona"被进一步延伸为各种法律关系上的身份。[5] 戴上"人格"这一"面具"的人便能登上法律舞台，成为"人格人"（person，也译为"人格体"）。

一、罗马法上的人格：呼应现实的身份人格

　　在民法研究上，"言必称罗马"似乎已成习惯，对人格的探讨亦不例外。根据学者们的研究，在罗马法上，"人格"与所谓生物学意义上的人（homo）并无必然联系。例如，奴隶也属于"生物人"，但其不过是一种"会说话的工具"，并不具备一定的社会身份，故不具有人格。"（罗马法上的人）除了是人以外，还需要具备其他基本条件：是自由的（status libertatis），而且，就市民法关

　　❶ 本章内容系与周清林先生深入讨论后完成，其中人格技术理论与德国法上权利能力的内容源自周清林先生授权后，对其《权利能力抑或拟制：人格技术的真相论辨》《权利能力的形式化误解与真正局限》两篇文稿内容的改写。在此特向周清林先生表示衷心的感谢！改写后的一些观点未见得与周清林先生的观点完全一致，文中所有内容均由本人负责。

　　❷ 梁慧星. 民法总论［M］. 北京：法律出版社，1996：103.

　　❸ 王利明. 人格权法研究［M］. 北京：中国人民大学出版社，2005：3.

　　❹ 邓晓芒. 文学与文化三论［M］. 武汉：湖北人民出版社，2005：79.

　　❺ 周枏. 罗马法原论（上册）［M］. 北京：商务印书馆，2002：106.

系而言，还应当是市民（status civitatis）。"❶ 不只如此，罗马法上的人还根据其社会身份被分为三六九等：存在或高或低人格之分，社会身份的变化还会带来人格的变更。质言之，罗马法上的"人格"实质上就是一种社会身份，它与生物学意义上的人相分离，具有不平等性。后世将罗马法上的"人格"概括为"身份人格"。❷ 徐国栋教授认为，由身份所叠加而成的人格乃组织市民社会的工具。法律之所以仰仗身份对社会进行构造，是因为"任何身份安排的目的都在于区别对待，都意味着赋予特权或课加受歧视状态，这样做的目的在于对社会进行组织……使社会能够按一定的目的存在下去"。❸ 那时，人格全由身份要素构成。具体说来，要想成为罗马市民法上的主体，必须具有家长、市民和自由人三种身份。不具备这三种身份或不完全具备这三种身份者，便不被视为享有完全人格而成为法律关系的主体，或者其人格就被认为不完全。基于此，尹田教授总结道："始于罗马法的人格理论，其最重要的特点就在于人与人格的分离"。❹ 换言之，罗马法通过人格这一区分工具将生物人与法律人进行分离，从而表明并非所有的生物人都是法律人。在马俊驹教授看来，"罗马法上'人格'是人类运用法技术的一大发明，其成熟的技术和逻辑，使之成为人类法律文明的一项传统，并对后世产生了深刻影响"。❺ 学者们在总结罗马法人格理论时皆认定，人格理论实质上是一种将"法律人"与"生物人"相分离的人格技术，因而人格理论就是人格技术理论。至于人格理论

---

❶ 彼德罗·彭梵得. 罗马法教科书［M］. 黄风，译. 北京：中国政法大学出版社，1992：29.

❷ 马俊驹. 从身份人格到伦理人格——论个人法律人格基础的历史演变［J］. 湖南社会科学，2005（6）；马特，袁雪石. 人格权法教程［M］. 北京：中国人民大学出版社，2007：2.

❸ 徐国栋. "人身关系"流变考（上）［J］. 法学，2002（2）.

❹ 尹田. 论自然人的法律人格与权利能力［J］. 法制与社会发展，2002（1）.

❺ 马俊驹. 人与人格分离技术的形成、发展与变迁——兼论德国民法中的权利能力［J］. 现代法学，2006（4）.

是否具有超越工具的价值以及人格理论与社会现实的调适关系，所论无几。作为一种身份人格，罗马法上的人格被认为"是以人在现实生活中拥有的具体身份作为基础的，而与人的内在本质之判断无关"，❶ 其人格技术的逻辑结构可表达为：生物人—基于身份的人格基础—人格—可承受权利义务的法律人。

　　要阐释罗马法上的人格理论，首先需要解明罗马社会的构造。著名的罗马史家蒙森认为，罗马国家由罗马家庭而来的氏族所组成。据其考证，罗马国家的前身乃源于罗米利氏、沃尔提尼氏和法比氏等古氏族的联合体。❷ 家庭是社会的基本单元，因而其对罗马法的形成具有决定作用。从当时的家庭来看，父亲是一家之主，具有绝对的权威。同时，从罗马社会的历史来看，罗马城邦是在贵族和平民两个阶层的二元状态中得以发展的。❸ 起初，只有贵族才有市民权，直到公元前 494 年的平民脱离运动后，平民才逐渐被城邦接纳为合法成员，取得了罗马法意义上的市民权。此时，作为罗马城邦的人的范围扩展到平民。通过无止境的征战，罗马俘获了大量的外国人作为奴隶。由此奴隶也在罗马城邦生根发芽。❹ 可见，在罗马社会里至少存在三组权利迥异的群体：家父与家子、市民与外国人、自由人与奴隶。基于此，罗马法立法者从 "caput、persona 和 homo" 三个词语中选择 "caput" 一词，用它来表达罗马法上的权利义务主体，因为当时只有家长才有权利能力，❺ 同时又将家长

---

❶　张翔. 自然人的法律构造 [M]. 北京：法律出版社，2008：40.

❷　特奥多尔·蒙森. 罗马史（第一卷）[M]. 李稼年，译；李澎泖，校. 北京：商务印书馆，1994：58－59.

❸　关于平民产生的原因也请同时参见：朱塞佩·格罗索. 罗马法史 [M]. 黄风，译. 北京：中国政法大学出版社，1994：65－66。

❹　产生奴隶的方式应当有两种。根据优士丁尼《法学阶梯》第 1 卷第 3 题 "人法" 1.1.3.4 规定：而奴隶要么是生来如此，要么是变得如此。但其源头应当是来自战争。参见：优士丁尼. 法学阶梯 [M]. 徐国栋，译. 北京：中国政法大学出版社，1999：23.

❺　周枏. 罗马法原论（上）[M]. 北京：商务印书馆，1994：106.

限定在市民和自由人两种身份之下。

　　罗马法对自然人进行了区分，但这种区分并非立法者任意妄为。实际上，罗马法之所以抽取这三种身份，完全体现了当时对 persona 的理解。斯宾格勒认为，persona 是一个特有的古典概念，只在古典文化中有意义和价值。在古典的世界里，法律是由公民且为了公民而制定。它通过预先假定国家的形式即城邦而设定了"人"的形象，即能成为这个城邦实体的个人的三种身份。❶ 如果我们任意地猜测罗马立法者能动地适用法律理念干预私法，那可能就背离了当时的法律环境。根据古郎士的研究，"私法在城邦成立前就已经存在。在城邦制定法律时，私法已经深入人心，为全民所赞同。城邦亦没有它法，只有承认。后来渐渐地才有改变。古代法律不是一个立法家所草成，而是强迫立法家承认的。"❷ 公元前494年的那场"脱离运动"使得平民与贵族一样取得了完全的罗马法主体地位；必须看到，这诸多改变也只是对社会现实的承认，而非立法者根据某种理念进行的创制。在格罗索教授看来，这个里程碑式的立法——《十二表法》也仅仅是由于贵族与平民有这么一段插曲而显得意义重大。实际上，《十二表法》只不过使原来的规范变得确定罢了，若考究那些构成传说中《十二表法》的内容，那只是在重申早期法律那些野蛮而残酷的内容而已。❸ 至于自由人与奴隶的分野，则更是常年战争现实的真实写照。梅因爵士一针见血地指出："'罗马法典'只是把罗马人的现存习惯表述于文字中。"❹ 这些说法足以表明，罗马法系真实地反映与适应现实，这在人格理论

<hr>

❶　关于当时"人"的特有含义，请参见：奥斯瓦尔德·斯宾格勒.西方的没落（第二卷）[M].吴琼，译.上海：上海三联书店，2006：50—52。

❷　古郎士.希腊罗马古代社会研究[M].李玄伯，译.北京：中国政法大学出版社，2005：64.

❸　朱塞佩·格罗索.罗马法史[M].黄风，译.北京：中国政法大学出版社，1994：80-83.

❹　梅因.古代法[M].沈景一，译.北京：商务印书馆，1959：11.

上表现得淋漓尽致。罗马法的立法者只是将现实中人的形象移到了法律舞台上，并没有有意识地制造不平等，也没有发展出超越社会现实的人格理念。概言之，罗马法上的人格理念不过是社会现实的折射，不存在和社会现实的调适问题。

二、人格的思想渊源：基于理性的平等人格

尽管罗马法上的"人格"被认为是后世法律上"人格"概念的源头，但其内含的身份观念、不平等特性却与后世法律人格观念格格不入。法律上人格观念的思想内涵应缘起于"人是什么"的思考。"认识你自己"这一伟大命题的提出，标志着人们的兴趣从自然转向了人自身。❶苏格拉底开启的方向使人不再迷恋于自然物质，而是转向对自身的追问。在越过自然物质而追问自身的道路上，人类希图通过"灵魂"来找到"宇宙的秩序"。然而，灵魂只有对秩序之源的记忆，只有通过回忆，才能把永恒召唤到跟前。❷灵与肉的分立于此初露端倪。斯多葛哲学则认为作为世界本原的上帝是最完备的理性，因而使得世界尽善尽美。事物的所有性质都是得自渗透在其中的理性力量，所以万物都有神性。人是自然的一部分，自然的要求与理性的要求一致，人要想过上真正有德的生活，需要对美德有一种知识，通过知识，就能以一种坚忍不拔的意志力去根除感受。❸为了服从内在的理性而不惜牺牲整个肉体，这导致了灵与肉的完全分立。爱比克泰特说道："从我们一诞生起，在我们身上就混合了这两种因素：一方面是和动物一样的肉体；另一方面则是

---

❶ 文德尔班将这一"转向"时期界定为"人类学时期"（之前则为"宇宙论时期"），认为古希腊哲学在人类学时期走向了主体性的道路，开始研究人们的内心活动、观念力和意志力。参见：文德尔班. 哲学史教程——特别关于哲学问题和哲学概念的形成和发展 [M]. 罗达仁，译. 北京：商务印书馆，1987：97。

❷ 柏拉图. 柏拉图全集（第2卷）[M]. 王小朝，译. 人民出版社，2002：640 - 648.

❸ E. 策勒尔. 古希腊哲学史纲 [M]. 翁绍军，译. 济南：山东人民出版社，1992：224 - 240.

和众神一样的理性和理解力。我们中的有些人倾向于前一种联系，这是一种不为命运所祝福的、有死的联系；只有少数人倾向于后一种联系，这是一种神圣的并为命运所祝福的联系。"❶ 在爱比克泰特看来，作为动物性的肉体，就像财产、官职、名望一样，都是"人"的范畴之外的事物，唯有理性才是人的本质。理性是构成人的唯一要素。因为身体、财产、官职、名望等都可为他人所限制或剥夺，而能为他人限制或剥夺的东西不可能构成人的本质；只有为人自己所完全控制、他人不可能剥夺的东西，才构成人之本身。而理性正是"任何人不能剥夺的，连神也不能剥夺，因为神也是按照自然规律的，他给你以理性的权能时，已经给予你以不剥夺的自由"❷。爱比克泰特通过一段与假想的暴君的对话，贴切而生动地表达了上述观点："比如当一个暴君威胁我、传唤我的时候，则我回答是：'你在威胁谁?'如果他说：'我将给你戴上镣铐。'我则回答：'他威胁的是我的手和脚。'如果他说：'我将砍掉你的头。'则我回答：'他威胁的是我的脖子。'……如果我认为所有的这一切都与我无关，那他的确是无法威胁我。"❸ 有学者据此认定斯多葛学派系以"抽象的人"为考察对象，首次区分了"人之所是"与"人之所有"。这是在苏格拉底提出"认识你自己"的问题后，哲学在这个问题上所给出的答案的顶峰。当理性成为"人之所是"而不可剥夺又无差别时，"生而自由""人人平等"的观念也就呼之欲出了。❹

到了中世纪，作为创生万物的上帝成了世界唯一的主宰。虽然上帝造人时所吹入的灵气使人也有了自由意志，但若不听从上帝的

---

❶ 爱比克泰特. 哲学谈话录 [M]. 吴欲波，等译. 北京：中国社会科学出版社，2004：10.

❷ 杨适. 古希腊哲学探本 [M]. 北京：商务印书馆，2003：683.

❸ 爱比克泰特. 哲学谈话录 [M]. 吴欲波，等译. 北京：中国社会科学出版社，2004：75-76.

❹ 张翔. 自然人的法律构造 [M]. 北京：法律出版社，2008：57.

规范便唯有作恶，不可能自行规范。人类最大的善行，无非是通过自由意志而将自己消散在上帝的爱中。总之，在苏格拉底－柏拉图哲学和中世纪的宗教里，作为世界基础的主体与人完全分立。[1] 不过，斯多葛哲学关于人在本性上平等的主张、基督教关于在神面前人人平等的说教，在思想上和道德上确立了人类的尊严。宗教改革和文艺复兴使人们再也不能忍受灵与肉的彻底分离。"人的发现"——发现自然意义上的人并且洗刷掉自然的罪恶——成为文艺复兴的一项"伟大的成就"。[2] 文艺复兴发现的人，主要是反叛上帝压抑的欲望主体。笛卡尔的"我思"则从根本上动摇了上帝对世界的主体地位，"我存在"成为笛卡尔哲学的第一原则，"我思"则造就了"我"的主体地位。[3] 人的理性被重申为人的本质。人取代上帝成为世界的主体后，人的理性也就成了衡量世间万物的尺度。相对于作为"主体"的人，被人感知并由理性来衡量的"万物"就成了"客体"。以"人"为出发点的"主体—客体"结构的建构，使笛卡尔哲学成为近代哲学的开端。大陆法系立足于主体/人格，经由权利沟通"主体—客体"的法律关系构架，也应源出于此。

17 世纪兴起的"自然权利"或"天赋权利"说[4]作为政治革命的理论武器，继受理性思想后，高扬理性大旗，用理性启迪人类，清除无知、迷信和偏见，为资本主义的自由发展扫清观念和制度上的障碍，并以极大的热情去建立一个合乎"自然"和"理性"

[1] 周清林. 主体的缺失与重构：权利能力研究 [M]. 法律出版社, 2009: 45 - 47.

[2] 雅各布·布克哈特. 意大利文艺复兴时期的文化 [M]. 何新，译. 北京：商务印书馆, 197：303.

[3] 斯宾诺莎. 笛卡尔哲学原理 [M]. 王荫庭，等译. 北京：商务印书馆, 1980: 55.

[4] 甘阳. 政治哲人施特劳斯：古典保守主义政治哲学的复兴 [M] //列奥·施特劳斯. 自然权利与历史. 北京：生活·读书·新知三联书店, 2003: 11.

的新制度。❶ 此时的理性被认为是"人类的一种自然的能力，行为或信仰的正当理由，评判善恶是非的根本标准。把自然法视为理性的建构，意味着自然法是绝对有效的、不证自明的、一贯的和必然的，即使上帝也不能改变"。❷ 在格老秀斯、霍布斯、洛克、孟德斯鸠、卢梭等启蒙思想家眼中，至高无上的理性命令就是一种永恒的和普遍的自然法，是一切实定法的依据。理性的崇尚必然会导向具体的人类理想、欲望和价值追求，个性解放、人格独立、平等自由是人们所应当获得的自然权利。❸ 经由启蒙运动、自然权利学说的洗礼，原本缠附在"人"身上的等级、身份、财产、血缘、上帝等被彻底荡涤开来，理性成为人格的奠基石，平等、自由的旗帜飘扬其上。

作为哲学结晶的理性、自然权利最终在法国民法典（拿破仑法典）中落地生根。即使艾伦·沃森教授宣称1804年的法国民法典主要是罗马法积淀的硕果，❹ 也没人否认以理性、自然权利为内涵的自然法对法国民法典的巨大影响。法国民法典最终草案的序编规定："存在一种普遍的永恒的法，这是一切实在法的渊源，它不过是统治着全人类的自然理性。"❺ 在人格理论上，卢梭等启蒙思想家思想的深刻影响和法国大革命的洗礼决定了法国民法必然有着与罗马法截然不同的考虑。在崇尚自由的法国自然法思想里，自然人之间人人平等成了不可违抗的神圣命令。法国民法典第7条规定："民事权利的行使不以按照宪法取得并保持的公民资格为条件。"基

❶ 马俊驹. 人格和人格权理论讲稿 [M]. 北京：法律出版社，2009：46.

❷ 张文显. 二十世纪西方法哲学思潮研究 [M]. 北京：法律出版社，1996：44 – 45.

❸ 马俊驹. 人与人格分离技术的形成、发展与变迁——兼论德国民法中的权利能力 [J]. 现代法学，2006（4）.

❹ 艾伦·沃森. 民法法系的演变及形成 [M]. 李静冰，姚新华，译. 北京：中国政法大学出版社，1992：168 – 169.

❺ 阿·布瓦斯泰尔. 法国民法典与法哲学 [M] //徐国栋. 罗马法与现代民法（第2卷）. 北京：中国法制出版社，2001：290.

于此，民事权利便和政治架构脱离，这样法国民法典就可以在第 8 条规定："所有法国人都享有民事权利。"从此，法国法明文规定所有法国人都有资格获得权利，不再区分贵族、教士和第三等级。法国社会的等级结构被夷为一个平等的公民社会。显然，这是在自然法思想的指引下法国大革命取得的伟大成就。尽管还有国籍的限定，"人人平等与生来自由"的自然法理论毕竟在实在法中成了现实。"生物人"凭借其内含的理性在法律上也获得了平等地位。表现在外，则是"生物人／自然人"与"法律人"的统一。这是对罗马法上"身份人格"的超越。与罗马法反映并适应现实生活不同的是，法国民法典让每一个自然人都享有法律人格的理念，并非是对现实存在的反映，而是对自然法思想的呼应。法国民法典奉"人人都享有法律上的人格"为自然法的训条，任何实证法都不可以更改。普世的人道主义思想通过民法典向世人宣告了新纪元的开始。较之于罗马法，法国民法典正是以现实中的不存在来作为人格理论之目的。西耶斯在他那篇充满了火药味的《论特权　第三等级是什么？》一文中充满激情地说道："由于长期的精神奴役，种种最可悲的偏见得以乘虚而入。人民几乎真诚地相信，他们只有做法律明文规定的事。他们好像完全不知道，自由先于一切社会，先于所有立法者而存在……"❶ 正是这些在认识论上荒谬乖张的自然法思想，使得法国民法典的人格理论从罗马法中脱离出来，不再被动地适用于现实社会，而是以人类心中的理念来改造社会现实。此外，基于政治哲学的考虑，团体不被认可为法律人格。从法国民法典所处的社会情形来看，团体作为人格早就存在于现实中。根据伯尔曼教授的考察，自 11 世纪晚期，一种类似于现在股份公司的康美达即已

---

❶ 西耶斯. 论特权　第三等级是什么？[M]. 冯棠，译；张芝联，校. 北京：商务印书馆，1990：2.

出现在欧洲。❶ 在教会法上，自 1122 年《沃姆斯协约》以来，教会独立的法律地位得到承认，很多教会被界定为独立于其成员的财团。❷ 17 世纪法国著名的法学家让·多马先生更是明确地指出，贸易公司被认可为人格，有自己的财产、权利和特权。❸ 这些情形显示，团体作为独立体乃现实地存在于法国社会中。那为何法国民法典对它们却视而不见？这个问题把我们带到了指引法国大革命的卢梭思想上。朱学勤教授比较了卢梭与西耶斯四个异常关键的观点后，认为在主要思想上西耶斯完全是卢梭思想的忠实阐述者。其中第三点便是"以公共利益取消社团党派的存在"。❹ 作为人权宣言的作者和 1791 年宪法、1799 年宪法的设计者，人称"法兰西制宪之父""头号政治设计师"的西耶斯在拟定《论特权　第三等级是什么?》这本宣传书里，针对团体能否存在进行了煽动性的立论："处于自然状态的个人……不牵涉任何民事组织……最大的困难来自那种使一个公民仅与若干他人相一致的利益。这种利益促使人们共同商议，结成联盟；由此策划出危害共同体的计谋；由此形成最可怕的公众的敌人……社会秩序严格要求普通公民不组成行会……"❺ 这些都是卢梭个人意志、众意和公意理论的翻版。法国大革命和法国民法典仅仅是将这一思想实践出来。可见，法国民法依据的人的形象，

---

❶ 根据伯尔曼教授的考察，康美达最早的前身可能是穆斯林的一种商业惯例，这种惯例在 8~10 世纪传播到拜占庭。这种模式于 11 世纪晚期在意大利、英格兰和欧洲的其他地方逐渐获得使用。它开始是作为一种借贷契约，后来很快就发展为合伙协议。这种合伙主要是针对海上航行，因而主要是海上合伙。其极大的便利就是合伙人的责任被限定于他们最初投资的数额上。不过，康美达一般是一种短暂经营，在完成了它为此建立的特定航行后就解除了。参见：哈罗德·J. 伯尔曼. 法律与革命——西方法律传统的形成 [M]. 贺卫方，高鸿钧，张志铭，等译. 北京：中国大百科全书出版社，1993：429-430。

❷ 彭小瑜. 教会法研究 [M]. 北京：商务印书馆，2003：199-200，204.

❸ DOMAT J. The Civil Law in its Natural Order（Volume Ⅰ）[M]. translated by William Strahan. Colorado：Fred B. Rothman & Co. Littleton，1980：148.

❹ 朱学勤. 道德理想国的覆灭——从卢梭到罗伯斯庇尔 [M]. 上海：上海三联书店，1994：188-190.

❺ 西耶斯. 论特权　第三等级是什么? [M]. 冯棠，译；张芝联，校. 北京：商务印书馆，1990：61，80.

是启蒙哲学家所设想的超越现实的自由人。法国大革命正是按照这一理念试图改造法国社会。相较于罗马法，法国民法有了自己的人格理论，树立了自由而平等的人像。正是对这一理想的人的形象的强调和关注，法国民法典才漠视现实存在的团体，及至为了贯彻这一理念不惜排斥行会等组织。如雅克·盖斯旦等说："民法典忽视了法人、协会、团体甚至家庭自身。"❶ 从人格技术角度观察，法国民法只关注人格理论在现实中的实施，并没有从技术层面考虑人格理论与社会现实的协调。可以说，法国民法发明了近代人格理论，但并没有对人格理论如何妥当适用进行研究，即只是一以贯之地实施人格理论而不顾社会现实。在法国民法典里，我们看到了"自然权利—法定权利"这样的权利层级。法典不能创设而只能确认自然权利，法定权利源于自然权利并保护自然权利。若从人格技术的角度观察，法国民法典上的人格并没有安排在"法定权利"这一层级上，而是嵌在"自然权利"之中。其逻辑结构可表达为：生物人/自然人—基于理性的人格基础—自然法上的人—实在法上的人。❷

---

❶ 雅克·盖斯旦，吉勒·古博，等. 法国民法总论 [M]. 陈鹏，等译. 北京：法律出版社，2004：100.

❷ 有学者认为法国民法并未舍弃罗马法关于"生物人与法律人相分离"的立法技术，而是改变了生物人成为法律人的条件，这一条件即理性所决定的伦理价值，不是规定在实在法中，而是存在于自然法中。这一观点本可资赞同，但其后的表述有引人误解之嫌："法律人必须具备理性，因为生物人有此属性，所以是法律人。"（参见：马俊驹. 人格和人格权理论讲稿 [M]. 北京：法律出版社，2009：54）此种表述容易让人误以为"生物人有理性从而可成为法律人"是由实在法规定的。如此，则成了人格是由实在法赋予的，这将造成对法国民法典的极大误解。基于此，本研究尝试另寻他种表达方式。

另有学者认为法国民法典直接将人格等同于自然人从而缺乏人格技术。若只从实在法层面看，这一观点难谓不当；但法国民法典是区分了自然法与实在法的，其自然法层面不可无视。一旦进入自然法层面，则理性明显是使人之为人的基础，可谓自然人因其理性而有人格，得享自然权利。这一点不可不察。因为只有这样，才能突出强调自然人是因其理性而带着自然权利进入实在法的。在实在法面前，自然权利乃法律人的"内在要素"，必须得到尊重与保护。

三、德国法上的人格：从自由意志到权利能力

　　法国民法极力推崇的自然法学说在德国得到批判的继受。自然法学那种"以非历史的简单程式和任意的假设为特点"的研究方法❶以及运用这一研究方法得出的那些基于自然所产生的若干理性原则受到了康德的批判。康德认为，自然法学说不可能从经验的资料，尤其是不能从人类学的认识引申出社会道德的准则。❷ 不过，卢梭作为探讨人性的先驱，却开启了康德探索人格理论的新路径。❸在谈及纯粹理性的实践时，康德说道："正是人格，也就是摆脱了整个自然的机械作用的自由和独立，但它同时被看作某个存在者的能力，这个存在者服从于自己特有的，也就是由他自己的理性给予的纯粹实践法则，因而个人作为属于感官世界的人，就他同时又属于理知世界而言，则服从于他自己的人格；这就不必奇怪，人作为属于两个世界的人，不能不带有崇敬地在与他的第二个和最高的使命的关系中看待自己的本质，也不能不以最高的敬重看待这个使命的法则。"❹ 正因为人格，人才从人的动物性当中脱离出来，凭借自由的意志而成为自身神圣的道德的主体。只有如此，"这个存在者永远不只是用作手段，而且同时本身也用作目的……只有凭借人

---

❶　E. 博登海默. 法理学——法律哲学与法律方法［M］. 邓正来，译. 北京：中国政法大学出版社，1999：63.

❷　马俊驹. 人格和人格权理论讲稿［M］. 北京：法律出版社，2009：56–57.

❸　康德自己说道："我一度认为，这一切足以给人类带来荣光，由此我鄙夷那班一无所知的芸芸众生。是卢梭纠正了我。盲目的偏见消失了，我学会了尊重人性，而且假如我不是相信这种见解能够有助于所有其他人去确立人权的话，我便应把自己看得比普通劳工还不如。"（转引自：卡西尔. 卢梭·康德·歌德［M］. 刘东，译. 北京：生活·读书·新知三联书店，2002：2）同时，杨祖陶、邓晓芒两位教授就卢梭对康德的影响进行了思想上的详细描述（参见：康德. 纯粹理性批判［M］. 邓晓芒，译. 北京：人民出版社，2001：5–6）。

❹　康德. 实践理性批判［M］. 邓晓芒，译. 北京：人民出版社，2003：118–119.

格这些造物才是自在的目的本身"。❶ 在《法的形而上学原理——权利的科学》里，他认定作为一切法根据的"先验法（天赋权利）"即具有自由意志的个人，即自然人。❷ 当然，经理性主义，尤其是德国古典哲学洗礼的"人"，之所以能成为世界的主体，并不是因其为生物学意义上的人。若只从生物学意义上讲，人与动物没有什么差别，都是自然的一部分。可以说，此时的人只是一个纯粹的动物，它只能行动，连实践的资格都没有。所以，人必是一个有理性的动物，这样才能进行实践。尽管从逻辑层面讲，首先得有一个"生物人"，但让人成为世界主体的，却是因为生物人具有"自由意志"。而这一"自由意志"便是"人格"。黑格尔在基本思路上承袭了康德，也认为正是人格，使（生物）人成其为（人格）人。这种人格理论具有极强的伦理性。黑格尔将其表述为一项诫命：成为一个人，并尊敬他人为人。❸ 在强调人格人的"自由意志"时，黑格尔并没忘记其生物人基础："人格的要义在于，我作为这个人，在一切方面（在内部任性、冲动和情欲方面，以及在直接外部的定在方面）都完全是被规定了的和有限的、毕竟我全然是纯自我相关；因此我是在有限性中知道自己是某种无限的、普遍的、自由的东西"。生物人与人格人的合一造就了人的高贵："人的高贵之处就在于能保持这种矛盾，而这种矛盾是任何自然东西在自身中所没有的也不是它所能忍受的。"❹ 这种"任何自然东西在自然中所没有"的矛盾状态因自我意识而产生。当人能以他人的存在为背景而反思到自我的存在时，他就具有了人格而成了人格

---

❶ 康德. 实践理性批判 [M]. 邓晓芒，译. 北京：人民出版社，2003：119.

❷ 汉译本参见：康德. 法的形而上学原理——权利的科学 [M]. 沈叔平，译；林荣远，校. 北京：商务印书馆，1991：49-50。

❸ 黑格尔. 法哲学原理 [M]. 范扬，张企泰，译. 北京：商务印书馆，1961：46。中文语境中不少人也习惯于"尊重他人为人"的表述。

❹ 黑格尔. 法哲学原理 [M]. 范扬，张企泰，译. 北京：商务印书馆，1961：45-46.

人。这种反思也因此而终结了原来那种无人格故无主体也无客体的"自然统一体"状态。❶

以康德、黑格尔等人为代表的德国古典哲学学说，尤其是康德创立的伦理人格主义哲学，对德国民法典制定者的精神世界产生了深刻的影响。❷ 然而，"哲学与法学毕竟是不同的，哲学家的思想可以像鸟一样在天上自由飞翔，法学家的行动却只能在现实的社会框架上奋力攀援。"❸ 法学家如何才能将哲学家高扬的高度抽象而又仅仅是"自我相关"的"人格"理论贯彻到法律中去？因此，比较一下法国民法典与德国民法典的不同做法，很能凸显二者的不同气质与风格。作为哲学的结晶，自然法没有采取技术措施，而是直接承袭了"人生来自由""人生而平等"等观念。法国民法典则全然承受了自然法精神，其第 8 条"所有法国人都享有民事权利"的规定，颠覆了人类法律文明史上以身份作为人格界定基础的立法模式。从此，法律上人格之取得，已经不再取决于"他是怎样的人"了，而是仅仅取决于"他是人"。与法国民法典相比，德国民法典关于伦理人格与法律人格的对接则要精细很多。德国古典哲学认为，人格不能以抽象的或者否定的样态存在，"人格是肯定的东西，它要扬弃这种限制，使自己成为实在的，换句话说，它要使自

---

❶ 黑格尔对终结自然统一体的"认识"有极为精彩的论述："认识作为自然统一体的终结，是原罪。这种原罪不是精神的偶然历史，而是其永恒的历史。因为无罪的状态即天堂中的状态是动物的状态。天堂是一个公园，在其中只有动物才可能存在，人是不可能存在于其中的。因为动物与神是一个东西，但是仅仅是自在的。只有人是精神，即自为的。"参见：黑格尔. 关于历史哲学的讲稿（第11卷）[M] //京特·雅科布斯. 规范·人格体·社会. 北京：法律出版社，2001：58 – 59。

❷ 卡尔·拉伦茨. 德国民法通论（上）[M]. 王晓晔，邵建东，等译. 北京：法律出版社，2003：45 – 46；弗朗茨·维亚克尔. 近代私法史：以德意志的发展为观察重点（上）[M]. 陈爱娥，黄建辉，译. 上海：上海三联书店，2006：349 – 365。

❸ 马俊驹. 从身份人格到伦理人格——论个人法律人格基础的历史演变 [J]. 湖南社会科学，2005（6）.

然的定在成为它自己的定在"。❶ 能够使自由意志的人格迈入表象世界的，是躯体。人格与躯体的结合，使单纯的自由意志成为一个人，"躯体"也就变成了"身体"。深受德国古典哲学洗礼的德国法学家们为了在以规范现实生活为目的法律中贯彻哲学上的"人格"概念，引入了"权利能力"（Rechtsfäigkeit，亦译为"法律人格"）制度。基本上承袭康德人格理论的萨维尼写道："人格或者法律主体最原始的概念必须和人（Menschen）的概念完全一致，这两个概念原始的同一性可采用这样的表达式：每一个个人，并且只有这个个人，才具有权利能力。"❷ 温德沙伊德在《潘德克吞教科书》里也首先指出，个体所具有的自我意识和意志能力叫作人格（Person），法人正好与之相对（Gegensaze des Mensch）。❸ 出于"尊重他人为人"的伦理诫命，权利能力必须赋予任何具有生命的个体。正如德国民法典第一草案说明书所说的：不论现实中的人的个体性及其意志，承认其权利能力是理性和伦理的一个戒律。❹ 依此可断言，德国民法学理上的法律人格与权利能力完全一致，凡取得权利能力者，即具备法律上人格而成为人。德国民法典第1条规定的"人的权利能力始于出生的完成"确立了人人平等的人格理念。这与罗马法截然不同，与法国民法规定的人的形象则一脉相承。

德国法上"权利能力"概念的提出，引起了极大的关注，同时

❶ 黑格尔．法哲学原理［M］．范扬，张企泰，译．北京：商务印书馆，1961：47－48．

❷ SAVIGNY S. System des heutigen Roemischen Rechts［M］．Bd．Ⅱ．Berlin：Berlin bei Deil und Comp，1840：1－3．

❸ WINDSCHEID S. Lehrbuch des Pandektenrchts［M］．Bd．Ⅰ．8. Aufl. Frankfurt a. M.：Literarische Anstalt，1900：191－192．

❹ 罗尔夫·克尼佩尔．法律与历史——论《德国民法典》的形成与变迁［M］．朱岩，译．北京：法律出版社，2003：58．

也饱受争议。有学者认为，权利能力为民法学乃至整个法学的根基。❶另有学者认为，权利能力的创设使法律人格丧失了丰富的伦理性。❷当权利能力抽离了具体的伦理内容而只剩下一个资格空壳时，❸它根本无法全面表达和彰显人的一般法律地位，即法律人格所记载的"人之成其为人"所包含的人类尊严和社会进步等宏大而深刻的人权思想。❹此时，对于自然人与法人通用的权利能力成了纯粹的技术性规定，❺它除了具有历史意义和逻辑自足意义外，并无多大价值。❻有学者甚至认为，从实质意义上而言，德国民法典权利能力之规定实属可笑而无法理解，❼权利能力应该被废除。❽面对同一概念，竟然会出现如此截然相反的看法，民法学上大概没有哪个概念比"权利能力"更惹人争议了。一旦深入民法学的内在肌理，这种"誓难两立"的争议就会让人不寒而栗，因为这里涉及的并非别的概念，而是事关人格尊严和人之为人的根基。一旦"人格"概念风雨飘摇，整个民法乃至法学理念都将南辕北辙。要慎重对待这一争议，必须认真考察权利能力及其社会、理论背景。

---

❶　这可从奥地利著名学者埃利希对权利能力的定义看出。他认为，权利能力包括四个具体能力：享有和行使各种政治权利的能力、进入法律承认并保护家庭关系的能力、取得并享有财产权的能力，以及请求人格、自由、生命和身体受法律保护的权利。转引自：星野英一．私法中的人 [M]．王闯，译．北京：中国法制出版社，2004：27 - 28。

❷　拉伦茨教授对此有深刻的阐述。参见：卡尔·拉伦茨．德国民法通论（上）[M]．北京：法律出版社，2004：57。

❸　马俊驹．人与人格分离技术的形成、发展与变迁——兼论德国民法中的权利能力 [J]．现代法学，2006（4）。

❹　尹田．论人格权的本质——兼评我国民法草案关于人格权的规定 [J]．法学研究，2003（4）.

❺　李永军．论权利能力的本质 [J]．比较法研究，2005 年第 2 期。

❻　付翠英．人格·权利能力·民事主体辨思——我国民法典的选择 [J]．法学，2006（8）.

❼　曾世雄．民法总则之现状与未来 [M]．北京：中国政法大学出版社，2001：76 - 83.

❽　傅强．论废除民事权利能力制度的必要性 [J]．新视野，2005（5）.

权利能力创于德国民法典❶而形式化之说，如今成了学界通说。所谓形式化，是指由于法典编纂的需要，立法者形式化法律上的"人"，以权利能力一统本非同类的自然人与法人。通过形式化，权利能力成了作为法律关系主体的资格，自然人与法人皆可以具有。一旦权利能力为本性大相径庭的自然人与法人均享，权利能力便仅仅成了没有任何实质内涵的纯粹形式化概念，"人格"背后的伦理特性就被抹杀了。若不然，则是法人却因此而获得了自然人才有的伦理特性。正如尹田教授在阐释一统自然人与法人的权利能力时所担忧的那样，由于自然人与法人都采用了人格或权利能力的表达式，因此用语上的相似必然导致自然人人格与法人人格的进一步混同，从而引发理解上的两个误区，即以自然人属性解读法人，反过来又以法人属性解读自然人。❷ 不得不说，目前对权利能力的研究存在很多误解。单就词源而言，"权利能力"就非德国民法典首创。事实上，作为法律人格的代名词，权利能力远存在于德国民法典之前。至迟在 1821 年，黑格尔即在《法哲学原理》一书中使用了"权利能力"一词。黑格尔在该书中写道："人格一般包含着权利

---

❶ 周枏教授论证了罗马法并无与近代以来权利能力具有相同内涵的概念，梁慧星先生认同罗马法不存在权利能力概念，中世纪也没有 [分别参见：周枏. 罗马法原论（上）[M]. 北京：商务印书馆，1994：107；梁慧星. 民法总论 [M]. 北京：法律出版社，2001：71]。

一般认为，Zeiller 起草的奥地利民法典第一次在法律上使用了权利能力概念（参见：梁慧星. 民法总论 [M]. 北京：法律出版社，2001：71）。但根据星野英一教授的考证，奥地利民法典第 18 条仅仅说了"任何人都具有在法定条件下取得权利之能力"（参见：星野英一. 私法中的人 [M]. 王闯，译. 北京：中国法制出版社，2004：24）。李永军教授也对此表达了同样的看法。[参见：李永军. 论权利能力的本质 [J]. 比较法研究，2005（2）]。"取得权利之能力"与"权利能力"概念的创建难难等同，况且星野英一教授也没有就此表达明确的看法。从星野教授的论述来看，他更赞成权利能力来自德国民法典。他说道："私法上可以作为权利义务主体的地位，在德国民法典中成为权利能力。"（参见：星野英一. 私法中的人 [M]. 王闯，译. 北京：中国法制出版社，2004：10）是说渐成了众多学者所持之说。

❷ 尹田. 论法人人格权 [J]. 法学研究，2004（4）.

能力（Rechtsfähigkeit），并且构成抽象的从而是形式的法的概念……"❶ 萨维尼更是大量地运用权利能力，并且以之与法律人格、法律主体相等同，专适用于自然人。可以说，在 19 世纪的德国，以"权利能力"一词论述人格在法律领域的显现已成学界的习惯。德国法学家在考虑伦理人格与法律人格的对接时，选用了"权利能力"一词应该与该习惯有很大的关联。❷ 至于权利能力"形式化"一说，更是造成了对权利能力的深重误解。基于权利能力在人格制度中的重要地位，对此误解有着力澄清之必要。

目前学界普遍将权利能力的出现与德国民法典对团体的主体化处理联系在一起。不可否认，如何对待现实生活中大量出现的团体，的确是德国民法典面临的重大问题之一。如前所述，受启蒙思想及法国大革命的影响，法国民法典出于对"理想的人的形象的强调和关注"，不惜漠视甚至排斥现实生活存在的各类团体，仅确认自然人的法律主体资格。德国民法典虽然在人格理论方面与法国民法一脉相承，但在对待团体上却与法国民法大相径庭。康德认为，当孤独的自然人欲摆脱落寞的自然状况而进入社会时，市民团体便开始存在。但按照康德的观点，这样的市民团体并非市民社会里的团体，因为这样的"市民团体不可能被命名为社会，因为命令发布者和受命者之间并非平等的关系，而是相互隶属的。因此，这些团体只是在形成一个社会而已"❸。用法学术语表达，一个脱离自然状况但还没有进入市民社会的团体，既不属于自然人而具有私法意义上的人格，❹ 也不属于政治团体而具有公法人格。因为市民团体

---

❶ 黑格尔. 法哲学原理［M］. 范扬，张企泰，译. 北京：商务印书馆，1961：46。

❷ 对此，笔者没有作过严谨的学术考证。只是在文献阅读中，有此强烈感觉。

❸ KANT S. Kants Werke.［Bang Ⅵ］［M］. Berlin：Walter de Gruyter & Co.，1968：306－313。

❹ 根据康德的看法，适用于自然状况的自然法即私法。KANT S. Kants Werke.［Bang Ⅵ］［M］. Berlin：Walter de Gruyter & Co.，1968：307.

不再是自然法规制下的个人，也没有完全形成一个社会，它处于私
法和公法之间无法定性的状态。自然康德的定论就是，团体既不能
见容于私法也无法被公法接纳。但无论如何，团体的现实存在是毋
庸置疑的事实。萨维尼在此基础上推进了康德的论述。他明确地说
道，像国家、城镇等团体不但自古以来现实地存在于社会，而且都
被当作法律上的存在而享有权利和负担义务。这样的存在萨维尼称
之为自然的或必然的存在，具有公法人资格。一旦团体具有了公法
人资格，当然可以作为人格者参与私法关系，国家乃最显著的例
子。❶ 但是，对于一些事实上存在却不可能具有公共意志性质的集
合体，由于它们仅仅代表某个集团而非全体人民的利益，如果也认
可它们享有人格则不合乎社会契约论的思想。为了一以贯之卢梭以
来的契约论传统，萨维尼首先排除了这些团体的公法人资格，因为
它们仅仅代表着众意。易言之，在政治领域的公法层面，市民团体
既不可能在现实上也不可能在价值上得以存在。可市民团体却现实
地存在于社会中，如何在法律上应对成了作为法学家的萨维尼面临
的难题。根据当时私法和公法的二分法，既然市民团体不可能出现
在公法领域，对其回应也只可能从私法角度进行。所以，萨维尼说
道："首先，我们主要是在私法领域，也就是说，仅仅在私法的关
系里才需要涉及法人的技术能力。"❷ 然而，私法领域唯有自然人
方具人格，如何让团体也能有容身之地，是一件异常棘手的事情。
正是基于此，德国民法才发展出人格技术。

当前学界将人格技术理解为权利能力，这是对权利能力与人格
技术的双重误解。权利能力是伦理人格在法律上的人格显现，其伦
理性虽不如伦理人格丰富，其伦理性本身却不容否认。所谓人格技
术，是将一定的人格理论付诸实践的技术。一般来说，社会现实与

---

❶ SAVIGNY S. System des heutigen Roemischen Rechts [M]. Bd. Ⅱ. Berlin: Berlin bei Deil und Comp, 1840: 245.

❷ SAVIGNY S. System des heutigen Roemischen Rechts [M]. Bd. Ⅱ. Berlin: Berlin bei Deil und Comp, 1840: 237.

人格理论的关系越紧张，人格技术就越显必要。罗马法人格理论是对社会现实的折射与呼应，故人格技术在罗马法中就显得可有可无；法国法直接就不承认社会现实的合理性——无视团体的存在，人格技术在法国法上也就被人为淡化了。德国学者却是正视社会中现实存在的团体，而团体这一现实存在与权利能力专属于自然人的人格理论存在根本冲突。正是理论与现实难以调和的冲突，将人格技术推到了不可忽视的显要位置。团体要想冲破人格理论的伦理封锁实无可能；同时团体的存在又是无可置疑的社会现实，否认它的存在与现实不符。有什么样的技术，既不会伤害人格理论的伦理根基，又能化解社会存在的现实矛盾呢？于此，作为法学家的萨维尼展示了不同于哲学家的智慧，使用了"拟制"（Fiction）这一法律技术。所谓拟制，即虚构、想象和假定。萨维尼在法人的定义里说得非常清楚："法人，是我们对照个人而进行技术上扩充得到的纯粹拟制主体。这种主体我们即叫作法人，即纯粹为法律目的而采用的人格。"❶ 温德沙伊德更是直截了当地指出，若撇开法典编纂的纯粹形式层面，法人只是非人格（Nichtpersonen）意义上的拟制人格。❷ 众所周知，德国民法典在对待自然人与法人时，虽然它们都分享权利能力一词，但法人却只是拟制的人格，认为它可以成为法律关系的主体，在这里法人模仿了自然人这一主体。由此我们明白，真正地作为人格技术的乃"拟制"，是一种创制或模仿技术。

　　然而，拟制的含义却极为复杂。从字面意义而言仅为"假定或模仿"，但对应于伦理实在与社会实在这一冲突，拟制便会跃出两

---

　　❶ SAVIGNY S. System des heutigen Roemischen Rechts［M］. Bd. Ⅱ. Berlin：Berlin bei Deil und Comp，1840：236. 德国民法典基本上采用了萨维尼关于法人的论述。众所周知，德国民法典上的法人虽然具有权利能力，但并不具有行为能力，其行为需要法人机关进行代理。如德国民法典第26条第（2）项规定："董事会在诉讼上和诉讼外代表社团；其具有法定代理人的地位。"（参见：德国民法典［M］. 杜景林，卢谌，译. 北京：中国政法大学出版社，1999：5）
　　❷ WINDSCHEID S. Lehrbuch des Pandektenrechts［M］. Bd. Ⅰ. 8. Aufl. Frankfurt a. M. ：Literarische Anstalt，1900：191 - 192.

层意思。首先，针对事实上之不存在者进行模仿地创制。从事实上
之不存在者出发进行的拟制会有两个结果：或拟制为事实上的存
在，或拟制为法律上的存在。"将事实上不存在者拟制为事实上之
存在者"没有意思，因为拟制要解决的是这一存在者是否具有法律
主体地位的问题。至于将"事实上不存在者拟制为法律上之存在
者"也意义不大。倘若团体不具有现存的合理性，法学家们自然没
有必要对此枉费心机。其次，将社会实在拟制为法律上存在，即将
事实上存在的团体拟制为法律上存在的主体。鉴于我们讨论的背
景，拟制只能指向这一点。若笼统地认定拟制仅适用这一情形，必
将与真相擦肩而过。因为把社会存在拟制为法律存在又可分为两种
不同的情况：其一，为将社会实在拟制为法律上真正的存在，让其
与原初的主体一样享有权利和负担义务；其二，仅将社会实在拟制
为法律上不真正的主体。真正的"拟制"究竟对应哪一种？作为
"拟制"鼻祖的萨维尼说道："仅仅在私法的关系里才需要涉及法
人的技术能力（künstliche Fähigkeit）。"❶ 从用词可见，法人享有的
只是"技术能力"而非"权利能力"，显然萨维尼在故意回避法人
本身的道德性。因此，"技术能力"这一表达说明了法人作为法律
上的主体不可能具有道德性，仅仅是从技术上让其享有能力，从而
可以成为法律主体。既然法人被排除了成为道德主体的可能，在法
律领域团体作为法律上的人格只能是财产方面的人格。由此，萨维
尼才说："我们可以尽可能地把法人概念确定为：它是一个财产能
力的技术主体。在私法当中法人独有的本质就是财产能力的身
份。"❷ 可见，真正的拟制乃将现实地存在于社会中的团体拟制为
法律上的不真正主体，只让其具有财产方面的能力——拟制才是
"人格技术"。既如此，为何总将"人格技术"归之于"权利能

---

❶ SAVIGNY S. System des heutigen Roemischen Rechts［M］. Bd. II . Berlin：Berlin
bei Deil urd Comp，1840：236.

❷ SAVIGNY S. System des heutigen Roemischen Rechts［M］. Bd. II . Berlin：Berlin
bei Deil und Comp，1840：239 - 240.

力"？个中缘由试析如下。

第一，不正视拟制，只是在法人拟制说中才附带地予以讨论。我国学者对拟制的探讨往往只是附杂在法人拟制学说之中；在思考法人拟制论的时候，又总是匆匆地卷入对法人本质的探讨。在法人本质的探讨里，也只是对各家学说进行介绍和比较，并没有深入探讨为何拟制、为何实在、为何否认等问题。如今，学者们对"拟制论"和"实在说"的争论已经厌烦，拉伦茨教授声称"这个争论已经消失了"。❶ 梅迪库斯教授更是宣称，这一争论已毫无意义。❷ 只有依靠法人本质学说才能得以有所涉及的探讨里，"拟制"已被盖棺论定、无须顾及。即使对法人本质学说有些许兴趣的学者也一致认定，"拟制说"把法人人格仅看作纯粹技术的产物，不是对本质的探讨。❸ 更有学者认为，"否认说""拟制说""实在说"之间的分歧只是法人人格的有无，实际上没有一种观点在探讨法人的本质。❹ 在这两种观点的夹击之下，"拟制"确实无处容身。❺ 如果说这仅仅是一种学说走向，尚不足以说明"拟制"被有意忽视的原因，那么我们对法人概念的翻译及其历史也许更有说服力。根据李贵连教授的考证，对这个新词的诠解经历了两个阶段——翻译过程中的夹注式解说和在整理出版日本专家讲义中在书后对讲义中的名词进行集中解说。在第一阶段，法人被解释为："法人者，法律所承认为有人之资格者也，如团体等类皆有法人之性质者也"。到了第二阶段，解释也就更加详尽化："法人：具法律上之人格者。按

---

❶　卡尔·拉伦茨. 德国民法通论（上）[M]. 王晓晔，邵建东，等译. 法律出版社，2003：180.

❷　梅迪库斯. 德国民法总论 [M]. 邵建东，译. 北京：法律出版社，2000：823.

❸　马俊驹. 人与人格分离技术的形成、发展与变迁——兼论德国民法中的权利能力 [J]. 现代法学，2006（4）.

❹　李锡鹤. 论法人的本质 [J]. 法学，1997（2）.

❺　这里需要提及的是，江平教授和龙卫球教授发表的卓越文章《法人本质及其基本构造研究——兼为拟制说的一点辩护》（载《中国法学》1998 年第 3 期），该文有着对法人拟制说的深刻洞见。

法人实无其人，仅由法律上，定其行事，得视为与人相等"。❶ 史尚宽先生认为："惟以自然人应为权利主体，法人为权利之主体，系由法律之拟制。"❷ 胡长清先生认为："权利能力，惟自然人有之，但惟自然人有权利能力，实际上甚为不便，故法律对于法人亦予以权利能力，不过法人之有权利能力，乃由于法律之所拟制，故谓之拟制人。"❸ 如今，梁慧星先生同样认为："质言之，所谓法人，即法律所拟制之人。"❹ 张俊浩教授认定："萨氏认为，法人之为人，乃法律之拟制，系为使团体得享有权利之法律技术的产物，法人不过为想象中的人格而已。"❺ 从这些一脉相承的观点可以看出，法人实无其人而为拟制者即想象中的人的认识所延续。按照这种理解，只有自然人是社会中的实体，法人只不过是一个"观念上的整体"而已，不是社会中现实存在的实体。它之所以能充当法律上的主体，完全是法律为了某种目的将个人组合或财产组合视为具有整体性的一个实体罢了。❻ 可见，我们在理解法人拟制论时，基本上只从字面意思理解"拟制"，并未意识到人格理论追求的价值与社会现实之间的冲突。基于这一理解，"法人实无其人"被认定为法人在现实上和法律上皆不存在，法律为了方便起见假定团体可为法律上之存在。亦即，对于"拟制"的理解，我们认定其事实上不存在且法律上也不存在，为了适用的方便，假定它在法律上存在。至于事实上不存在为何还要拟制以及将它拟制为法律上何种人却未见讨论。正是由于我们仅从"团体在事实上或法律上有无存在"出发进行思考，所以我们的讨论就未触及"拟制"的根本。这样，我们对"拟制说"的理解是想象的，同时也因为团体作为法

❶ 李贵连. 二十世纪初期的中国法学（续）[J]. 中外法学，1997（5）.
❷ 史尚宽. 民法总论 [M]. 北京：中国政法大学出版社，2000：139.
❸ 胡长清. 中国民法总论 [M]. 北京：中国政法大学出版社，1997：97.
❹ 梁慧星. 民法总论 [M]. 北京：法律出版社，2001：141.
❺ 张俊浩. 民法学原理（上册）[M]. 北京：中国政法大学出版社，2000：175.
❻ 龙卫球. 民法总论 [M]. 北京：中国法制出版社，2001：352－353.

律主体已存在于实证法中的事实，史尚宽先生才指责道："此说的弱点，在于以为自然人以外不得有权利主体之独断的谬误，自法律之目的及权利之见底言之，俱无以权利主体限于自然人之理由。"❶由此看来，"拟制"定无还魂之术，断无重拾的必要。

第二，权利能力的形式化误解，使得我们误以为权利能力就是人格技术。由于对拟制的忽视，我们将目光投向了一统自然人与法人的权利能力。学者们都承认，自然人与法人秉性各异。众所周知，罗马法和法国法在市民法领域都没有法人制度，同时"权利能力"这一概念也没有出现在罗马法和法国法中，由于"权利能力"统辖了自然人与法人，因此我们便以为德国法创造了"权利能力"，从而技术性地容纳了法人。"权利能力"，因其形式化和技术化，便等同于"人格技术"。可见，将"权利能力"误解为"人格技术"的根源乃"权利能力的形式化"。前已述及，所谓"权利能力的形式化"包含两点内容：权利能力丧失了法律人格本应有的伦理性，于是成了主体空壳式的自然人与法人的上位概念。其实，对权利能力形式化的指控是不存在的。就第一点而言，权利能力并未失去伦理基础。萨维尼和温德沙伊德就一直坚持，权利能力与自然人概念完全一致仅具伦理性。这一观念实乃理解德国民法典上权利能力的不二法门。德国民法典第一草案说明书早就说过："不论现实中的人的个体性和其意志，承认其权利能力是理性和伦理的一个戒律。"❷拉伦茨教授也指出："每个人都具有权利能力，因为他在本质上是一个伦理意义上的人。"❸施瓦布教授说道："权利能力就其本意而言只有自然人才享有。"❹另外，根据德国民法典的规定，

❶　史尚宽.民法总论［M］.北京：中国政法大学出版社，2000：139.
❷　转引自：罗尔夫·克尼佩尔.法律与历史——论载《德国民法典》的形成与变迁［M］.朱岩，译.北京：法律出版社，2003：58.
❸　卡尔·拉伦茨.德国民法通论（上）［M］.王晓晔，邵建东，等译.北京：法律出版社，2003：120.
❹　迪特尔·施瓦布.民法导论［M］.郑冲，译.北京：法律出版社，2006：101.

自然人权利能力始于出生，而法人权利能力始于国家授权。由此我们可以判断，自然人与法人享有的权利能力具有本质上的不同。❶ 既然权利能力并未形式化仍然只由自然人专享而具伦理性，为何法人亦可以享有？这涉及对自然人与法人共享"权利能力"的理解。从形式上看，自然人与法人都具有权利能力，似乎权利能力成了毫无内容的形式技术而可由立法者随意赋予。基于此，"权利能力"被理解为自然人与法人的上位概念而成了权利义务的主体资格。根据德国民法典释义书的说法："作为上位概念的人格，不能在法律伦理意义上去理解，而应当在法律技术意义上理解为：人格，就是权利义务的主体。就德国民法典的人格概念而言，其决定性标志就是权利能力，即享有权利和承担义务的能力。"若只根据该段言辞，权利能力似乎就是纯形式化的人格技术。不过继续阅读发现，该释义书的陈述马上进行了转折："在德国民法典里，就自然人格来说，不言自明的是，每个人，无论其社会地位、性别或国籍，都具有权利能力。在此正确的表达是，人的权利能力并非来自立法者的赋予，它先于法律而存在"。❷ 看来，将"权利能力"理解为纯形式的上位概念是欠缺考虑的。倘若"权利能力"被形式化，为何自然人可以享有精神性人格权而法人不能？如果具体人格的享有由自然人与法人各自的秉性予以决定，那权利能力的存在又有何意义？为何团体可以享有人格以及团体为何享有不同人格？这些都无法回答。由于我们把权利能力形式化而将其误读为人格技术，故我们无法区分自然人与法人的人格，由此严重混淆了我们对自然人与法人不同秉性的理解。这一切都来自我们对"权利能力"的错误认识，

---

❶ 《德国民法典》第 1 条规定：人的权利能力始于出生的完成。第 22 条规定：社团以经济上的营利为目的的，如帝国法律无特别规定，因邦的许可而取得权利能力。第 26 条第（2）项规定：董事会在诉讼上和诉讼外代表社团；其具有法定代理人的地位（参见：德国民法典 [M]. 杜景林，卢谌，译. 北京：中国政法大学出版社，1999：5）。

❷ PALANDT S. Buergerliches Gesetzbuch [M]. Bd. Ⅰ. München：Verlag C. H. Beck，2005：9.

认为它是上位概念并已形式化。其实，"权利能力"并未成为自然人与法人的上位概念。若仅仅是将"权利能力"当作形式上的上位概念而认其为人格技术，在逻辑上不能自洽。首先，"权利能力"形式化即成为法律关系的主体资格意味着，一个人或组织可以进入法律关系，享有权利和承担义务。现实清楚地表明，法人只具有财产方面的能力，只能在财产关系中享有权利和承担义务。这意味着法人自始至终都没有资格进入人身关系领域而承受权利并承担义务。因此，我们在一般意义上将其理解为"主体资格"的"权利能力"只能适用于自然人，而不能适用于法人。其次，若"权利能力"是人格技术，那作为人格技术适用前提的人格理论有待发掘，因为自然人与团体具有完全不同的人的形象，为什么能通过"权利能力"这个人格技术将这两个完全不同的人的形象予以统一地界定。如果我们未解明人格理论，那又何谈人格技术的适用？这对于一部民法典的编纂而言简直不可想象。如果我们丢掉这些理论成见，便可以明白，自然人具有完全的权利能力，而法人只具有财产权利能力。质言之，拟制是真正统一自然人与法人的人格技术，法人的权利能力则是人格技术化的结果，并非人格技术本身。

不难明白，只有深入理解"拟制"的结构，才能化解这一切矛盾。由于"拟制"乃将社会上实在的团体拟定为法律上不真正主体，因而整个"拟制"的结构可作如下概括：团体在社会上现实地存在，但作为法律实在之主体只能是自然人这一伦理主体。为了兼顾社会实在和伦理实在，法律便运用拟制这一人格技术。通过拟制，团体从社会实在一跃而成为法律主体，但并非法律上本原的伦理主体，只是技术主体，仅具有财产方面的能力。可见，拟制这一人格技术展示了它对人格理论的运用，同时也调和了社会现实。经由拟制，团体可以进入法律主体领域而具有财产主体资格。之所以自然人与法人都可以"统一"到权利能力下，不是因为以"提取公因式"的方式得到了"权利能力"并以其为上位概念，而是以自然人的权利能力为基础，以"拟制"的人格技术使法人"分有"

了财产性主体资格。❶ 如此才形成了自然人与法人都享有"权利能力"的现象，但仍要特别强调，真正的权利能力仍由自然人专享且具有伦理性；法人享有的只是财产性主体资格，且这一主体资格都是法律经过拟制而来的，乃拟制的主体而非伦理主体。

作为学说汇纂学派的代表人物，温德沙伊德承袭了萨维尼的观点，刻意区分了自然人的权利能力和法人的权利能力：（1）将人格与人格性截然分开。在非法学用语上，人格专属于自然人无可置疑。其实，在法学用语上，温德沙伊德同样认定人格专属于自然人。他说，人格与人格性并非总能互换。只要人格指向自我意识，人格与人格性必然相反。❷ 可见，即使在法律用语上，人格与人格性都有着巨大差异。正是基于此，温德沙伊德才用"人格"一词专指自然人，而法人则特别贴上"人格性"标签。（2）明确法人"人格性"乃拟制权利能力。无论在非法学还是法学层面，法人都没有自我意识意义上的人格含义。且不说其传统必然促使他认定权利能力为法律人格从而与自我意识相等同，其实他自己就清晰地表达了此一观念。在法律用语层面讨论成为法律主体时，他说道，人格性也具有同样的权利能力。❸"同样的"表明，从成为法律主体的视角，法人只不过是因为能具有自然人享有的权利能力，才可以作为法律主体。可见，权利能力本也为自然人专有。这样，在温德沙伊德那里，法律人格、自我意识、法律主体和权利能力具有相等同的内涵，并且专属于自然人。而法人之所以能享有权利能力，并

---

❶ "提取公因式"乃体系化思维的惯常方式，最为人们所熟悉，也是德国民法典常用之立法技术。但德国民法典上统辖自然人与法人之"权利能力"却并非由此而来，其所用立法技术乃"拟制"。正是因为"提取公因式"的强大统治地位叠加了"拟制"的难为人知，人们才理所当然地以"提取公因式"的目光看待德国民法典上的权利能力制度，进而造成了诸多深重又难以澄清的误解。

❷ WINDSCHEID S. Lehrbuch des Pandektenrchts [M]. Bd. Ⅰ.8.Aufl. Frankfurt a M. : Literarische Anstalt, 1900: 191.

❸ WINDSCHEID S. Lehrbuch des Pandektenrchts [M]. Bd. Ⅰ.8.Aufl. Frankfurt a M. : Literarische Anstalt, 1900: 191.

非其具有自我意识，不过纯仰仗法律上的拟制技术而已。因此，温德沙伊德并未将权利能力形式化，亦未通过拟制使得权利能力形式化，更不是为了法典编纂的需要创造了权利能力这个概念。一言以蔽之，人格与权利能力具有同一意义并且专属于自然人，正如他自己所言："其意志作为规范的人格，就是法律主体……如果进一步追问究竟什么是'人格'，理所当然的回答便是：人格就是自然人（Mensch）"。❶

正是在这些基础之上，德国民法典构建了它的权利能力制度。权利能力经由德国民法典规定以来，饱受各方批判。在我国学界则情形更加明显和突出，大有全盘否定而废弃权利能力之势。目前学界对权利能力概念的误解大致可概括为四种：（1）权利能力仅为法人量身定做；（2）权利能力对法律人格的取代丧失了人格本有的伦理性而沦落为纯技术性的规定；（3）权利能力将人格由自然法的规定而贬谪为实证法上的条款；（4）权利能力概念的创设重新带来了不平等。为进一步澄清对权利能力的误解，达致对法律人格的深度理解，本书拟就此四项批评观点作简要介绍和评析。

批评观点之一：权利能力仅为法人量身定做。较之于法国民法典，德国民法典在法律主体上最为显著的区别乃设定了法人。当我们翻阅德国民法典，会发现法人与自然人虽然同处于第一章"人格"之下，但共享的名词却是"权利能力"。我们对近代以来彰显人之尊严的人格总是敬而有加，可法人的出现打破了人格的伦理本性，由于法国民法典不承认法人的传统与未采纳权利能力概念，于是我们将矛头直指权利能力，贬斥德国民法典将团体与自然人并列为人格从而破坏人格的伦理性。于是，学者们认为德国民法典的"权利能力"一词就是为了让团体享有法律上的人格而使用的人格技术。换言之，德国立法者之所以采用"权利能力"而不使用

---

❶ WINDSCHEID S. Lehrbuch des Pandektenrchts ［M］. Bd. Ⅰ. 8. Aufl. Frankfurt a M.：Literarische Anstalt, 1900：187.

"人格"，仅仅是为了让团体可以进入民事领域而成为主体。尹田教授说道："德国人让古老的人格理论死灰复燃的目的，当然不是为了给相互平等的自然人重新戴上身份区分的面具，而是为了将这一经过改造的面具戴到某些'适于成为交易主体'的团体的脸上，使之与其他团体相区别，而这些拥有人格面具的团体，就是被称之为法人的那些社会组织。"而这一改造的面具即为权利能力。❶ 李永军教授认为，德国立法者发明"权利能力"之目的，正在于为团体取得私法上的权利义务地位。❷ 付翠英博士明确地指出："从本质上说，权利能力是德国法为团体在法律上的地位制作的面具，体现的是一个团体在民法上的身份。"❸

依德国民法典的规定，自然人与法人的确都具有权利能力。但若因此即认定权利能力乃德国民法典专为法人而设，实过于武断。如前所述，一则权利能力并非德国民法典创造，因而德国民法典并没有为法人而单独创设权利能力；二则法人享有的只是拟制权利能力。这里需要澄清的是，权利能力之存在不仅在用语上优先于法人，而且在逻辑上也必然先于它而存在。权利能力、法律主体与伦理人格等同且只为自然人专有乃当时的传统。这个传统不仅体现在作为思想背景的哲学家和法学家的著作上，而且还具体贯彻于法国民法典中。因为，法国民法典仅仅将人格或主体资格授予自然人，法人被拒绝作为主体而存在。尽管当时还没有权利能力概念，但一旦权利能力在德国学者那里被当作与人格以及法律主体一样的概念使用时，权利能力自然嵌入这个传统中。在这个根深蒂固的历史沉淀里，德国民法典的立法者们唯有遵守。为了赋予团体以主体资格，立法者们只好通过拟制技术，假定团体也具有人格。可见，权利能力本存在于前，团体被拟制为人格发生在后。经过拟制，法人

❶ 尹田. 论法人人格权 [J]. 法学研究，2004（4）.
❷ 李永军. 论权利能力的本质 [J]. 比较法研究，2005（2）.
❸ 付翠英. 人格·权利能力·民事主体辨思——我国民法典的选择 [J]. 法学，2006（8）.

具有了"假定"的权利能力。这个假定的权利能力被《德国民法典立法理由书》仅仅界定为财产能力。❶ 可见，绝非出现了法人且法人与自然人在特性上大相径庭，才由立法者绞尽脑汁设计出了权利能力以统一自然人与法人。合理的理解应当是：真正的权利能力不可能为自然人以外者享有，所以才通过拟制技术将团体假定为拥有权利能力者。唯有如此，团体才是一个具有权利能力的法律人格，才可以作为法律主体出现。因此，权利能力的出现与法人的存在毫无关系；相反，团体成为法人以权利能力存在为前提。

批评观点之二：权利能力对法律人格的取代丧失了人格本有的伦理性而沦落为纯技术性的规定。既然学界基本认可权利能力为法人特设，而法人为拟制技术的产物，那么由自然人与法人共享的权利能力理应只有技术性。如此，就本应伦理性丰富的自然人格而言，权利能力当然成了使之丧失伦理性的罪魁祸首。星野英一教授认为，以权利能力取代本具有强烈伦理内涵的"人格"概念，使"法律人格"从伦理人格中解放出来。❷ 尹田教授完全遵循了星野教授的逻辑。他说道："事实就是，德国民法在创制团体人格的同时，小心翼翼地避开了'人格'这一古老而又常新的概念中所包含的伦理属性，以'权利能力'这一仅具'私法上的主体资格'之含义的概念替换了'人格'的表达，使'法律人格即权利能力明确地从伦理的人格中解放出来'。"❸ 所以，德国民法典上的权利能力仅具有极端技术化的意义。❹ 李永军教授明确地说道："对于自然人与法人通用的权利能力是一个技术性的表达而无伦理性。"❺ 胡玉鸿教授更是在内蕴的理念上区分了人格与权利能力，认定权利

---

❶ 迪特尔·施瓦布. 民法导论 [M]. 郑冲，译. 北京：法律出版社，2006：102.

❷ 梁慧星. 民商法论丛（第8卷）[M]. 北京：法律出版社，1997：164.

❸ 尹田. 论法人人格权 [J]. 法学研究，2004（4）.

❹ 尹田. 论人格权的本质——兼评我国民法草案关于人格权的规定 [J]. 法学研究，2003（4）.

❺ 李永军. 论权利能力的本质 [J]. 比较法研究，2005（2）.

能力褪去了伦理基础仅仅成为法律上享有权利和承担义务的资格。❶曹险峰博士也认定："较之权利能力这个冷冰冰的、机械的法律技术术语，人格具有更宏大的历史内涵与更深刻的人文思想。"❷这些足以显示，学界完全认同权利能力已经丧失了伦理性而只具有技术性。

不得不说，"权利能力取代法律人格"是一个伪命题。指责权利能力丧失伦理性而仅具技术性的学者认为，通过德国民法典的编纂，权利能力已经取代法律人格。❸其实，正如上文所考察的，权利能力、法律主体、法律人格与自然人一直都是可以替换的具有同一意思的词语。法律人格与权利能力从来都没有出现在不同意义上。认同"权利能力取代法律人格"的观点，乃以德国民法典创设"权利能力"而为法人制作面具为前提。而这个前提已经被证明不存在。同时，从德国民法典来看，其第一章为"人格"（Person）。人格分为自然人格与法人人格，它们享有的人格统统以"Rechtsfähigkeit"（权利能力）而非"Person"（人格）予以表达。❹这完全可以判断，权利能力与法律人格在德国民法典里具有同一意义。因此，权利能力一直都和法律人格具有同样的含义，并未出现谁取代谁的问题。另外，将权利能力等同于人格技术，是权利能力成为纯技术性的决定性因素。我们将自然人与法人纳入统一主体之下的技术，叫作人格技术。由于二者具有不可通约性，作为两者上位概念的权利能力被认定为仅仅是法典意义上形式化之"人"，从而权利能力变成了

❶ 胡玉鸿. 围绕"人格"问题的法理论辩 [J]. 中国法学，2008（5）.

❷ 曹险峰. 论德国民法中的人、人格与人格权——兼论我国民法典的应然立场 [J]. 法制与社会发展，2006（4）.

❸ 尹田. 论人格权的本质——兼评我国民法草案关于人格权的规定 [J]. 法学研究，2003（4）；马俊驹. 人与人格分离技术的形成、发展与变迁——兼论德国民法中的权利能力 [J]. 现代法学，2006（4）；李永军. 论权利能力的本质 [J]. 比较法研究，2005（2）；胡玉鸿. 围绕"人格"问题的法理论辩 [J]. 中国法学，2008（5）.

❹ PALANDT S. Buergerliches Gesetzbuch [M]. Bd. Ⅰ. München：Verlag C. H. Beck，2005：9，24.

没有实质内容的只是作为法典编纂技术而存在的人格技术。这是迄今为止对权利能力最大的误解，是认定权利能力专为法人而设且丧失伦理性的根源。前文所述足以表明，权利能力不是德国民法典所创设，更不是为了团体身份量身定做的人格技术，更没有丧失伦理性。造成这一误解的根由，仍然在于从不考虑团体被拟制为人格的法人拟制技术。真正地作为人格技术的是隐藏在权利能力背后的法人拟制。通过法人拟制，团体可以具有权利能力，但享有的只是拟制的权利能力。因此，按照提取公因式的做法，自然人与法人作为民事主体都可以叫作具有权利能力或拥有法律人格，只不过真假有别而已。由于法典编纂者抹去了权利能力得以区分的差别，使得学者误以为权利能力就是人格技术。所以，作为法典上人格技术的并非权利能力，而是拟制团体为法人的拟制技术。基于此，我们可以认定，权利能力并未取代法律人格，它一直以来都和法律人格相等同。权利能力也从未作为一种人格技术而被使用，真正作为人格技术的是拟制技术。因而，权利能力从未丧失过学界所指责的伦理性。❶ 不过，这并不表明笔者认定德国民法典上的权利能力就足以彰显人格的尊严和价值。德国学者里特纳就认为："法律上的人是依据根本的，即法律本体论和法律伦理学方面的基础产生的，无论是立法者还是法律科学都不能任意处分这些基础。"❷ 拉伦茨教授也坦言，经过立法者处理的权利能力，显然没有其基础——伦理学

---

❶ 其实，德国立法者与学者都认为权利能力并未丧失伦理性。由于这些前面已有引用，这里只提供参考资料。PALANDT S. Buergerliches Gesetzbuch [M]. Bd. I. München：Verlag C. H. Beck, 2005：9；罗尔夫·克尼佩尔. 法律与历史——论《德国民法典》的形成与变迁 [M]. 朱岩，译. 北京：法律出版社，2003：58；卡尔·拉伦茨. 德国民法通论（上）[M]. 王晓晔，马健华，等译. 北京：法律出版社，2003：120.

❷ 卡尔·拉伦茨. 德国民法通论（上）[M]. 王晓晔，邵建东，译. 北京：法律出版社，2003：57.

上的"人"那样丰富。❶ 这当然是自然人格伦理性的缺失，但和权利能力之出现没有任何关系。

批评观点之三：权利能力将人格由自然法的规定而贬谪为实证法上的条款。当权利能力创设之目的限于法人，而法人由民法通过登记授权而存在时，❷ 此时必然的推论便是，权利能力成了实在法所规定的事项。于是各路观点纷纷跟进，指责权利能力将人格本来的自然法根基抽离而变成纯粹的实在法条款。根据拉伦茨教授的概括，即使在他所处时代的德国，通行的学术观点也认定人的权利能力甚至作为人的法律资格取决于实在法。❸ 于是，权利能力在学者们眼中成了纯粹实在法上的规定。马俊驹教授认为，权利能力对法律人格的取代"完成了民事主体的实质基础从自然法向实定法的转化"。❹ 李永军教授认定，德国民法典创建权利能力概念从而将团体纳入法律主体后，权利能力属于实证法（私法上）的概念当属无疑。❺ 俞江教授断定："由于对所有的人的法律人格即权利能力的承认成为民法典的规定从而成为实定法上的原理，得到从法律实证主义的立场上的承认，故而其自然法的基础却逐渐被忘却。"❻ 胡玉鸿教授更是以存在依据不同来区分法律人格与权利能力。遵循实证法的乃权利能力，法律人格由超越实证法的自然法予以规定。❼

---

❶ 卡尔·拉伦茨. 德国民法通论（上）[M]. 王晓晔，邵建东，译. 北京：法律出版社，2003：57.

❷ 《德国民法典》第22条规定：社团以经济上的营利为目的的，如帝国法律无特别规定，因邦的许可而取得权利能力。参见：德国民法典 [M]. 杜景林，卢谌，译. 北京：中国政法大学出版社，1999：5.

❸ 卡尔·拉伦茨. 德国民法通论（上）[M]. 王晓晔，邵建东，译. 北京：法律出版社，2003：121.

❹ 马俊驹. 人与人格分离技术的形成、发展与变迁——兼论德国民法中的权利能力 [J]. 现代法学，2006（4）.

❺ 李永军. 论权利能力的本质 [J]. 比较法研究，2005（2）.

❻ 俞江. 近代中国民法学中的私权理论 [M]. 北京：北京大学出版社，2003：133.

❼ 胡玉鸿. 围绕"人格"问题的法理论辩 [J]. 中国法学，2008（5）.

根据上述说法完全可以定论，权利能力成了实证法的条款。于是，如徐国栋教授所言，从国家实证主义的角度来看，权利能力被解释为由国家授予，反映的是国家与私人之间的垂直关系。❶ 据此看来，人们能否成为法律主体而享有权利能力，完全取决于立法者制作的法律条文。易言之，人之为人由立法者予以决定。若果真这样，人格尊严的先于实在法的自然法性也将因为被权利能力取代而荡然无存，这确是权利能力万死难辞其咎的罪过。

通观学者之论，认定权利能力产生促使人格的实证法退化，主要有两个源泉：一为克尼佩尔教授所引用的温德沙伊德之言，即自然人也是因为法律授予方具有权利能力，因此对于所有人的权利能力不存在一个先于法律的论证，权利能力基于实证法；❷ 二为上述拉伦茨教授所介绍的当时德国的通说。然而，事实并非如此。温德沙伊德确实认为自然人亦由法律赋予权利能力，但他乃是在法律用语上而言的。他事先对自我意识这个人格的伦理性悬搁，仅仅在成为法律主体一维上认定，自然人与法人一样由法律赋予权利能力。❸温德沙伊德意义上的权利能力并未摒弃自然法意义上的自我意识，而仅仅是为了获取自然人与法人的共同性，故意对自我意识上的权利能力和拟制意义上的权利能力悬而不论。温德沙伊德的这种求同存异，使我们误以为他认定权利能力成了纯粹的实证法规定，从而去除了人格自我意识的伦理基础。拉伦茨教授更是掷地有声地反对当时所谓的权利能力基于实证法的通说。他在脚注里通过赞成当时较有名望的沃尔夫教授的反对观点，说道："不可争辩的是，很早以来，实在法就否认某些人，即奴隶有作为人的资格，这种情况是

---

❶ 徐国栋. 寻找丢失的人格——从罗马、德国、拉丁法族国家、前苏联、俄罗斯到中国 [J]. 法律科学，2004 (6).

❷ 罗尔夫·克尼佩尔. 法律与历史——论《德国民法典》的形成与变迁 [M]. 朱岩，译. 北京：法律出版社，2003：60.

❸ WINDSCHEID S. Lehrbuch des Pandektenrchts [M]. Bd. Ⅰ. 8 Aufl. Frankfurt a. m.：Literarische Anstalt，1900：191.

出于对普遍适用的伦理基本问题的错误看法。对此甚至实在法都不能改变。"❶ 同时德国民法典第一草案说明书指出的权利能力乃伦理的戒律，以及德国民法典释义书所阐明的"人的权利能力并非来自立法者的赋予，它先于法律而存在（vorgegeben ist）"足以表明，权利能力完全不是基于实证法而产生的。我们之所以会得出权利能力基于实在法的观点，一方面是因为我们认为权利能力乃专为法人而设，而法人的权利能力当然取决于法律的赋予，是以得出权利能力基于实证法的规定；另一方面是基于我们对实在法的不同理解。由于我们总是厌烦于自然法，认定自然法乃子虚乌有的凭空杜撰，因此自然法与实证法之关系很难得以正确地看待。按照我们法律是统治阶级意志表现的传统，实证法只能体现作为统治阶级的意志。于是，权利能力体现为国家与私人之间的垂直关系。照此，一个曾经占据主导地位并且如今仍然具有持续影响力的观点必然产生：非依法律不得对公民民事权利能力加以限制和剥夺。❷ 反言之，倘若依据正当的法律及其程序，甚至可以对私人的权利能力予以剥夺。如果这里的私人仅仅限定在法人，这毫无问题。但一旦适用于自然人，这恐怕在以人为本的社会里谁都接受不了。其实，若我们从当时自然法与实证法的关系来看，实证法不但不可能违反自然法，更是以现实的权威维护自然法正义观念的必要措施。

根据近代自然法创造者格老秀斯之观点，正是求助于自然法，人类才产生了实证正义制度。因此，实在法是对自然法的模仿，是自然法的天然后裔。❸ 至少在权利能力上，自然法与实证法这种前

---

❶ 卡尔·拉伦茨. 德国民法通论（上）[M]. 王晓晔，邵建东，译. 北京：法律出版社，2003：121.

❷ 佟柔. 民法原理 [M]. 北京：法律出版社，1983：40. 张俊浩教授主编的《民法学原理》也认为："另外，人的权利能力非依法律规定并经正当程序，也不得褫夺。"（参见：张俊浩. 民法学原理（上册）[M]. 北京：中国政法大学出版社，2000：61）

❸ BUCKILE S. Natural Law and the Theory of Property：Grotius to Hume [M]. Oxford：Clarendon Press，1991：8，13，21.

后相继的关系得到了淋漓尽致的展现。克尼佩尔教授在引用学说汇纂学派关于权利能力基于实证法观点时，通过引证奥地利民法典第16条规定的"每个人与生俱来都拥有经由理性而启迪的权利，并在此之后被视为一个人格人"来说明，通过实证法的命令来确保近代以来关于人人平等的人类本质上的诉求是完全必要的。因为，实在法的现实有效性能确保此价值观念得以被遵守。但实在法仅仅是遵循了这个由自然法而来的理念，所以克尼佩尔教授才说："成文法律之中，法律中充盈着对一个不可动摇的人的本质的祈求。"❶从这些可以看出，实证法对权利能力的规定，并没有掩盖其伦理属性。相反，实证法对权利能力的规定，使得法律人格的伦理属性由头脑中的理念变成了真实的存在，从而可以由实证法这个现实的权威予以保障与实施。在作为实证法的德国民法典里，法律人格一直与权利能力同时存在。所以，由实证法对法律人格与权利能力进行规定，没有抽离人格的自然法基础，更没有使得权利能力成为一个纯粹技术性的空壳，而是使得权利能力由伦理意义上的观念变成了具有实在效力的条款。尽管德国民法典之法律人格或权利能力的规定确实有损伦理性，但这和实证法与自然法的关系毫不相干。切不可因为我们所理解的实证法而斩断"自然法与实证法之理念"与"理念的现实化"的关系。

批评观点之四：权利能力概念的创设重新带来了不平等。学者认定，权利能力乃德国立法者为团体设计的新型面具，具有浓厚的身份色彩。因此，自然人通过权利能力摆脱了不平等的人格桎梏，团体则通过权利能力戴上了不平等的枷锁。所以，德国法的权利能力对团体而言是"看不见的不平等"。❷ 这种不平等表现为三个方面：（1）与自然人相比，法人享有的权利能力没有自然人那样广

---

❶　罗尔夫·克尼佩尔. 法律与历史——论《德国民法典》的形成与变迁 [M]. 朱岩，译. 北京：法律出版社，2003：60.

❷　付翠英. 人格·权利能力·民事主体辨思——我国民法典的选择 [J]. 法学，2006（8）.

泛，如生命健康权、亲权、继承权，等等。● 由此，法人的权利能力受到限制，相较于自然人不平等。（2）较之于其他法人，由于其权利能力范围和社会职能各不相同，因此，法人之间的权利能力也不平等。● （3）较之于法人团体，非法人团体在是否能享有权利能力上也不平等。当社团被登记为法人而具有权利能力时，权利和义务归属于社团；但当社团未被登记为法人时，权利义务则归属于作为整体的全体成员。于是，未登记的社团和登记的社团在是否具有权利能力上迥异，自然带来严重的不平等。●

这些言之凿凿的立论，深值商榷。首先，权利能力并非专为法人而设，因而不是属于团体的身份。论者在认定权利能力为法人特设时，忽略了德国民法典上拟制的真实含义。正是法律人格或法律主体资格专属于自然人的伦理性，团体才需要通过拟制进入权利能力。所以，法人享有的权利能力不具有伦理性，因而不可能享有人格权。法人与自然人的权利能力之间，根本不具有可比性。因为，法人只享有拟制的权利能力表明，自然人与法人本就是在不平等的基础上进行设计的。其次，法人享有拟制权利能力表明，其虚拟的权利能力仅仅在于让它可以在法律的目的之下作为权利义务的集散地。就此而言，赋予团体以权利能力，只是让它有资格进入法律领域以承载权利义务。至于在此基础上能承载多少权利和义务，则和权利能力无关。诚如尹田教授所言："如同自然人中未成年人不能享有成年人能够享有的某些权利并不意味着其权利能力不平等一样，不同法人能够享有的具体权利的不同，也不等于其权利能力具有'差异性'，更不等于其权利能力不平等。"● 另外，法人的经营范围也与法人的权利能力毫无关系。经营范围只关涉具体的权利范

● 史尚宽. 民法总论［M］. 北京：中国政法大学出版社，2000：152.

● 江平. 法人制度论［M］. 北京：中国政法大学出版社，1994：22 - 23.

● 付翠英. 人格·权利能力·民事主体辨思——我国民法典的选择［J］. 法学，2006（8）.

● 尹田. 论法人的权利能力［J］. 法制与社会发展，2003（1）.

围，是其行动的权限，并且行动的权限具有内在的封闭性而不能对抗善意第三人。❶ 因而法人相互之间不存在权利能力的不平等，只有具体权利范围的不相同。最后，法人团体与非法人组织之间也不存在权利能力上的不同。法人乃根据自然人的特性进行的拟制，因此法人必须具有意志独立和财产独立，并且其意志独立集中表现为围绕财产占有、使用、收益和处分的意志独立。只有具备意志独立和财产独立才可能作为法律人格，才可以具有权利能力，因为权利能力就是独立的具有规范意志的人格个体。❷ 非法人组织本就被界定为不具备独立意志和独立财产的团体，因而不可能具备拟制的前提，自然不能具有权利能力。同时，非法人组织如果能让自己意志独立和财产独立，或者说合乎法人的成立要件，此时作为发起人而言具有选择权。发起人可以将其登记为法人，从而享有权利能力；也可以仅作为非法人组织，最终由成员们共负其责。我们之所以会有如此的看法，一则在于认定权利能力仅仅为团体而设，二则在于只直观地从外表进行比较。唯有从拟制论出发才可能切实把握为何同作为团体而竟有如此大的差异。所以，法人与非法人组织之间不存在权利能力不平等的问题。

---

❶ 这一点在我国的立法上有明显的体现。1986 年的《民法通则》第 42 条规定：企业法人应当在核准登记的经营范围内从事经营。根据此条，超越经营范围的行为无效，即企业法人无权利能力承担。1999 年《合同法》第 50 条作出了重大修正。该条规定：法人或者其他组织的法定代表人、负责人超越权限订立的合同，除相对人知道或者应当知道其超越权限的以外，该代表行为有效。这一条对超出经营范围的合同效力规定不明显，尽管可以通过扩充解释进行。基于此，《最高人民法院关于适用〈中华人民共和国合同法〉若干问题的解释（一）》第 10 条规定："当事人超越经营范围订立合同，人民法院不因此认定合同无效。但违反国家限制经营、特许经营以及法律、行政法规禁止经营规定的除外。"《公司法》第 12 条在此基础上规定："公司的经营范围由公司章程规定，并依法登记。公司可以修改公司章程，改变经营范围，但是应当办理变更登记。"这一系列的立法变化反映出，经营范围仅仅是法人享有权利的范围，和权利能力无关。
❷ WINDSCHEID S. Lehrbuch des Pandektenrchts [M]. Bd. I. 8. Aufl. Frankfurt a. M. : Literarische Anstalt，1900：187.

一旦澄清了缠附在权利能力身上的种种误解，我们就会清晰地看到，受过德国古典哲学"自由意志"滋养的德国法上人格与法国法上人格一样，深具伦理基础。不同之处在于，德国民法典为了调和人格理论与社会现实的矛盾，采用了拟制的人格技术，赋予了不具有伦理性的团体以"人格性"，使其具有部分权利能力——财产能力。团体由此得以与自然人一道，一统于"权利能力"之下。"拟制"人格技术由此成为调和思想理论与社会现实之间矛盾的润滑剂，"权利能力"则成为对接哲学思想与法学理论的通道。德国民法典上的人格因此也具有不同于法国民法典的逻辑结构，如图 2 −1 所示：

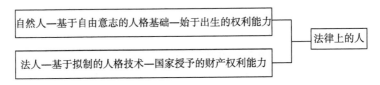

图 2 −1　德国民法典上人格的逻辑结构

四、从人格到人格权：跨越理论的鸿沟

到今天，"人格权"已成法学术语，中国民法典编纂过程中，诸如"人格权是否独立成编"的争论虽多，但对"人格权"的权利属性，却无甚异议。诚如王泽鉴先生所言："人格权系属一种权利（Sub − jektives Recht），在今日并无争议，乃属当然。"❶ 然而，从历史的视角看，从"人格"到"人格权"的跨越却极其艰难，回顾这一跨越的过程，玩味各种针锋相对的观点，能让我们更深刻地领悟"人格权"的真谛。

---

❶ 王泽鉴. 人格权法：法释义学、比较法、案例研究［M］. 北京：北京大学出版社，2013：44.

人格权由"人格"和"权利"组成，若从字面解读，人格权可谓"关于人格的权利"。"人格"实质上解决的是"人何以为人"的问题，法律人格则解决"何为法律上的人"的问题。当我们高扬理性的旗帜，理性、自由意志便被解读为人之为人的根基。这种解读也已被法国、德国等大陆法系民法界所接受。"权利"一词则深深地嵌入在"主体－客体"的认知模式之中。或说，"权利"是"主体－客体"的认知模式的产物。以作为主体的"人"为一方，除人之外在世之物则为客体。在法律上，主体、客体经由权利而连接起来，由此而形成了所谓的法律关系。或说，"权利乃人与外部事物法律上的连接"。❶ 面对"物"时，这一说法并无困难，如人对有体物的支配而形成所有权即是著例。一旦将此种模式套用在人格权身上，就会导致逻辑上的矛盾与伦理上的困境。依"主体－客体"结构，人格权是否成了"作为主体的人与作为客体的人格"之间的关系？而人格恰恰构成人之根本！也就是说，人格乃内在于人，而不可成为外在于人的客体。所谓人格权，若在"主体－客体"结构下解读，即是一自相矛盾概念。如若假定内在于主体的人格可以成为客体，是否意味着主体可被当作纯粹的工具或手段来对待，这将从根本上违背"人不能当作单纯的手段"这一伦理诫命。另外，若承认一项"对自身的原始权利"，将会得出存在一项"自杀权"的结论，而这一结论在伦理道德上同样是不可接受的。❷ 也许正是基于逻辑上、伦理上的障碍，无论是法国民法典，还是德国民法典，都没有跨出从人格到人格权这一步。

如前所述，法国民法典系从自然法的高度来看待人格。人格在理念上的高贵地位，促使法国民法典拒绝从实在法的层面规定"人

---

❶ 马俊驹，张翔. 论人格权的理论基础及其立法体例 [J]. 法学研究，2004 (6).

❷ 霍尔斯特·埃曼. 德国民法中的一般人格权制度——论从非道德行为到侵权行为的转变 [M]//梁慧星. 民商法论丛 (第23卷). 香港：金桥文化出版 (香港) 有限公司，2002：413.

格权"。在法国民法典的立法者看来，民法承认了自然人的法律地位，就意味着同时承认了保护自然人的人格，这是不言自明的。不只如此，相比保护法定权利，法典甚至应更高地维护人格。❶ 法国民法典第 1382 条规定："任何行为使人受损害时，因自己的过失而致行为发生之人对该他人负赔偿的责任。"❷ 该条规定并没将法律保护限定于法定权利，而是有意使用了"任何过失行为使人受损害"的宽泛语言，从而将各种损害均包括在内：法定权利受损固然要赔偿，比法定权利地位更高的人格若受损害，则更要赔偿了。这即法国民法典的内在逻辑，颇有"举轻以明重"的意味。法国民法典不仅没有规定实在法意义上的"人格权"，还在观念上对人格采取了一种整体且不可分割的态度。不过，早期法国法的观念和此观念支配下的人格保护的实践，只是限于自然人的物质范畴和某些重要的精神范畴，还没有涉及自然人的隐私和个人生活等范畴。❸

德国民法典同样没有给实在法层面的"人格权"一个名正言顺的"名分"，只是在"侵权救济"中给人格提供了保护。事实上，若深入德国民法典的内在结构，会发现"人格权"实际上在其上找不到容身之处。相较于法国民法典，德国民法典最具特色者乃结构上的"总—分"模式。通过总则的设置，分则的各个内容都被抽象到总则中，从而形成了法典的编纂而非汇编，使得法典具有了封闭的逻辑化与体系化。德国学者言："它（指德国民法典总则）是德国民法学家关于法典应当尽可能抽象化观点的典型产物。非专属某一特定法律制度（如买卖契约或劳务契约）的所有规则，都应提出

❶ 龙卫球. 民法总论 [M]. 北京：中国法制出版社，2002：266.

❷ 法国民法典 [M]. 李浩培，等译. 北京：商务印书馆，1929：189.

❸ SAVIGNY S. System des heutigen römischen Rechts [M]. Bd. Ⅲ. Berlin bei Deil und Comp，1840：345. 转引自：龙卫球. 民法总论 [M]. 北京：中国法制出版社，2002：267。

来放在法典的前面，从而赋予它们普遍的适用性。"❶ 这种法典编纂技术我们简练地概括为提取公因式。这个公因式正是统一各个分则的民法总则所要寻找的。显然，这个具有极端抽象性而能满足民法总则要求的公因式只能是法律关系。缘由在于，物权、债权、婚姻、继承四分则的具体内容各具特色而各不相同，因而不可能在实质内容上提炼出一般性规则。但无论四分则具体内容如何不同，其逻辑前提必定相同——皆具有法律关系。于是，法律关系的"主体—客体—内容"架构成为适用于各分则的总则必然之选。由此，法律关系结构理所当然地成为德国民法典构造的支柱。如王利明教授所说："潘德克顿学派将整个法律关系的理论运用到法典里面去，构建了一个完整的民法典的体系结构。……由于法律关系的各种要素都已具备从而形成完整的法律关系，这种构建模式体现了潘德克顿体系的严谨性和科学性。"❷对法律关系理论的理解，直接涉及民法典的"总则—分则"模式。该法典编纂模式告诉我们，民法总则仅仅是人法和物法两者的结合，在现行世界中直观地展现为人与人或者人与物之间的关系。那么，由自然人与法人统一享有的法律人格也仅仅是分则四个法律关系主体的概括。无论从物权编、债权编、婚姻编还是继承编，我们都不可能得出一般人格权存在的结论。原因在于，作为人格尊严和人格自我发展的一般人格权，它并不体现在分则的四个具体法律关系中，它仅仅自我相关而不取决于某人或某物的确认。换言之，人之为人的确保并不取决于现实的任何条件，这正如我们所认定的权利能力不因性别差异、财产多寡、地位高下、学历悬殊、形貌俊丑等而有任何不同。每个人仅因为自身是一个人就享有不可剥夺的权利能力。但仅仅自我相关而由自我确保的人格尊严意义上的一般人格权，却和四分则中显示的人与人

---

❶ 罗伯特·霍恩，海因·科茨，汉斯·G.来塞.德国民商法导论 [M].托尼·韦尔英，楚建，译；谢怀栻，校.北京：中国大百科全书出版社，1996：70.

❷ 王利明.中国民法典学者建议稿及立法理由（总则编）[M].北京：法律出版社，2005：13.

以及以人与人为背景的人与物之间的关系大相径庭。如债权、物权、继承权以及基于婚姻的权利都取决于他人或他物存在的确证，否则这些权利便不存在。可一般人格权只需要基于其是一个人就可以获得人格尊严，即人之为人全由于自身之故。由此，一般人格权与民法总则严重对立，自然难以在民法总则中找到容身之所。可见，由于民法总则单方面地强调对四个分则的统摄，必然只在人与人以及人与物的关系里探讨人格，从而忘记了对自身内涵和外延的探讨，因而即使具体人格权在法典中亦无立足之地。❶ 从逻辑上讲，德国民法典上一般人格权和具体人格权之缺失，乃法典"总则—分则"模式的必然结果。

德国民法典对人格的保护体现为该法第 823 条第 1 款：因故意或者过失不法侵害他人生命、身体、健康、自由、所有权或者其他权利者，对他人因此而产生的损害负赔偿义务。❷ 与法国民法典第 1382 条相比，德国民法典第 823 条分列了生命、身体、健康、自由等"人格要素"，并没有将人格视为不可分割的整体。这一条规定浓缩了德国民法典的人格理念，映射出立法者的良苦用心。资料显示，❸ 德国民法典（第一草案）（1874—1887）第 704 条第 1 款（德国民法典第 823 条第 1 款的前身）参考法国民法典第 1382 条和第 1383 条，规定："行为人基于其故意或过失之作为或不作为行为而侵害他人，并且，对于这种损害的结果发生，行为人已经预见或必须预见，行为人应对他人因其上述行为而导致的损害负赔偿义务，而不论损害的范围是否可以预见。"立法理由

---

❶ 德国民法典第 823 条规定"故意或过失侵害他人的生命、身体、健康、自由、所有权或其他权利的人，对他人负有赔偿由此而发生的损害的义务"，但整个法典都没有规定生命权、身体健康权、自由权等具体人格权。

❷ 德国民法典（修订本）[M]. 郑冲，贾红梅，译. 北京：法律出版社，2001：204.

❸ 以下关于德国民法典第 823 条第 1 款立法背景的资料，均转引自：张红. 19 世纪德国人格权理论之辨 [J]. 环球法律评论，2010（1）. 关于该条款立法背景的详细介绍可参考该文或张红先生著作《人格权总论》（北京大学出版社 2012 年版，第 6～29 页）。

书的解释是,"该条是关于各种可能利益在其遭到不法行为侵害时的综合保护,由该条而产生的损害赔偿义务并不是针对某一类特定的侵权行为,而是针对各种各样的由不法行为而导致的可能损害后果而规定的。"❶ 草案第 704 条第 2 款进一步补充:"行为人基于其故意或过失违法侵害他人权利,此种损害他人权利的行为将导致其对他人的损害赔偿义务产生,即使这种行为是不可预见的。根据前款规定,此种权利损害还包括对生命、身体、健康、自由和名誉的损害。"依据立法理由书的解释,生命、身体、健康、自由和名誉等属于法律保护的"高级利益",应该与权利一样得到同等保护。❷ 对这些"高级利益"的同等保护是否会导致"存在于自身的权利"(人格权)被草案所承认?立法理由书认为这不应该由立法来回答,而应该交给法学去确定。为什么不给这些"高级利益"穿上权利的外衣?作为第一草案起草委员会主任的温德沙伊德认为,"人格权"作为一项在私法体系之中的特别陈述是不必要的,因为这些"高级利益"是当然存在、都要保护的。❸ 温德沙伊德的这一解释也让我们看到了德国民法典上"法律人格"所深具的伦理基础。其实,以温德沙伊德为代表的第一草案起草委员会不给这些"高级利益"穿上权利的外衣,还有其法律体系上的考量。传统民法的权利体系深嵌于"主体 – 客体"结构,系以所有权为中心构建起来的,权利所指向的客体是外在于主体的"物"。诸如生命、身体、健康等内化于主体的"高级利益"难以成为像"物"一样的客体,在伦理上也不允许"主体"任意支配。权利结构的局限、伦理的戒律也让立法者不

---

❶ MUGDAN. Motive zu dem Entwurfe eines bürgerlichen Gesetzbuches für das deutsche Reich [M]. Amtliche Ausgabe. Bd. Ⅱ. Berlin:Berlin und Leipzig, 1888:725.

❷ MUGDAN. Motive zu dem Entwurfe eines bürgerlichen Gesetzbuches für das deutsche Reich [M]. Amtliche Ausgabe. Bd. Ⅱ. Berlin:Berlin und Leipzig, 1888:728.

❸ WINDSCHEID S. Lehrbuch des Pandektenrechts [M]. Bd. Ⅰ. 4. Aufl. Frankfurt a. M. : Literarische Anstalt, 1875:94.

敢提出"人格权",而只是保护这些"高级利益"。张红先生称此为只做不说的"哑巴策略"。❶

第一草案的第 704 条第 2 款在德国民法典(第二草案)(1891—1895)中被删除,理由是该款给人以"教条主义的印象",关于生命、身体及健康的论述是没有必要的,因为有关这些利益的保护,该条第 1 款已经给予规定。❷ 第二草案起草委员会重新起草了第 704 条第 1 款,并将第 704 条与第二草案的第 746 条第 2 款结合在一起:"行为人因故意或过失违法侵害他人权利,或违反以保护他人为目的的法律,行为人因此而产生对受害人的赔偿义务。根据法律的内容,如果这项违反行为即使行为人没有过错也会有导致损害的可能,那么赔偿义务只是存在于有过错的情形。"第二草案二读过程中,有人建议将"他人的权利"切入第 746 条,并以第 747 条表达:"行为人因故意或者过失违法侵害了他人的生命、身体、健康、自由、所有权及其他权利……"❸ 建议者认为这种改变主要是编纂法典的当然之意与体例导致的:"从前面的讨论中,人们从第一草案中的第 704 条得出了有启发意义的结论,那就是作为一种权利的损害,从上述规定的角度来看,也是一种对个人非物质法律利益的侵害。之所以取消权利的表述,是因为如今的法学在更长远的意义上接受了'人的权利'这一表述。但是后来,在第二草案中,没有一个地方作了这样直接的表述,那就是对这些利益的侵害是作为一种民法上的侵权行为来规制的。"❹ 这一建议后来得到采纳,并随即被规定在第 808 条第 1 款中,之后这些内容全部被写

---

❶ 张红. 19 世纪德国人格权理论之辩 [J]. 环球法律评论,2010 (1).

❷ MUGDAN. Motive zu dem Entwurfe eines bürgerlichen Gesetzbuches für das deutsche Reich [M]. Amtliche Ausgabe. Bd. Ⅱ. Berlin: Berlin und Leipzig, 1888: 1077.

❸ MUGDAN (HRSG. und BEARB.). Die gesammelten Materialien zum Bürgerlichen Gesezbuch für das deutsche Reich [M]. Bd. Ⅱ. Berlin: R. V. Decker's Verlag, 1899: 200.

❹ MUGDAN (HRSG. und BEARB.). Die gesammelten Materialien zum Bürgerlichen Gesezbuch für das deutsche Reich [M]. Bd. Ⅱ. Berlin: R. V. Decker's Verlag, 1899: 201.

进了德国民法典第 823 条第 1 款之中。

透过德国民法典第 823 条第 1 款的立法背景，我们可以看到，立法者正视并慎重考虑了"人格权"问题，只是基于法典的编纂体例、权利结构、伦理戒律而没有使用"人格权"这一表述，但是以规制"民法上的侵权行为"的方式对生命、身体、健康、自由等"高级利益"给予了同等于权利的保护。至于"人格权"的表述是否恰当，则交由法学来确定。不得不说，这一处理方式是审慎而又务实的，还给民法理论的发展提供了机遇与空间。法学界又是如何对待"人格权"的呢？

一般认为，私法层面上的人格权理论研究始于 19 世纪末期的德国法学。❶ 人格权存废之辩的开启者则是赫赫有名的萨维尼。萨维尼对所谓"人格权"持批评态度，认为人格权的存在没有正当性：一个人是不能拥有对自己的身体及其各个组成部分的权利的，否则人就会拥有自杀的权利。即使人拥有对自己及其自身的权利，这种权利也不能在实证法上得到确认和规定。❷ 萨维尼的贡献在于，经其阐明，人格权第一次在实证法上得到讨论，又因其权威性，在 19 世纪接下来的时间里激起了无数学者的兴趣，开启了是否要承

---

❶ Pietro Rescigno, Personalit·（diritti della），in Enc. Giur. Treccani，XXIII，Roma s. d. 转引自：薛军. 人格权的两种基本理论模式与中国的人格权立法 [J]. 法商研究，2004（4）。

徐国栋先生将人格权切分为"实质"与"名称"两个层面，并认为实质层面的人格权古已有之，多以消极的方式，即对侵害者加以处罚的方式体现出来而已 [参见：徐国栋. 人格权制度历史沿革考 [J]. 法制与社会发展，2008（1）]。这种区分其实并无理论上的意义。因为研究"人格权起源"的真正价值就是体现在如何"从消极保护转向正面承认"及其正当化理由之上。在此研究目的之下，探索所谓的人格权的消极保护自然没有理论意义。

❷ SAVIGNY S. System des heutigen Roemischen Rechts [M]. Bd. Ⅱ. Berlin：Berlin bei Deil und Comp，1840：336.

认人格权的争斗。❶ 潘德克顿法学代表人物之一劳伊尔（Neuner）首次区分了"人格上权利"和"权利能力"，❷ 认为权利能力并不是"人格上权利"的组成部分，充其量只是该权利"外在的先决条件"；所谓"人格上权利"则是"人自身目的的存在和人自我目的的宣示和发展的权利"。❸ 潘德克顿法学人格权理论的重要推手和集大成者黑格尔斯博格（Regelsberger）秉承了劳伊尔的上述观点，并将"人格上权利"作为"最首要的和主要的私权"，认为这种权利是人所拥有的最高利益。❹ 在早期日耳曼法学的代表人物伽

---

❶ Leuze. Die Entwicklung des Person lichkeits recht im 19. Jahrhundert, 1962. S. 51.
转引自：张红.19世纪德国人格权理论之辩［J］.环球法律评论，2010（1）。如无特别说明，以下关于法学上人格权理论发展介绍的资料均转引自该文，关于19世纪德国人格权理论发展的详细介绍也请参考该文。

徐国栋先生考证，现代人格权理论是法国学者雨果·多诺提出来的。雨果·多诺曾在《市民法评注》中多次讲到"人对自己的权利"，并说道："严格属于我们的，或存在于各人的人身中，或存在于外在的物中，为了它们有这两个著名的不同的法的原则：一个是毋害他人：一个是分给各人属于他。属于前者的，有人身，属于后者的，有各人拥有的物，我们在前文说过，同时这样属于我们的，还包括对我们的债务。"（DONELL H. Opera omnia, Tomus Primus I［M］. Roma：Typis Josephi Salviuggi, 1828：229）西班牙学者皓梅斯·德·阿梅斯瓜（Gomez de Amesqua）于1609年出版了专著《人对于自身的权力论》（*Tractatus de potestates in se ipsum*），第一个对人格权问题作了专门研究（GIFUENTES S. Elementos de Derecho civil［M］. Astrea：Buenos Aires, 1999：47）。该书展开了多诺提出的"人对自己的权利"的概念，并注重探讨人对自己身体的自决而非排除他人的侵害，其中的一些探讨涉及病人的人格权。参见：徐国栋.人格权制度历史沿革考［J］.法制与社会发展，2008（1）。

❷ 星野英一教授认为萨维尼的学生普赫塔（Georg Friedric Puchta）首先提出人格权的概念，其在《潘德克吞教科书》中分析人格时，承认了对自己的权利，其中包括人格权，从而首次区分了人格与人格权，并把"人对于自己的权利"的冗长、拗口表达转换成了"对人权"的简洁表达［参见：星野英一.私法中的人［M］//梁慧星.为权利而斗争.北京：中国法制出版社，2000：356；徐国栋.人格权制度历史沿革考［J］.法制与社会发展，2008（1）］。

❸ NEUNER. Wesen und Arten der Privatrechtsverhältnisse［M］. Kiel：Schwers, 1866：15 – 17.

❹ REGELSBERGER. Pandekten［M］. Bd. Ⅰ. Leipzig：Duncker & Humblot, 1893：198.

哈依斯（Gareis）眼中，"人格上权利"在法学知识上一直扮演着一个变化无常的角色，其保护范围难以清晰界定；若整理归类有关著作权本质的问题并沿着这一理论脉络向前继续探索，"人格上权利"这一概念将很好地得到理解。为进一步整理、发展这一权利，有必要对其在私法体系上进行"特别的叙述"：如果实在法体系能够规范这种存在于人身上的人格权利，并且允许人能够使用这种权利，那么这种权利是能够得到完整掌握的。一旦实在法承认这一权利，这种权利就会成为法律共同的核心，法律主体有权利使其"个性"通过这种承认而成为显见的。所谓"个性"，乃法律主体所固有的保持其个体存活的必要条件，并且法律主体通过这种个性来彰显其作为主体的存在。为突出"个性"，伽哈依斯还建议使用"个性的权利"这一称谓。此后，伽哈依斯还使用过"个体权利""人格权"等称谓来表达同样的意思，并与物权进行了比较："这种'个性的权利'在诸多方面皆与物权性的权利有共同之处，它没有特定的义务主体，每一个其他人都是这种权利的义务主体。对于其他人而言，法律并不要求其以积极的行为来帮助权利人实现这种权利，而只是要求他成为一个不作为的义务主体"。若不通过"特别的叙述"，仅依靠侵权之诉，这种权利将得不到详尽的阐明，因为主体可以科学、合法、独立的方式来支配这种权利，如买卖和继承。❶ 伽哈依斯因其致力于追求"人格上权利"／"个性的权利"／"个体权利"／"人格权"的可掌握性，被称为"将人格权移入实在法的移植者"。❷ 同为日耳曼法学代表人物的科勒（Kohler）大约在 1907 年之后将伽哈依斯的"个性的权利"改名为"人格权"，并赋予人格权利以新的特点，即人的身体及其构成部分与合法的人格密不可分地联系在一起，直接买卖人的身体及其构成部分是不可

---

❶ GAREIS. Das juristische Wesen der Autorrechte, sowie des Firmen – und Markenschutzes, in: Buschs Archiv für Thorie und Praxis des allgemeinen deutschen Handels – und Wechselrechts［M］. Bd. 35. Berlin: Heymann, 1877: 185（187 – 201）.

❷ 张红. 19 世纪德国人格权理论之辩［J］. 环球法律评论, 2010（1）.

能的。● 在科勒看来，人格权是所有法律秩序的起点，因为每一项权利都须依附一定的主体，而作为法律主体，他的人格必须得到法律的保护，否则其将不是法律上的主体。科勒在详尽论述了存在于生命、健康、荣誉以及姓名、肖像、隐私之上的个别人格权之后，还承认了一般人格权是"权利源泉"或者"母权"。他在《著作权》一文中提出，"个性的权利"仅是一种全部人格利益上的权利，这项权利保证这些人格利益被它们所依附的主体整体性地使用和享受。❷ 在 1914 年完成的《民事权利》一文中，科勒声称，人格权就是人应该被当作完全有效的、道德上和精神上的人格而得到承认。❸ 对人格权最为详尽、系统的论述见之于另一位日耳曼法学派代表人物基尔克（Gierke）的《德国私法》（1895）。该著作用了近 200 页的篇幅详细地论述了"人格权"（Personlichkeitsrechte）❹，人格权被基尔克定义为"保障一个主体能够支配自己人格必要组成部分的权利"❺，包括生命、身体完整、自由、名誉、社会地位、姓名和区别性的标志以及作者和发明者的权利等。❻ 这一著作被欧洲法学界认为是人格权基础理论研究方面的奠基之作。在这部著作

---

❶ KOHLER. Das Autorrecht, in：JherJb 18 ［M］. Jena：von G. fischer, 1880：129（202）.

❷ KOHLER. Lehrbuch der Rechtsphilosophie ［M］. 2. Aufl. Berlin：W. Rothschild, 1917：129（257）.

❸ KOHLER. Bürgerliches Recht, in：Enzyklopädie der Rechtswissenschaft ［M］. hrsg. von Joslf Kohler. Zweiter Band, 7. Aufl. Berlin：Heymann, 1914：1（33）.

❹ 从渊源上讲，"Personlichkeitsrechte"的名称产生于 18 世纪末的意识形态大背景期间，启蒙思想家把 Persona 抽象化，形成了 Personlichkeit 的新词，它是对人的本质，例如理智以及相应的对动物性的脱离，对感性的摆脱的概括［参见：康德. 实践理性批判［M］. 邓晓芒，译. 北京：人民出版社，2003：221；转引自：徐国栋. 人格权制度历史沿革考［J］. 法制与社会发展，2008（1）］.

❺ 汉斯·哈腾鲍尔. 民法上的人［J］. 孙宪忠，译. 环球法律评论，2001（冬季号）：339.

❻ GIERKE. Deutsches Privatrecht ［M］. Bd. Ⅰ. Leipzig：Duncker & Humblot, 1895：702–708. 转引自：薛军. 人格权的两种基本理论模式与中国的人格权立法［J］. 法商研究，2004（4）.

中，基尔克直接从"德国私法"这一整体法制框架出发，推导出一个"一般法教义学上的人格权"，通过这种权利，人能够独自、合法地管理自我，并以此来反抗他人的一定的合法入侵。在基尔克的理论体系中，人格权原则上是不能被当作财产权来理解的，但这种权利中的一少部分权利也包含或吸收了少数的财产权内容。这一少部分财产性内容的权利"可以全部或部分地被他人所发挥利用，甚至它们当中的一些物质性因素还能被转让"，此时，可以忽略其"人格领域因素"而将其归入财产权当中。❶ 有学者据此认为基尔克确认了人格利益的双重性质：既具有精神性的价值，也具有物质性的价值。❷ 另外，该著作在详细列举并分别论述了个别人格权的同时，还明确论述了一般人格权。基尔克从各种不同个别人格权的研究中推导出一般人格权。他将一般人格权理解为：作为一项统一的主观基本权利，所有的个别主观权利都以此为基础而产生，并且所有的主观权利可以此为出发点得到延伸。基尔克如是理解一般人格权与个别人格权的关系：人格权已经从一般性的权利中发展出来了，其他的权利也必定能如此依样画瓢；在存在人格权保护空白的地方，一般人格权就可以用来填补这样的空白，成为保护这种空白的权利依据，如此则又能发展出一种新的个别人格权。❸

通过对人格权学说史的简单梳理，我们可以看到，在德国民法典立法前后，关于人格权实证化的讨论没有停止过，尽管存在诸多困难，人格权的实证化已是大势所趋，其中最大的推动力应该来自

---

❶ GIERKE. Deutsches Privatrecht［M］. Bd. Ⅰ. Leipzig：Duncker & Humblot，1895：702 – 708.

❷ 薛军. 人格权的两种基本理论模式与中国的人格权立法［J］. 法商研究，2004（4）. 本文认为这种归纳似超出了基尔克的原意。基尔克只是谈到人格权中"少部分权利"有财产性内容，并未从整体上认为人格权"既有精神性的价值，也具有物质性的价值"。

❸ GIERKE. Deutsches Privatrecht［M］. Bd. Ⅰ. Leipzig：Duncker & Humblot，1895：703 – 704.

现实生活。❶ 随着社会生产、科学技术等的急速发展，"人格"的活动领域不断扩大，迫使法律上作出更为有力的回应。面对现实生活的强大压力，原来仅基于"侵权救济"而不赋予权利外衣的保护模式已不敷使用。法律必须从正面回应"人格权"，学界则是为人格穿上权利的外衣进行着必要的理论准备。德国民法典颁布后，德国联邦法院发展"一般人格权"的努力与此也有异曲同工之趣。❷ 面对现实生活的强大压力，"人格"与"人格权"之间这道似乎不可逾越的鸿沟在理论上是如何被填平的呢？从目前的理论发展来看，学界主要给出了以下几种学说。

学说一："人格利益说"。该学说从权利的主体与客体关系出发来破解这一难题。其认可权利是连接主体与客体的纽带这一传统观点，在"主体－客体"结构之下，人格作为主体的存在基础自然不能作为权利的客体，否则就会发生主体与客体混同的矛盾现象。既如此，作为人格权的客体又能是什么呢？"人格利益"就此提出，即认为人格权的客体不是人格，而是人格利益。此说认为，人格利益不是主体的要素，其作为客体并不会发生权利主体与权利客体相重合的问题。作为人格权客体的人格利益可分为一般人格利益和个别人格利益。前者主要指自然人的人身自由和人格尊严，后者包括生命、健康、姓名、名誉、肖像、隐私等个别人格利益。❸ "人格利益说"既能与传统的"主体－客体"权利结构保持一致，又能回应现实生活的需要而承认"人格权"的存在，似乎能很好地协调理论与现实的关系，代表了目前的普遍看

---

❶ 张翔先生也持此观点。参见：张翔. 自然人格的法律构造 [M]. 北京：法律出版社，2008：216。

❷ 德国联邦法院发展一般人格权的历程，可参见：张红. 20 世纪德国人格权法的演进 [J]. 清华法律评论，2009（1）。

❸ 王利明. 人格权法新论 [M]. 长春：吉林人民出版社，1994：11.

法，业已成为通说。❶ 其实，仔细观察"人格利益说"会发现，该说只是通过将"人格"替换为"人格利益"，回避而不是解决了前述理论难题。正如有学者分析的，"人格利益说"的背后有"目的法学"的影子。依目的法学，权利的全部意义即在于实现立法者赋予人以权利所欲达到的目的。如此，则利益是权利的目的所在，是权利作用于它的客体后所达到的效果，而不是权利的客体本身。正如物权的客体是"物"，而没人认为物权的客体是"物上利益"。❷认定人格权的客体是"人格利益"而不是"人格"正是为了回避所谓"主客体混同"这一矛盾，并没有从正面回答问题，也不具有理论上的妥当性。与其说"人格利益说"填平了人格与人格权之间的"鸿沟"，倒不如说其根本就不承认"鸿沟"的存在。若人格与人格权之间的"鸿沟"不是伪命题，"人格利益说"就没有理论意义。❸

　　学说二："法律技术说"。该学说也未突破传统的权利结构，坚持权利乃"人与外部事物法律上的连接"的观点，并认为近代民法

---

　　❶ 刘心稳. 中国民法学研究述评 [M]. 北京：中国政法大学出版社，1996：111. 关于人格权的客体为人格利益的论述随处可见，如王利明. 人格权法新论 [M]. 长春：吉林人民出版社，1994：11，23 - 27；梁慧星. 民法总论 [M]. 北京：法律出版社，1996：104；杨立新. 人身权法论 [M]. 北京：人民法院出版社，2002：84，等等，不一一列举。

　　❷ 张翔. 自然人格的法律构造 [M]. 北京：法律出版社，2008：222 -224.

　　❸ 关于"人格利益"来源的另一种解说则正视了"人格权"的难题。该种解说认为，"人格利益"这一概念是通过扩大传统民法概念中的"财产"（bene）范畴的内涵而得来的。其逻辑如下：无论是外在于主体，还是内在地与主体相结合，只要能够满足主体的某种需要，都可以被认为是一种财产（omnia bona mea mecum porto），并且即使财产是内在地与主体相结合也不意味着它不能受到他人的非法侵害，因此需要法律的外在保护。所以，人格利益可以采用赋予权利来进行保护的形式，人格利益可以成为权利的客体 [Adriano De Cupis, I diritti della perosnalità, seconda edizione, Milano, 1982, 34ss. 转引自：薛军. 人格权的两种基本理论模式与中国的人格权立法 [J]. 法商研究，2004（4）]. 依该解说，人格利益即使正视人格权，也不会发现权利主体与客体相互重合的问题。只是该解说并未成为"人格利益说"的公认内涵，故本文只以注释列出，不作专门讨论。

因坚持人的伦理价值"内在于人"的观念而不可能产生"人格权"
概念。在这种观念下，对人格的保护只能适用"人之本体保护"模
式（如法国民法典、德国民法典没有确权条款却有救济条款的立法
例），只有当人的伦理价值外在化，才会产生所谓"人格权"概
念，"权利之保护"模式才有适用之余地。人的伦理价值外在化是
一个必然发生的过程，因为来自社会发展所引起的人的伦理价值内
容急剧扩张，远远超出了近代民法的伦理哲学所固有的生命、健
康、身体、自由等领域，而扩展到诸如知情、信用、生活之安宁、
居住环境等社会生活的各个方面。这些"扩展了的人的价值"事实
上与人的本体渐行渐远，再也无法被包容于"人所固有的东西"的
范畴之内，由此强烈冲击着原来的内在化伦理价值，"人之本体保
护"模式也显得捉襟见肘。另外，随着商品经济关系在整个社会领
域的蔓延，越来越多的人的伦理属性，开始具有了可以金钱衡量的
财产属性。人像支配财产那样支配人格价值，在现代社会已经不再
是不可想象的事情。相应地，认定人格价值上具有类似于物权的
"排他支配性"也成为新的社会需要。这一排他支配要求的出现，
是对近代民法"内在化的伦理价值观念"的又一个冲击。正是这些
现实生活需要的冲击，使得原来"内在化的伦理价值观念"开始在
法权关系中出现松动。最终，德国联邦法院于 1954 年借助 Leser-
brief 案，❶ 在德国民法典的既有框架之下，通过法律技术，将人的
伦理价值"外在化"，创设出了"一般人格权"，从而完成了从人
格到人格权的跨越。一般人格权被认为是"类似于财产所有权的其
他绝对权利"。❷ 总之，人格权是大陆法系现代民法为适应新兴的
人的伦理价值的法律确认以及人的伦理价值的可支配性的需要而产

---

❶ 关于该案较为详细的介绍，可参见：张红. 20 世纪德国人格权法的演进［J］.
清华法律评论，2009（1）。

❷ Karl Larenz. lehrbuchdes Schuldrechts, Band Ⅱ, Besonderer Teil, 12 Auflage,
s. 623. 转引自：周晨，张惠虹. 中德民法中一般人格权制度之比较［J］. 德国研究，
2003（2）。

生的。人格权的概念是法律实证主义思维在"人之保护"问题上的典型体现，实在法的技术在此发挥了决定性的作用。不过应注意，人格权的概念并不导致"人格的法律赋予论"；相反，正是建立在"人的伦理价值具有先在于法律的独立性，其不能通过立法来剥夺，而只能通过立法来保护"的判断上。所谓"伦理价值外在化"的实证主义思维，不过是在保护和实现人的伦理价值的目的之下，实在法因应新的社会生活要求所采取的技术措施而已。❶

　　学说三："特殊权利说"。该学说从权利的结构着手，可谓釜底抽薪。该学说认为，源于萨维尼的关于"人自身不得作为权利客体，否则即会导致自杀的正当化"的观点是对人格权的主要诘难。这种质疑关涉对权利的理解。而传统民法上的权利是以所有权为原型构造起来的，这种权利结构系以黑格尔的自由意志哲学为理念基础的。在黑格尔的自由意志哲学中，自为存在的意志即抽象的意志就是人，但纯粹主观的意志在外界是没有意义的，它必须有自己实在化的载体。一个人，如果不与某种外在的东西相联系，那他就是一个抽象的人，是一个没有意义的人。人唯有在所有权中才是作为理性而存在。权利如果需要表现出来，它一定会是通过某种对物的占有来完成。正是在这种理念之上，权利被理解为"人与外部事物法律上的连接"。以此为前提，自然很容易产生对于人格权权利属性的怀疑。问题是，黑格尔对权利的认识是不恰切的。人对于物的占有，固然最能体现人的权利，但一定不是权利的全部。人的那种"自在自为的自由意志"的表达方式一定不仅仅是对物的占有。正如有学者质疑的，"对于一个自由人来说，我们不能说他由于没有任何属于他所有的'物'，就说他没有权利。"❷ 权利作为人与人之间的关系，"可以通过一个人对'物'的占有进行界定，即'我的'和'你的'；也可以通过人与人之间的自由度来进行界定，即

❶ 张翔. 自然人格的法律构造 [M]. 北京：法律出版社，2008：215-221.
❷ 张永和. 权利的由来 [M]. 北京：中国检察出版社，2001：124.

'我'和'你'。"❶ 该学说认为这一认识基本契合了我们今天对于
权利现象的观察和把握。任何权利都是人与人之间的关系，在这点
上，人格权与所有权具有相似之处，但人格权终归有其个性，如在
客体方面。因此，完全以所有权为原型来评判人格权是不科学的。
对于人格权来说，"某种以人本身为标的的权利是存在的。这样一
个概念是不会违反逻辑的，因为权利是一种理想中的意志权力，而
甚至人类意志的物质权力也不单单及于外部世界，而是也包括这一
意志的主体的本人的人身；这个概念也不会使我们背上道义上荒谬
的后果，因为这些权利必须被视为不可放弃的，如果对这些权利自
愿加以限制是违反了公共秩序的，那么，这种自愿限制的行为也是
不允许的"。❷ 这也就同时回应了萨维尼所提出的承认人格权将会
导致自杀正当化的担忧。这种忧虑事实上系将人格权直接解释为支
配权所生之结果。事实上，"生命权、身体权、自由权等人格权，
非直接支配自己之生命、身体、自由等人格之全部或一部分之权
利，此等权利之内容，在不被他人侵害而享受生命、身体之安全、
活动之自由"。❸ 该学说赞同这一见解，认为其至少说明，人格权
不会有如所有权所表现的纯粹的支配性。事实上，当我们对自己人
格权的处分、限制被认为系违反人道主义、善良风俗时，完全可以
借由法律基于伦理道德的考虑限制这样的处分。尽管我们都说权利
是一种自主的空间，但权利从来都不是绝对的，均是有一定限度
的，这在今天更为明显，法律对权利的限制可能会考量来自政治、
经济、社会、伦理等方面的因素。❹

　　学说四："语境区分说"。该学说认为讨论的前提是要区分不同
的语境。语境不同，同一个词语可能具有不同的含义，若用不同语
境下的含义来述说一个词语，就形不成有效的讨论或造成不易察觉

❶ 张永和. 权利的由来 [M]. 北京：中国检察出版社，2001：106.
❷ 平托. 民法总论 [M]. 林炳辉，等译. 澳门：澳门大学法学院，1999：186.
❸ 龙显铭. 私法上人格权之保护 [M]. 北京：中华书局，1937：2.
❹ 郑永宽. 人格权的价值与体系研究 [M]. 北京：知识产权出版社，2008：22-28.

的混淆而引发误解。哲学上的"主体－客体"与法律上的"主体－客体"其实是两种不同的思考维度。哲学上之主体与客体的关系建立在思维与存在二分的基础上，其主体是抽象意义上的人的整体，其客体是作为整体的人的对立面。换言之，哲学上的主客体关系是从高度抽象、整体、宏观的角度进行阐述的。"权利是人与外在于人的事物的法律上连接"乃以纯哲学式的思辨运用于法律语境的结果，属于"语境错位"。法律上权利话语的讨论应在法律语境下进行，这一语境即"法律关系"。法律关系下的主体是处于每一个具体的法律关系之中的具体的、微观的个人，其客体则是从处于具体法律关系之中的主体间的角度而言，因此法律上的主客体关系是处于法律关系之中的主体与客体的关系，是微观的、主体间关系上的判断。从法律关系的角度加以考察，客体完全可以指向人本身而不影响该利益成为一项权利。站在一个非哲学却未必非法学的立场，权利之所以会被称为权利，最为关键的是其所代表的那部分利益在人与人的关系中是否有受到侵害的可能，是否有在法律上加以保护的必要。从法律关系的角度看，只要某项利益处于法律加以调整和保护的范围之中，就有承认其为权利的可能与必要，而不论该利益所附着的客体是在人之外，还是在人之内。因为，不管权利的客体指向的是人外之物抑或人本身，权利就其本身而言都是在"法律关系"——法律规定的人与人之间的关系——的语境下发生意义的。对自己享有某种权利只是一个简化的表达方式而已，完全的法律表述应当是：我享有这样一种权利，即可以并且应该要求他人对我的以"私人领域"这个词所表述的生活空间予以尊重。所以，承认人格为权利，不会造成人既是权利主体又是权利客体的混乱。申言之，作为人格权主体的人与作为人格权客体的人格并不等同，"作为人格权主体的是人而不是人格，人格只是人之所以作为人的主体性要素的整体性结构，而不是人本身。"❶ 另外，民法上使用

---

❶ 张俊浩. 民法学原理［M］. 北京：中国政法大学出版社，2000：141.

的"人格"与"人格权"中的"人格"具有两种截然不同的含义，两者不在一个层面：人格是从整体上抽象的"法律上的人"；人格权中的"人格"指向的则是"现实中的人"，表现为生命、身体、健康等一系列人格要素。❶

综上，法学界为从理论上正当化人格权作了不懈的努力与探索。应该说，现实生活的强大压力是人格权得以确立并发展的真正原因。现实生活中，"微观、具体的人"的生物属性——身体、生命、健康等以及社会属性——姓名、名誉、隐私等都需要法律以权利形式提供保护——无论哲学家的思想如何自由飞翔。虽然"该类别的构建显然还没有全部完成，但现在我们难以否认它们（指生命权、身体权等'人格性'权利）是名副其实的主观权利……如果一种定义排斥这类权利，那么它就不符合当今的法律现实"。❷ 从某种程度上讲，对是否可以存在人格权已不是法学家们可以选择的问题，选择的余地仅在于为人格权的存在提供怎样的正当化理由。❸

以上诸多正当化的理由在各自的视角下，都有其一定的合理性，但也都存在逻辑上的不足。"人格利益说"因其通说地位而备受关注，所受批评亦不少，前已述及。

"法律技术说"认为给人格披上权利的外衣，使其成为实在法上的"人格权"，不过是法律因应时势的需要，通过法律技术将内在于人的伦理价值外在化而完成的。此说颇有几分"拟制"的味道。在不改变传统民法关于伦理价值内在于人的前提下，又要承认实在法上确立人格权的合理性，只有通过技术手段来实现。该说的矛盾之处在于，在论述人的伦理价值扩展至生活安宁、居住环境等时，提到这些价值已离人之本体价值渐行渐远，言下之意，这些价值并不是内在于人的。既如此，对这些"扩展价值"采取所谓的

---

❶ 姚辉，周云涛. 人格权：何以可能 [J]. 法学杂志，2007（5）.

❷ 雅克·盖斯旦，吉勒·古博，等. 法国民法总论 [M]. 陈鹏，等译. 北京：法律出版社，2004：140.

❸ 法学家们的这一境地与当年德国法学家们面对团体的境地何其相似！

"外在化"技术手段就是不必要的了，可直接承认其权利中的客体地位。接踵而来的问题是，既然原来以"人之本体保护"模式保护生命、健康、身体、自由等内在于人的伦理价值已经够用，为什么对这些内在伦理价值也要进行"外在化"的技术处理？若依"法律技术说"的理论阐释，最合理的方案应该是实行"双轨制"：对传统人之本体的伦理价值仍采用"人之本体保护"模式，对社会发展所带来的新的非"内在于人"的"扩展伦理价值"则可直接采用"权利保护"模式，认其为人格权不必再借助所谓的"外在化"技术手段。因为这些伦理价值本就没有内在于人，何需"外在化"？也许德国民法典明确规定了"姓名权"却没有规定"生命权""健康权""身体权""自由权"，而只在救济条款中对生命、健康、身体、自由等给予保护的立法模式即是例证。

"特殊权利说"反思了传统权利结构及其渊源，认为传统的、以所有权为原型的权利结构对于人格权这种新型权利来说并不适用，因为人类的意志不单单及于外部世界，也可以及于意志主体的本人的人身。人对自己人身的支配性并非不可欲，只是将其限制在不违反人道主义、公序良俗的范围内就可以了。如此，人格权的权利结构可描述为"主体－主体"。当主体也可以成为客体时，"特殊权利说"不仅消解了"主体－客体"的权利结构，实际上连"主体"本身也消解了。因为，主体是与客体相对的概念，二者在逻辑关系上相互依存。消除任何一方，另一方也将不存在。如此，"特殊权利说"即不能再使用主体、客体等话语系统，必须另行寻找新的话语系统。果如是，将涉及整个思维范式的转换，引发的必将是认知模式、话语系统的革命。实际上，"特殊权利说"仍然是在使用主体、客体、权利这些话语，该学说所做的，是想消解自身支撑系统的同时，保持自身的存在，类似于挖掉地基却想保持大厦不倒。可见，"特殊权利说"看似釜底抽薪，实为自掘坟墓。退一步说，"特殊权利说"将"主体－客体"结构下所蕴含的"人为目的本身"的伦理命令从权利中抽取出来，全然交给外在的人道主义、公序良俗的做法，实际上掏空了权利内在的伦理底蕴。这一高昂的代价恐怕连依此正当化了的人格权都偿付不起。比较之下，"特殊权利说"实为一代价高昂到得不偿失的理论方案。

"语境区分说"提醒人们注意讨论的不同语境，有其启发意义。但该说在展开过程中暴露出过多的误解与矛盾。前文述及，将人格定义为纯粹的法律技术乃民法上的重大误解，此外，该说论述之中，将人格权中的人格含义在"伦理意义上的人本身""人格要素""人格利益""作为人的主体性要素的整体性结构"之间随意转换，❶ 难道这些不同的表述都具有相同的内涵？这一现象在严肃的学术讨论之中实属罕见，也严重影响了该学说的说服力。

尽管存在这样那样的不足，在法学界的齐心协力下，跨越人格与人格权之间鸿沟的理论之桥已经初步铺就，后续的加工、打磨工作将由法学界继续完成。

五、民法人格权的构造：类型化的尝试

不论理论上的争议如何，至迟在 1960 年，人格权已经走入实在法乃不争之事实。❷人格权作为一种独立的权利类型已得到确立，尽管"客体为人格利益"取得通说地位，对该通说的质疑却没有停

---

❶ 前文引述囿于篇幅，也出于逻辑顺畅的考虑，不能过多展示这一现象，详见：姚辉，周云涛．人格权：何以可能［J］．法学杂志，2007（5）。

❷ 一般认为 1907 年瑞士民法典首先确立了人格权制度。徐国栋先生对此提出了质疑，认为这是后人的误解，大陆法系中真正在立法上规定了独立的人格权制度的应当是1960 年埃塞俄比亚民法典。参见：徐国栋．人格权制度历史沿革考［J］．法制与社会发展，2008（1）。

查瑞士民法典，虽然专节规定了"人格"，也建立了较为全面的保护人格请求权制度，但的确没有规定人格权，其人格其实就是民事主体的资格。埃塞俄比亚民法典在第一编第一题第一章"人格与内在于人格的权利"中专设"人格权"一节，对人格权作了相当完善的规定。

止过。❶另外，值得注意的是，在确立人格权的独立地位时，人们在比附财产权客体而极力强调"人格利益"与"人格"的不同；但在人格权的独立地位确立后，为与财产权相区别，又极力强调人格权与作为主体的人格之间的联系。正是这种"左冲右突"的状况界定着民法人格权："所谓人格权，指存在于权利人自己人格上的权利，亦即以权利人自己的人格利益为标的之权利"❷或"与人之人格相始终而不能分离之权利，亦即以人格的利益为内容之权利"。❸因为与人格存在密切联系，人格权的特征主要表现为一种"专属权"，即"专属于特定主体而不得让与他人的权利"。❹这种专属性体现在四个方面：（1）人格权不得转让；（2）人格权不得抛弃；（3）人格权不得继承；（4）人格权不得作为他人强制执行或行使代位权的标的。❺然而，这些所谓的专属性在各种新兴发展的"人格权"面前，不断地出现松动，"传统民法中人格价值与财产的鲜明对立开始模糊，人像拥有财产那样地拥有人格价值，已经不再是不可想象的事情"。❻也许，尝试对所谓人格权进行类型化处理，有助于进一步理解人格权的客体与特征。

不可否认，民法人格理论与哲学上的人格理论存在极大的渊源关系，但二者毕竟不属于同一个语境，从哲学上的人格到民法上的人格再到人格权客体的人格，实际上有一个从抽象到具体的渐变过

---

❶ 人格说、人之本身说、人格要素说、人格要素整体结构说、人的伦理价值说，等等，都在与人格利益说竞争。例见：江平．民法学［M］．北京：中国政法大学出版社，2002：279-280；马俊驹．从人格利益到人格要素——人格权法律关系客体之界定［J］．河北法学，2006（10）；张俊浩．民法学原理［M］．北京：中国政法大学出版社，2000：141；胡长清．中国民法总论［M］．北京：中国政法大学出版社，1997：152；雅克·盖斯旦，吉勒·古博，等．法国民法总论［M］．陈鹏，等译．北京：法律出版社，2004：172，等等。

❷ 梁慧星．民法总论［M］．北京：法律出版社，1996：104.

❸ 龙显铭．私法上人格权之保护［M］．北京：中华书局，1949：1.

❹ 梁慧星．民法总论［M］．北京：法律出版社，1996：105.

❺ 马特，袁雪石．人格权法教程［M］．北京：中国人民大学出版社，2007：11.

❻ 马俊驹．人格和人格权讲稿［M］．北京：法律出版社，2009：347.

程。当哲学上宣称"自由意志/理性"为人格时，是从最抽象层面来讲的，这里只有抽象的意志，还没有现实的人的影子。这种抽象并非没有意义——主体平等的哲学根基即在于此。不过，规范现实生活的民法必须考虑现实的人。德国学者通过"权利能力"将哲学上的人格与法律上的主体对接起来。"人的权利能力始于出生的完成"的规定将哲学上的人格拉回到人间。作为抽象的意志的人格只有与躯体结合，才能成为法律上的主体，"躯体"也就变成了"身体"。身体可说是自由意志在人间的"载体"，无此载体，自由意志无处立足，也就无法律意义。简言之，民法上，无身体即无主体。生命、健康都是身体所固有之表征，自由则为自由意志之根本性质。故生命、身体、健康、自由实为内在于主体而与主体不可分割。若强行将这些"要素"权利化，就会出现主体与客体混同的矛盾现象。若从实际观察，这些"要素"并无权利化的必要：其一，他人除消极妨害或侵害外，难以对其积极利用，或说，他人难以支配这些要素；其二，主体本身亦无须积极支配这些"要素"，只以"不作为"方式享受生命、身体之安全、活动之自由即可。这些要素可谓自然人的"内在属性"。作为一种社会性存在，自然人还具有多种社会属性。稍作观察就会发现，所谓姓名、名誉、肖像、隐私、信用等均跟人的社会属性紧密相连。与内在属性不同，这些社会属性非内在于主体，系主体在社会生活中渐次获得。对这些社会属性，他人不仅可以消极妨害或侵害，还可积极利用；主体本身也可以积极支配这些属性而获取经济利益。也因为如此，对这些属性仅采取"人之本体保护"模式是不够的，必须引入"权利保护"模式，以容纳主体自身积极支配并排除他人积极利用这些属性。而且，引入权利模式不会导致主体与客体的混同现象，因为这些社会属性本就不是内在于主体，与主体也不是绝对不可分离。更进一步说，这些属性有的甚至可以"财产化"。如此，则自然人身上能被权利化而称为人格权的，只能是那些社会属性。内在属性因内在于主体故不能被权利化而称为人格权。作为人格权客体的"人格"自然就不再是主体意义上的"人格"了。个中关系如图2-2所示：

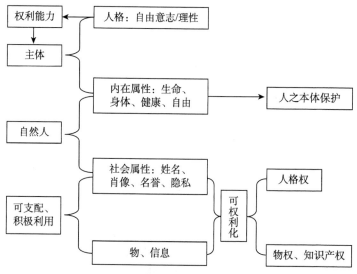

图2-2　民法上的人格与人格权

　　一旦清楚了上述关系，原来的一些疑惑也就自然澄清了。如，现有人格权体系涵盖了自然人的内在属性与社会属性，而这两种属性实质为不同类型且存在巨大差异，这势必导致任何一种解释人格权的学说都将顾此失彼而受人诟病。当人格权概念因自然人社会属性的扩张而被提出时，因内在属性的存在而被人质疑这将导致主客体的混同；若坚持内在属性的不可权利化而拒绝人格权概念时，则明显不能有力回应现实生活中社会属性扩张的需要。当"特殊权利说"想通过重新解释"可支配性"而强行将内在属性纳入人格权时，它连自己存在的基础都消解了。当"人格利益说"想委曲求全而大谈利益时，它也因混淆了权利的客体与权利的目的而抹掉了自身存在的意义。当"法律技术说"想通过技术手段打通人格到人格权的道路时，强行给本就可以权利化的社会属性披上了"拟制"的外衣，而本就不适合也不需要权利化的内在属性则被强行塞进了人格权的樊笼。真正要做的是，让上帝的归上帝，恺撒的归恺撒。

　　鉴于目前民法人格权理论研究的"混沌"状况，本书以为有必要重申以下几个基本观念，以作为研究民法人格权的小结：（1）作为主体基础的人格不同于人格权客体的人格；（2）主体由自由意志结合躯体而成，故生命、身体、健康、自由为内在于主体的内在属性，不同于姓名、肖像、名誉、隐私等社会属性；（3）自然人的内在属性因内在于主体而不能权利化，又因其无从积极支配而无须被权利化，可适用"人之本体保护"模式；（4）自然人的社会属性并非内在于主体又有权利化的可能与必要，得适用"权利保护"模式；（5）人格权的客体即为自然人的社会属性，相对于内在属性来说，其特征即与主体并非完全不可分离。

第三章　著作人格权及其理论基础

"著作人格权"系由人格、权利、作品、作者、著作权、版权等诸多基础概念支撑起来的复合性概念。这一支撑体系中的每一个概念都饱经历史沉淀与实践打磨而极富理论色彩。对这些概念的观照乃探寻著作人格权理论基础的必经之道。这些概念本身的复杂性则注定了探索之道的"关山千万重"。然而，目标之所在，本书也只能勉力为之。前文已约略爬梳过人格、权利概念，以下仅就作品、作者、著作权、版权等概念略作观念史上的回顾。

一、前著作权时代："模仿说"之下的"写者"

法学与哲学虽有各自不同的语境，但法学概念往往依靠哲学思想提供理论的养料。作品、作者等亦不例外。如同民法研究之"言必称罗马"，文学艺术作品研究之"言必称希腊"也是惯常路径。古希腊将文学、音乐、绘画、雕刻等艺术门类与医药、耕种、骑射、畜牧等技术行业一起，统合到"技艺"（technē）之下。❶ 苏格拉底则反对将诗学归入技艺，认为诗歌不像技艺那样受规则指引，不是知识，而是一种灵感。诗人并不凭"技艺"写诗，而是靠"灵感"通神，凭神力创作"灵感的艺术"。诗人灵感喷涌而写诗时，其实是被神剥夺了正常理智（如同占卜家和预言家一样），作为神的代言人，说出"神赐的真理"——真正说话的是神，而不是

---

❶ 柏拉图. 柏拉图全集［M］. 王晓朝，译. 北京：人民出版社，2006：126.

诗人本人。诗歌因此而神圣，诗人也因此而高贵。❶ 作为苏格拉底的学生，柏拉图并未追随苏格拉底的"灵感论"，而是将"艺术"定性为一种"模仿术"（mimēsis❷）——无论是适用于眼睛看的绘画，还是适用于耳朵听的诗歌。❸ 以画家画"床"为例。首先是神制造的唯一的一张本质的、真正的床，"理念"或"型相"的床；其次是木匠"注视"着理念或型相的床而制造出实际使用的床；最后是画家注视着木匠制作的床而画的床。神、木匠均可以称为床的"制造者"，而画家则是与真正的床隔着两层的"模仿者"，其画作只是对影像的模仿。画家的这种模仿全然不知实在而只知事物外表，根本没有什么值得一提的知识，是在和心灵中远离理性的低贱部分交往。诗人写诗如同画家绘画。从荷马以来所有的诗人都只是美德或其他制造物的影像的模仿者，完全不知道真实，除了模仿技巧以外一无所知；以这些模仿技巧写成的语词对听众的心灵也是一种腐蚀。总之，绘画与写诗这类模仿术乃是"低贱的父母所生的低

---

❶ 柏拉图. 柏拉图文艺对话集·伊安篇 [M]. 朱光潜，译. 北京：人民文学出版社，1963：1 – 20.《伊安篇》中关于诗学的"灵感论"与柏拉图在《理想国》中表达的"摹仿说/模仿说"存在相当程度的对立，也引起了后世的争议。有研究认为这是柏拉图关于"诗和艺术"的两种观点；也有研究认为，以《伊安篇》为核心的柏拉图前期对话录中对诗歌的观点，其实是对苏格拉底诗学思想的阐释。本文倾向于后者。有关研究可例见：易中天. 美学讲稿 [M]. 上海：上海文艺出版社，2019：152；王跃博.《伊安篇》与《理想国》：论柏拉图前后期诗学思想的差异与演变 [D]. 长春：吉林大学，2017。

❷ mimēsis 英译为 imitation，中文则有多种译法，有译作"模仿"（例见：柏拉图. 理想国·第十卷 [M]. 郭斌和，张竹明，译. 北京：商务印书馆，1986），有译作"摹仿"（例见：苗力田. 亚里士多德全集·第九卷 [M]. 北京：中国人民大学出版社，1994），还有译作"模拟"（例见：章安祺. 缪灵珠美学译文集·第一卷 [M]. 北京：中国人民大学出版社，1998），等等。本文从《理想国》的主要译法，采"模仿"表述。

❸ 古希腊的诗歌主要包括史诗和悲剧，都是唱的，所以是归于耳朵听的"听觉艺术"。参见：柏拉图. 理想国 [M]. 郭斌和，张竹明，译. 北京：商务印书馆，1986：401。

贱的孩子"。^❶ 在柏拉图这里，诗人之类的艺术家因远离实在、寡有真理而地位卑微，属于第六等的劣等人类，不应进入治理良好的城邦，更不能获得理想国的栖身之权。^❷

对于柏拉图的"模仿说"，亚里士多德秉持"吾爱吾师，吾更爱真理"的态度，予以了批判地继承和发展。亚里士多德将人类活动分为三类：理论活动、实践、制作（poiēsis），理论活动不改变对象，对应形而上学、数学、物理学等理论学科；实践改变对象且寓目的于实践之中，对应政治学、伦理学等实践学科；制作则因不内含目的——目的在制作活动之外——而属纯粹取效，对应诗学/艺术学等制作学科。^❸ 亚里士多德将诗学归入"制作"而不是"创作"，诗人就如同一般的"制作者"（poiētēs），写出的"具体的一首诗"也就是制成品（poiēma）了。^❹ 从表面上看，亚里士多德并不否认绘画、诗歌等均属于"模仿"的技艺，并告诫诗人尽量少用自己的身份说话以保持"模仿者"状态，但他不同意柏拉图将绘画、诗歌归于"远离真实"的低贱技艺的观点。亚里士多德坚持模仿是人自孩提时代就有的本能，也是人之所以异于禽兽的"天性"——人类最初的知识即从模仿得来。在《诗学》中，亚里士多德认为人类的艺术模仿主要借助颜色和图形、节奏和曲调、语言来完成，并将绘画、雕刻、音乐、舞蹈以及史诗、悲剧、喜剧、狄苏朗勃斯（dithurambos，酒神颂歌）等各类诗歌均归入"模仿术"。依亚里士多德的哲学体系，任何事物都是理念与现实、型相与实体的统一，若现实、实体不真实，则理念或型相也就不会是真实的；

---

❶　详细论述参见：柏拉图. 理想国 [M]. 郭斌和，张竹明，译. 北京：商务印书馆，1986：401 - 426。

❷　PLATO. The Dialogues of Plato [M]. translated by Benjamin Jowett. 3rd edition. Oxford：Oxford University Press，1892：454 - 455.

❸　陈嘉映. 何为良好生活 [M]. 上海：上海文艺出版社，2015：10.

❹　BRINK C O. Horace on Poetry [M]. Cambridge：Cambridge University Press，1963：65 - 73.

既然理念或型相是真实的，现实、实体也一定就是真实的。现实的
真实性也就决定了以"现实生活和行为"为模仿对象的绘画、诗歌
等艺术的真实性——除非它模仿得不真实。不只如此，亚里士多德
更进一步认为，艺术甚至比现实、历史更真实，因为诗人和画家总
是在模仿以下三者之一：昔日或今日如何的事物、据说或似乎如何
的事物、应该如何的事物。对"应该如何的事物"的模仿是最真实
的模仿——这是对"一般"而非"个别"的叙述，相较于历史更
有哲理也更为重要。如果有人指摘这种模仿不真实，则可答之以
"事物本该如此"。诗人的职责不在于描述已发生的事物，而在于描
述按照必然律可能发生的事物。正是诗人的这一主动性职责，使诗
歌这样的模仿艺术真实而重要。❶ 在亚里士多德看来，艺术模仿的
真正任务不是单纯地模仿现实事物的形象，而是要把有限的现实事
物加以普遍化和理想化，让艺术品异于俗制之物。❷

　　亚里士多德关于艺术的"模仿说"对后世产生了极为深远的影
响，整个中世纪都被笼罩其中，❸ 车尔尼雪夫斯基更是以惊叹的语
气形容亚里士多德的这一影响："他的概念竟雄霸了两千余年。"❹
的确，直到18世纪早期，欧洲文学界还秉持这种"模仿说"的传
统。比如18世纪上半叶诗坛领军人物蒲柏还在教导诗人要模仿古
人、遵循法则、追求自然，而且倡导"模仿自然就是模仿古人"
"自然等于荷马"等崇古论调。在1711年的《批判论》中，蒲柏
写道："因此，理所当然地要尊重古代原则/模仿自然就是模仿他

---

❶　关于亚里士多德对诗歌"模仿说"的详细论述，可参见：亚里士多德. 诗学
[M]. 陈中梅，译注. 北京：商务印书馆，1996；章安祺. 缪灵珠美学译文集·第一卷
[M]. 北京：中国人民大学出版社，1998：1-38。

❷　亚里士多德. 政治学 [M]. 吴寿彭，译. 北京：商务印书馆，1965：143.

❸　ABRAME M H. The Mirror And the harp [M]. Oxford：Oxford University Press，
1953：12.

❹　车尔尼雪夫斯基. 美学论文选 [M]. 缪灵珠，译. 北京：人民文学出版社，
1957：124.

人。"❶ 在这种背景之下，现代著作权/版权法意义上的"作品"根本无由诞生。❷ 作为作品核心要求的"独创性"（originality）也没有存在的余地，"original"一词长期以来的含义不是"独创的"，而是"最初就已存在的"。❸ 与"模仿说"相适应，在前著作权时代也难有现代著作权/版权法意义上的"作者"。

自古罗马以来，除了贵族阶层"为当时那个讲究奢华、无所事事的社会提供消遣"而写作以外，多数写作者不得不依赖王室、政府或有钱人的资助而成为"门客作家"。❹ 在这种资助体制下，创作的主题由王室或政府决定，作品的创作经由王室或政府的审批获得奖励或资助。资助者检查的内容包括创作的主体、内容、结题方式、对社会的现实意义等。私人资助者往往是一些出身高贵的富足者，他们为了提高自己的品位，或者出于装饰自己的目的，也会资助那些进行创作的朋友。王室资助与私人赞助的共同点在于：他们都凭自己的嗜好资助作者们的创作。很多时候，这些门客作家如一盘散沙，为了获得更多的资助，甚至只是为了能够糊口，不得不仰人鼻息，揣测资助人的品位与追求以迎合傲慢的赞助者的口味。❺直到文艺复兴时期，这种状况仍然常见：国王和大臣经常赐予作者养老金作为他们臣服的赏赐；作为回报，"作家们纷纷将著作献予贵族、贵妇，赞颂他/她们的躯体比阿波罗或者维纳斯潇洒美丽，

---

❶ 张致祥. 西方引语宝典 [M]. 北京：商务印书馆，2001：371.

❷ 长期以来，1710 年《安妮法》被视为"世界上第一部版权法"，这其实是一种误解。《安妮法》制定之时，还不存在"版权"观念，作为版权保护对象的"作品"尚未诞生，"版权"一词还没定型 [详见：易健雄."世界上第一部版权法"之反思——重读《安妮法》[J]. 知识产权，2008（1）]。

❸ 伊恩·P. 瓦特. 小说的兴起 [M]. 高原，等译. 北京：生活·读书·新知三联书店，1992：7.

❹ 卡特琳娜·萨雷斯. 古罗马人的阅读 [M]. 张平、韩梅，译. 桂林：广西师范大学出版社，2005：29.

❺ 李雨峰. 从写到作者——对著作权制度的一种功能主义解释 [J]. 政法论坛，2006（6）.

心智则优于莎士比亚或者萨福"。❶ 随着 15 世纪印刷术的引入，欧洲的图书出版迅猛发展，印刷业也被催生出来。❷ 有些印刷商也开始资助作家写作，作家把手稿直接卖给印刷商以换取稿酬也逐渐为人所接受。到 16 世纪末，作家作为一种职业开始为社会所承认。❸ 17 世纪法国的许多稿酬交易都有记录可查，知名作家一般能够从书商手中一次性获得 1 万 ~ 3 万法郎的收入。但对于大多数不知名的作家，稿酬是微乎其微的，要想保证不错的生活，还得继续依靠献书领赏的赞助制度。事实上，写作或者是"受过教育的有钱人的一种闲暇娱乐"，或者主要依赖于赞助体制的状况一直延续到 18 世纪。❹ 资助体制下作者对权贵、富豪阶层的依附性阻挠了作者思想自由的发展，作者们最愿意花费心力的主题未必得到资助者的支持。于此背景，谈论作者的人格甚至人格权是难以想象的。所谓的"作者"，其实还只是"写者"。❺ 当作者的工作被视为对自然、古人的机械模仿时，写者与木匠、瓦匠、油漆匠等一般工匠没有什么差别。即使文化的推广、技术的发展使文字写作、艺术创作得以成为一个行业时，这种状况也没有什么改观。有研究显示，欧洲中世纪的艺术家确与其他工匠一般，画家、雕塑家和建筑师往往同属于一个行会。雕塑家和建筑师甚至长期与木匠和瓦匠同属于一个行

---

❶　威尔·杜兰，艾丽尔·杜兰. 路易十四时代——名人与时代 [M]. 北京：东方出版社，1998：461.

❷　弗雷德里克·巴比耶. 书籍的历史 [M]. 刘阳，等译. 桂林：广西师范大学出版社，2005：98 - 99.

❸　肖东发，于文. 中外出版史 [M]. 北京：中国人民大学出版社，2010：202.

❹　BETTIG R V. Copyright Culture - The Political Economy of Intellectual Property [M]. Boulder：Westview Press，1996：15 - 19.

❺　写者是一个事实描述概念，它表示的是某个主体与某个对象之间的客观关系；而作者是一个法律概念，它表示的是某个主体对某个对象享有何种权利 [参见：李雨峰. 从写到作者——对著作权制度的一种功能主义解释 [J]. 政法论坛，2006 (6)]. 只是为了行文方便，本书用今人眼中的"作者"一词来指代"模仿说"背景下的写者。

会。处于行会中的艺术家们也往往被行会淹没而难以成为独立的个体。❶

即便如此，我们也不能忽视另一种现象：早在古希腊－罗马时期，作者即可以在自己的作品上署名，罗马法甚至认为在他人作品上署上不真实的作者姓名属于犯罪。在欧洲文艺复兴时期，艺术家们也在寻求对自己的创作以一定程度的保护。意大利画家乔托是第一个在自己的作品上有意识地署名的艺术家，艺术家自我意识的觉醒"恢复了被割断的艺术家与作品之间的联系"。❷ 米开朗基罗在梵蒂冈西斯廷教堂创作壁画的过程中，曾不留情面地阻止了企图先睹为快的教皇朱利叶斯二世参观他未完成的罗马的壁画，并声称艺术家享有决定何时完成并公开作品的权利，即使是委托人也不能剥夺这种权利。此外，米开朗基罗还曾要求在圣彼得教堂中的雕塑上凿刻自己的名字。❸ 在 17 世纪的英国，在自己创作的图书上署名甚至被认为是作者的一项义务。❹ 此外，古罗马时期就已出现了近乎现代意义上的"剽窃"概念。波斯纳考证，公元 1 世纪古罗马诗人马提亚利斯（Marcus Valerius Martialis）首次使用了"剽窃者"（拉丁语 plagiarius，英语 plagiarist 由此演化而来）一词。一位剽窃者就是一个或者偷窃了别人的奴隶或者奴役了自由的人。在第五十二号

❶ ROSEN D. Artists'Moral Rights：A European Evolution，An American Revolution［J］. Cardozo Arts & Entertainment，1983（2）：165. 转引自：孙新强. 论著作权的起源、演变与发展［J］. 学术界，2000（3）。

❷ 张建涌. 从菲迪亚斯到吉贝尔蒂——古希腊时期和文艺复兴时期艺术家社会地位之比较研究［J］. 美学随笔，2009（10）.

❸ SUHL N C. Moral Rights Protection in the United States Under The Berne Convention：A Fictional Work?［J］. Fordham Intellectual Property，Media and Entertainment Law Journal，Spring 2002；BRID R C. Moral Rights：Diagnosis and Rehabilitation［J］. American Business Law Journal，2009（46）：497.

❹ DEFOE D. An Essay on the Regulation of the Press［M］. Oxford：Luttrell Society，1957：27. quoted from：DEAZLEY R. On the Origin of the Right to Copy—Charting the Movement of Copyright Law in Eighteen－Century Britain（1695－1775）［M］. Oxford：Hart Publishing，2004：31.

铭文诗中，马提亚利斯以一种抽象的方式将该词应用到另一位诗人斐登提纳斯（Fidentinus）身上，他指控斐登提纳斯声称自己是马提亚利斯写的一些诗的作者。马提亚利斯在给斐登提纳斯的信中写道："斐登提纳斯，据说你在写文章时总是把我的文章当成你自己的文章。如果你愿意承认它们是我的文章，我将让你免费使用它们。但是如果你希望把它们称作是你的文章的话，你最好把它们买下，那个时候它们就永远不再属于我。"● 在第五十三号铭文诗中，马提亚利斯更是直接把"窃贼"（fur）用在了剽窃者人身上。不过，古罗马的剽窃或文字上的盗窃看起来局限于逐字逐句的并不伪装具有任何创造性的抄袭。● 在法国大革命前的王朝时代，作者经王室授权可禁止他人剽窃其作品。● 透过这些历史碎片，我们可以看到，即使在作者意识尚未觉醒、著作权还未诞生的年代，在他人作品上署名、剽窃他人作品也是一种禁忌，为社会所不容。

二、著作权意义上的作品与作者：何以可能

著作权/版权●观念史告诉我们，今人习以为常的"作品""作者""独创性"等概念并不是从来就有的。这些观念的发生，有赖于多种条件的成就：科学技术的发展、图书出版的行业化、人的主

● "It is said, Fidentinus, that in reciting my verses you always speak of them as your own. If you are willing to credit them to me, I will send them to you gratis. If, however, you wish to have them called your verses, you had better buy them, when they will no longer belong to me." SWACK C. Safeguarding Artistic Creation and the Cultural Heritage: A Comparison of Droit Moral Between France and the United States [J]. Columbia – VLA Journal of Law & the Arts, 1998 (22): 361.

● 理查德·波斯纳. 论剽窃 [M]. 沈明，译. 北京：北京大学出版社，2010：57 – 58.

● DASILVA R J. Droit moral and the Amoral Copyright: A Comparison of Artists´Rights in France and the United States [J]. Bulletin of the Copyright Society of the USA, 1980 (28): 1.

● 版权/著作权观念产生之前以及产生过程中，并未形成今天所谓版权体系与作者权体系两分天下的格局。故本部分不对"著作权"和"版权"两个概念作严格区分。

体地位的确立、作者自我意识的觉醒、"模仿说"的式微、社会思潮的跟进等。英国因最先齐聚这些条件而率先酿造出了"作品""作者""独创性"等概念，进而成为现代版权的发源地。❶ 作为酝酿"作品""作者""独创性"等概念温床的，则是那场著名的"文学产权"大辩论。

　　"文学产权"大辩论之前，今人眼中的作品一直隐没在其载体——原稿或图书之中。作者将原稿交给书商时，会依习惯得到一定的"copy money"（稿酬）❷，这种稿酬被认为是作者出卖原稿（所有权）所得的价值，之后作者就不再享有什么权利了。从古希腊-罗马时期以来禁止在他人作品上署名、禁止剽窃的观念来看，古人对于作品与其载体的区分有过模糊的认识，但远未到清晰的境地。这种模糊的认识状态一直延续到 17 世纪。我们可从 1667 年《失乐园》（*Paradise Lost*）作者约翰·弥尔顿（John Milton）与其出版商萨缪尔·西蒙斯（Samuel Simmons）签订的一份合同中领会到这种认识状况。该合同约定，弥尔顿将《失乐园》的"图书原稿"（Booke Copy or Manuscript）转让给西蒙斯，未经西蒙斯同意，弥尔顿不得自行或再交由他人印刷或出版《失乐园》或与《失乐园》类似的图书或原稿；《失乐园》的所有版本都归西蒙斯享有，弥尔顿对此不得加以妨碍或干预等。❸ 如此多的内容不是《失乐园》的"图书原稿"所能涵盖的。特别是，如果仅是原稿的转让，为什么会限制弥尔顿转让与《失乐园》类似但毕竟是《失乐园》以外的原稿？其中必定包含比原稿更多的东西。与此相对的是，从

---

　　❶　关于版权的起源，详见：易健雄. 技术发展与版权扩张［M］. 北京：法律出版社，2009。

　　❷　作为名词的"copy"最初是指"原稿"，后来兼指原稿与复制本，最后则专指复制本，"原稿"则专用"manuscript"来指代。观念的变迁有时能将语言符号的最初含义完全隐没，这一现象在观念史研究中不能不引起注意。

　　❸　ROSE M. Authors and Owners［M］. Boston：Harvard University Press，1993：17－18.

17世纪开始，有些出版商开始承诺，未经作者同意，绝不径自重印书籍，即若重印还要额外支付作者一笔稿酬。❶ 这种意思表示的背后，同样包含着一种比原稿更多的东西。只是这一"比原稿更多的东西"到底是什么，当时还没有清晰的认识。到18世纪中叶，这种认识逐渐清晰起来。此时的作者依靠写作而过上体面的生活已成为可能，赞助对作者而言已不再是必不可少。❷ 例如，1754年作家萨缪尔·约翰逊（Samuel Johnson）在给其朋友彻斯德菲尔德（Chesterfield）的信中就表示，他不希望公众以为他还依赖于赞助人，因为他已完全可以靠笔为生。❸ 经济上开始自立的作者对自己的作品给予了更多的关注，现代意义上的"作品"概念也开始浮出水面。其间，著名作家蒲柏与出版商科尔（Curl）之间的"书信案"成为作品观念成型的标志性事件，也拉开了"文学产权"大辩论的序幕。

蒲柏与任过圣职的作家斯威夫特（Swift）有过大量的书信往来，他写给斯威夫特的书信后来由科尔占有。对于科尔享有书信的"物理实体"的所有权，蒲柏并无异议。让蒲柏不满的是，科尔未经蒲柏同意即将这些书信结集出版。1741年6月，蒲柏将科尔诉至衡平法院并获得临时禁令。蒲柏的诉状由其朋友威廉·墨瑞（William Murray）代写。诉状诉称蒲柏系这些信件的唯一作者，对这些信件，蒲柏享有"版权"（Copy Right），任何人非经其许可，不得擅自印刷、重印、出版这些书信。科尔辩称，蒲柏写给斯威夫特的信就像送给斯威夫特的礼物一样，蒲柏不再对其享有财产权，也不

---

❶ 肖东发，于文. 中外出版史［M］. 北京：中国人民大学出版社，2010：203.

❷ COLLINS A S. Authorship in the Days of Johnson—Being a study of the relation between author, patron, publisher and public, 1726 – 1780［M］. London：Robert Holden, 1927：114 – 212.

❸ HOWARD R M. Some Events and Ideas in the History of Authorship in the West［EB/OL］.［2020 – 04 – 19］. http：//wrt - howard. syr. edu/Handouts/ChronAuth. html.

再是这些信件的"作者"（author）❶。依科尔的答辩，其并不否认这些信件是由蒲柏所写，但蒲柏只是个"写者"（writer）。因作为物理实体的信件已脱离蒲柏，蒲柏已不再对这些信件享有权利，只有当时占有这些信件的科尔才享有这些信件的所有权，所以蒲柏不能再称为"作者"。答辩理由反映了科尔对"作者"的理解："作者"并不是一个事实描述语，而是特指某种权利主体，这种权利与物理实体不能分离，但又不同于一般的所有权。这种特殊的权利被书商们称为"文学产权"（literary property）。❷ 书商为谋求其出版图书的垄断地位而对外寻求支持时，一直主张文学产权的主体是作者；而面对真正的作者主张权利时，却作出了如是回答。书商对"作者"的这一解释暴露了其真正用意：文学产权的提出根本不在于保护作者权利，而在于为书商的专有印刷权提供正当化理论基础。因为根据书商的解释，文学产权不能脱离原稿，原稿脱离作者后，作者就不再是文学产权的主体——作者，而只是一个事实意义上的写者。照此逻辑，取得原稿的人将成为文学产权的主体——"作者"。而在当时情形，从作者处取得原稿的人往往就是书商。在原稿转手那一瞬间，文学产权连同原稿所有权连同"作者身份"都一起"卖断"给了受让人。这是一种奇怪的逻辑，但只有这种逻辑才最合乎书商的利益。先利用公众、立法者对"作者"权利的心理认同，以作者的"文学产权"作为跨越正当化之河的桥梁，再拆掉

---

❶ ROSE M. Authors and Owners［M］. Boston：Harvard University Press，1993：63.

据博伊尔（Boyle）考证，"author"一词源于"author - rity"（权力、权威），故本身也有"有权威、权力之人"的意思，暗含对其作品的控制力。See BOYLE. The Search for an Author：Shakespear and the Framers［J］. American University Law Review，1998（37）：617.

❷《布莱克法律词典》（第7版）对"literary property"的解释为："1. The physical property in which an intellectual production is embodied，such as a book，screenplay，or lecture. 2. An owner's exclusive right to possess，use，and dispose of such a production."See GARNER B A. Black's Law Dictionary（Seventh Edition）［M］. Saint Poul：West Publishing Compa，1999：944.

这座桥梁以独享彼岸世界的垄断利益。过河拆桥就是书商打的如意算盘。

对于科尔的答辩理由，大法官哈德威克（Hardwicke）作了如下答复："我认为收信人只享有一种特定的财产权，可能就是纸张的所有权；但这种特定的财产权并非公开出版信件的许可证，因为收信人顶多也只是写信人的共有财产权人。"❶ 最后，哈德威克大法官认定：蒲柏对信件文字享有权利，即使科尔享有蒲柏所写书信的所有权，也不得印刷、出版这些书信。这一见解对于"作品""作者""版权"观念的诞生具有重要意义。哈德威克大法官将作者所写文字从纸张、墨水等物质实体中抽离出来，纸张只不过是文字的载体，纯粹的文字、符号，才是"特定权利"的保护对象。这一"特定权利"不是所有权——那是用来保护原稿这种实体物的，而是文学产权。保护对象的分离使得文学产权也从原稿所有权中抽离出来。一种以非实体物为对象的权利就这样产生了。因为文字符号已从实体物中抽离出来，实体物——原稿的转手不再意味着文学产权的同时转手，也不意味着作者身份的就此丧失。"作者"不仅是事实上的"写者"，更是文学产权的主体。文学产权关注的对象不再是实体的"图书"（book），而是作者创作的作品（composition）、文本（text）。虽然还没有最终成型，如何界定尚待讨论，但版权对象的独立地位已经确立。这标志着现代版权观念中的作品的诞生。以此为根基，作品观念在今后的历史中还将发展、完善。作者也因作品地位的独立而成为真正的权利主体，不再只是书商谋求垄断利益的幌子——只有作者以自身独立的力量直面书商，才可能产生这一结果。经由作者自身的推动，现代版权观念的轮廓开始浮现出来：版权的主体——作者，版权的对象——作品，版权的内容——复制，在当时的技术条件下还只是印刷。对于蒲柏诉科尔一案中哈德威克大法官的判决，有学者给予了极高的评价："这是作

---

❶ ROSE M. Authors and Owners［M］. Boston：Harvard University Press，1993：64.

者概念的转折关头，这是知识产权概念诞生的关键时刻。"❶ 当然，从哈德威克大法官的用词，如"顶多"（at most）、"只是"（only）、"共有财产权"（joint property）等，可以看出，作为"特殊权利"的版权观念还是新生事物，以文字（words）为对象的权利理论还有待发育。这一新生事物将在各种质疑、诘难的打压中获得成长的动力。

自哈德威克大法官将文字从纸张、墨水等物质实体中抽离出来后，由文字组成的文本便被视为文学产权的对象。但这一观念明显不合于"无实体即无财产"的古训。无实体的文本何以能成为财产对象？既是蒲柏的朋友也是蒲柏"文学产权"继承人的沃柏桐（William Warburton）首先作了破解这一难题的尝试。1747 年，沃柏桐出版了一本小册子，名为《作者就文学产权问题写给议员的信》（*A letter from an Author to a member of Parliament Concerning Literary Property*）。❷ 在这本小册子里，沃柏桐提出，财产可以分为动产与不动产两类，而动产可再分为自然动产与人造动产两类，人造动产又可再分为体力产品（products of the hand）与智力产品（products of the mind）。如器具是体力产品，图书则是智力产品。智力产品就像体力产品一样，也符合成为财产的两个实质条件：（1）有用；（2）可被占有。所不同的是，体力产生的财产局限于单个的物质实体；智力产生的财产，如图书，则不局限于原稿，而延伸至原稿中所体现的"学说"（Doctrine）或"思想"（Ideas）。"学说"或"思想"是脑力劳动的产物，虽不是物质实体，却是图书的真正价值所在，是图书中真正的财产，这一非物质性的财产，便是作者的财产。沃柏桐还特意提到了文学产权与专利特权之间的区别。为什么作者的权利不同于发明者的权利？沃柏桐认为发明具

---

❶ ROSE M. Authors and Owners ［M］. Boston：Harvard University Press，1993：152 – 153.

❷ ROSE M. Authors and Owners ［M］. Boston：Harvard University Press，1993：71.

有混合的性质，既是体力产品，也是脑力产品。如发明者发明的机器就是一种器具，这种单个的物质实体就是发明者的财产。另外，发明毕竟与脑力劳动联系紧密，所以授予发明者超越单个的物质实体的专利特权并施以时间限制是妥当的。于是，沃柏桐得出结论：具有一定期限的专利特权与发明的混合性质是相适应的，而作者创作的文学作品则是纯粹的脑力产品，不应有时间限制。这样，沃柏桐又在体力产品与脑力产品之间"创设"了第三类产品——体力与脑力的混合产品，从而形成了一个从体力产品到体力与脑力混合产品再到脑力产品的等级序列。这一等级序列中，体力劳动最为卑下，脑力劳动最为高贵，专事脑力劳动的作者也就成了社会阶层中的高贵群体，其所创作的脑力产品——图书中所体现的教义或思想也就成了最高贵的产品，对如此高贵的产品加以保护不应施加时间限制。

沃柏桐的论述深受哈德威克大法官的影响，不过沃柏桐在抽象化的道路上走得更远，明确提出图书中所体现的"思想"或"学说"才是作者的财产，其抽象程度甚至已越过了文字符号。也只有这种抽象才能与沃柏桐划定的财产等级序列相对应。沃柏桐先将财产进行一系列的"二分"，通过这种"二分"手法，在财产体系中为脑力产品谋求到一个看似必然的位置；再借助体力产品毫无争议的财产地位，以脑力产品类比体力产品，认定脑力产品也具有有用性和可占有性，从而完成脑力产品也能成为财产的正当化论述。沃柏桐的这一论述明显借鉴了洛克于"光荣革命"结束后所提出的"财产权劳动理论"。洛克在其传世名著《政府论》（下篇）中，对财产权的劳动取得作了如下论述：

> 土地和一切低等动物为一切人所共有，但是每人对他自己的人身享有一种所有权，除他以外任何人都没有这种权利。他的身体所从事的劳动和他的双手所进行的工作，我们可以说，是正当地属于他的。所以只要他使任何东西脱离自然所提供的和那个东西所处的状态，他就已经掺进他的财产，在这上面参

加他自己所有的某些东西，因而使它成为他的财产。既然是由他来使这件东西脱离自然所安排给它的一般状态，那么在这上面就由他的劳动加上了一些东西，从而排斥了其他人的共同权利。因为，既然劳动是劳动者的无可争议的所有物，那么对于这一有所增益的东西，除他以外就没有人能够享有权利，至少在还留有足够的同样好的东西给其他人所共有的情况下，事情就是如此。❶

沃柏桐在借鉴洛克的财产权劳动理论正当化脑力产品后，又利用当时"精神高于物质"的流行观念，为财产划定了一个从物质趋向精神的等级序列，这一序列的最高端便是纯粹的脑力产品——作者体现在图书中的思想或学说。因其高贵性，不能对其保护设定期限。通过这种高贵化的手法，沃柏桐既将作者财产——思想或学说——与作为脑力与体力混合物的发明区分开来，也完成了作者财产应是永久性权利的正当化论述。应该说，这种论述已构成一个相对完整的证明体系，但存在诸多缺陷：在利用流行观念的同时也神化了作者，而论述中却透露出作者也不过是个商品生产者的秘密；对思想或学说等纯脑力产品只是断言可以被占有，但对如何被占有只字未提。另外，沃柏桐对发明与"作品"的区分也颇为勉强，不具有足够的说服力。

能为文学产权提供更强有力的理由的，仍然是作者自己。受当时个人主义思潮的影响，英国文学也开始出现浪漫主义色彩，反对盲目崇拜古人，模仿古人，讲究表现个人独一无二的个性、思想。在这种转变过程中，"original"（独创的）一词从"最初就已存在的"转化为"无来源的、独立的、第一手的"。❷ 正是这一"有来源的"到"无来源的"转变，生发出了现代意义上的"独创性"

---

❶ 洛克. 政府论（下篇）[M]. 叶启芳，等译. 北京：商务印书馆，1964：19.

❷ 伊恩·P. 瓦特. 小说的兴起 [M]. 高原，等译. 北京：生活·读书·新知三联书店，1992：7.

观念。奠定现代独创性观念的则是作家扬格（Edward Young）于
1759 年发表的《试论独创性作品》（*Conjectures on Original Composition*）一文。在该文中，扬格批判了蒲柏所提出的"模仿自然就是
模仿古人""自然等于荷马"等崇古论调，对模仿自然与模仿古人
作了区分："模仿有两种：模仿自然和模仿作家；我们称前者为独
创，而将模仿限于后者。"在扬格看来，只有独创才是合乎自然的，
而模仿却是违背自然的，因为自然"带我们到这个世界上来的时
候，我们个个都是独特无二的：没有两张面孔、两个头脑是一模一
样的，一切都带着自然的区分的鲜明标记。我们生下来是独创者，
何以老死时却成了模仿者呢？"在论证了人本身是自然的独创物以
后，扬格以极大的热情褒扬了独创性作家、作品："独创性作家的
笔头，像阿米达的魔杖，能够从荒漠中唤出灿烂的春天"，在"那
个春天里，独创性作品是最美丽的花朵"。之后，扬格进一步将独
创性作品视为作者人格的自然生成物："独创性作品可以说具有植
物的属性：它从天才（genius）的命根子自然地生长出来，是长成
的，不是做成的"。对于模仿之作，扬格则给予了无情的贬抑："模
仿之作往往是靠手艺和功夫这两种匠人，从先已存在的本身以外的
材料铸成的一种制品"。❶ 在扬格这里，文本与人格融合在了一起，
作品与作者之间的联系变得不可分割：独创性成为作品的价值之所
在，而这一价值直接源于作者的独特个性、"天才的命根子"。扬格
的独创性理论与洛克的财产权劳动理论基点——"每个人都对他自
己的人身享有一种所有权"——遥相呼应，二者巧妙地结合起来，
共同构筑了文学产权的正当化基础：既然每个人对自己的人身享有
所有权，而独创性作品又是作者个性、人格的自然生成物，那么，
当然就只能是作者对其作品享有所有权了——此时的作品已不是物
理实体的原稿或图书，而是原稿或图书中所体现的"思想"或

---

❶ 爱德华·扬格. 试论独创性作品 [M]. 袁可嘉，译. 北京：人民文学出版社，
1998：82 - 130.

"学说"；既然所有权是"永久性普通法权利"，作者对其作品所享有的文学产权也就必然是"永久性普通法权利"了。若以现代眼光观之，我们几乎已看到"著作人格权"的影子了。不过，新兴的"文学产权"及其保护对象作品要实现观念、法律层面的正当化，还需要面对更细致、也更难以回避的技术层面的问题。正是这些问题影响到文学产权能否最终确立——技术操作层面不可行的权利是没有存在意义的。

在 1761 年 Tonson v. Collins❶ 一案中，伦敦书商公会成员汤森（Tonson）因另一公会成员柯林斯（Collins）未经授权擅自重印 1711 年首次出版的《旁观者》（*The Spectator*）一书而将其诉至王座法院。❷ 该案第一次法庭辩论时，一位年轻的苏格兰人威德本（Alexander Wedderburn）被挑选为原告代理人，另一位年轻的律师佘楼（Edward Thurlow）则担任被告代理人。威德本在法庭辩论时特别强调，本案关系到一般的作者权利，而不是某个特定的书商的权利。作者对于其劳动所产生的利益享有自然权利。如果不对作者的这种权利加以确认，则不利于知识的促进。佘楼则坚持"无实体即无财产"的观念，认为文学作品中的思想还在作者头脑中而没有物化为手稿时，不可能成为财产；如果确认图书中的思想为财产，为什么不能将这种财产观念延伸到其他发明物之中？佘楼就此还驳斥了沃柏桐区分图书与机器的观点，主张图书中的权利与机器中的权利没有不同，都依赖于国家的制定法而不是什么自然权利。

Tonson v. Collins 一案进行第二次法庭辩论时，原告代理人改由

---

❶ 该案最后被查明是伦敦书商公会为了获得一个有利于自己的普通法判例而冒险制造的一起假案，案件的原、被告事先就相关问题进行了共谋。尽管如此，Tonson v. Collins 一案在版权史上的意义仍不容忽视：文学产权大辩论第一次在普通法法庭上全面展开，正反双方的争点也得到了展示。

❷ DEAZLEY R. On the Origin of the Right to Copy——Charting the Movement of Copyright Law in Eighteen - Century Britain（1695 - 1775）［M］. Oxford：Hart Publishing，2004：138.

赫赫有名的布莱克斯顿（William Blackstone）担任，被告代理人也改由叶茨（Joseph Yates）担任。布莱克斯顿响应沃柏桐的主张，回应了佘楼关于思想不能成为财产的观点，提出脑力劳动与体力劳动一样，可以产生财产。以洛克的财产权劳动理论与扬格的独创性理论为基础，布莱克斯顿宣称财产的自然根基在于创造与劳动（invention and labour），而独创性作品体现了这些要素：独创性（originality）意味着创造，作品（composition）则包含了勤勉与劳动。布莱克斯顿还宣称，财产的必备条件就是要有价值，价值则体现在与其他有价值事物的客观交换能力之中；如果某事物能进行这样的交换，它就具有价值从而能成为财产。图书能够交换从而具有价值，可以成为财产，但这种价值到底源于何处呢？布莱克斯顿进而对图书进行了"三分"：作为物理实体的图书（physical book）、体现在图书中的思想（ideas）、作品（composition）——作者给其思想披上的语词外衣。"文字不过是语词的符号，语词不过是思想情感的载体，思想情感才是图书的价值所在、利益之源"。❶ 买书的目的不正是获知其中的思想情感吗？布莱克斯顿断言，作品中的思想合乎财产的必备条件，可以成为财产，而且，这一财产只能由作者享有，印刷作品的权利也就只能由作者享有了，因为印刷不过是"快速抄写的技艺"而已，并不能改变作品中的思想乃作者财产的事实。图书购买者所取得的，只是作为物理实体的图书，并不能取得体现在图书中的思想，那是作者的财产。

对于原告提出的脑力劳动也可以产生财产的观点，叶茨作出了让步，予以承认，并认可在出版之前作者对其作品享有财产权。但是，叶茨提出，作品一旦出版，其中包裹的思想情感就成了公共产品。不同于布莱克斯顿对创造、劳动、价值等概念的强调，叶茨关注的是关于财产的两个基本原理：占有（possession）与区分（indicia）。关于占有，叶茨以普芬道夫（Pufendorf）与宾克斯胡克

---

❶　ROSE M. Authors and Owners［M］. Boston：Harvard University Press, 1993：77.

（Bynkershoek）对"财产须能被占有"的支持为权威基础，主张作品一经出版，作者就无法再独占其中的思想。对叶茨来说，财产必须是物理实体，能被"看见、感觉、给予、交付、丢失或偷窃"，而不是所谓的"抽象物"。关于区分，叶茨引述了凯姆斯（Kames）"可见的占有是财产的实质条件"的论断，质问道：作品公开之后，有什么合适的标记能确定作者对其思想的财产？作者彼此之间的财产界限如何划定？在叶茨看来，"从出版之时起，作者就再也不可能独享它们（作品中的思想情感）……出版行为使作品公之于众，就像土地被修成公路后，便成了给公众的礼物。"❶ 叶茨还重申了佘楼关于发明与作品没有区别的观点，认为二者都是天才（genius）的产物，都有赖于劳动与学问，一经公开都成为公共产品。

布莱克斯顿举出大量可以继承的非实体财产权，如大主教选择特权（option）、圣职推荐权（advowson）、公用土地放牧权、相邻土地通行权等，回应叶茨所持的财产必须是物理实体的观点，并借用叶茨关于公路的比喻，反对了叶茨对出版行为的看法："更有可能的是，在私人土地上修建公路，土地所有人可随时关闭公路；他可以发放许多钥匙，正如发行很多复制本一样；但得到钥匙的人无权再自配钥匙并售卖给他人。"❷ 对于文学作品与机器等发明，布莱克斯顿作了如下区分：不同复制本的思想情感与风格（style）都是同一的，都源于作者的创造与劳动，所以不同的复制本实质是同一件作品；复制一台机器所得的"复制品"最多也只是与原来的机器相似，不可能完全相同，因为材料、制造工艺都会存在差别。

在 Tonson v. Collins 一案的审理期间，一本名为《质疑文学产权的性质与起源》（*An Enquiry into the Nature and Origin of Literary Property*）的小册子，对思想不能成为财产以及文学作品与机器等

---

❶ ROSE M. Authors and Owners ［M］. Boston：Harvard University Press，1993：77.

❷ DEAZLEY R. On the Origin of the Right to Copy—Charting the Movement of Copyright Law in Eighteen‐Century Britain（1695‐1775）［M］. Oxford：Hart Publishing，2004：145.

发明没有区别等观点作了进一步的论述；另一本名为《为作者对自己作品的专有权利申辩》（*A Vindication of the Exclusive Right of Authors to their own works*）的小册子则发展了布莱克斯顿"三分"图书的思想，主张一本图书可划分为"学说的作品"（a doctrinal composition）与"机械的作品"（a mechanical composition）两个层次；机械的作品由纸张之上可见的永久性文字组成，学说的作品则可再分为其包含的思想与作者表达这些思想的语言两部分。图书出版后，机械的作品与学说的作品所包含的思想即对读者自由开放，作者所保留的，仅仅是其对思想的特有表达方式。印刷者关注的是"机械的作品"；作者关注的，是学说的作品；读者最关注的，则是学说作品所包含的思想。机器等发明仅仅与机械的作品相似，学说的作品则是图书所特有的。通过这种划分，图书与机器等发明就更好地区分开来。❶《为作者对自己作品的专有权利申辩》对图书层次的划分颇为新奇，但具有强大的解释力——至少在表面上如此，几乎化解了文学产权反对者当时所提出的所有质疑。在这里，我们也看到了"思想与表达"二分法的影子。

在 1769 年 Millar v. Taylor 一案中，诗人詹姆士·汤普生（James Thompson）将其诗集《四季》（*The Seasons*）卖给伦敦书商安德鲁·米勒（Andrew Millar），非书商公会成员罗伯特·泰勒（Robert Taylor）自行出版了较为廉价的《四季》版本。米勒主张泰勒的行为侵害了他对《四季》所享有的文学产权。阿斯顿法官探究了财产权的本质，认为"每个人都对自己的人身、生命、名誉、劳动及类似的东西享有财产权""没有什么能比文学作品更有理由成为一个人的财产了"。❷曼斯菲尔德法官除同意阿斯顿法官的意

---

❶ DEAZLEY R. On the Origin of the Right to Copy—Charting the Movement of Copyright Law in Eighteen – Century Britain（1695 – 1775）［M］. Oxford：Hart Publishing，2004：160.

❷ PATTERSON L R. Copyright in Historical Perspective［M］. Nashville：Vanderbilt University Press，1968：170.

见外，进一步论述道："作者从自己的创造性与劳动之中获得经济利益是正义的，不经作者同意他人不得使用作者名字是正当的，由作者自己判断是否出版、何时出版自己的作品是合理的，由作者自主决定出版的方式、出版的数量、出版的卷册、印刷的内容是妥当的，由作者自行选择他所信任的人进行印刷版次校对以防他人擅改作品是必要的"。❶ 曼斯菲尔德法官还谈道，如果说作品在出版后作者即对作品丧失了权利，则意味着作者不仅不能再获得经济利益，而且将再也不能制止别人使用自己名字的行为，也不再能制止别人对自己作品的篡改，而自己也无权再修改自己已出版的作品。最后，曼斯菲尔德法官得出结论：图书出版后仍然保护作者对其作品的权利是正当的、必要的。从曼斯菲尔德法官的论述，我们看到了他对作者人身权的重视。

在 1774 年 Donaldson v. Becket 案❷审理期间，为了影响上议院对该案的看法，贝克特（Becket）的一位代理人哈格雷夫（Francis Hargrave）出版了一本名为《文学产权答辩理由》（*An Argument in Defence of Literary Property*）的小册子。在这本小册子里，哈格雷夫总结了前人的理论成果，几乎对文学产权问题作了全面论述，对反对文学产权的理由也作了回应。哈格雷夫提出：文学产权的对象是已完成的作品，作品之间的区别是很明显的，因为思维与写作的方式有无限多种，而每个人都有其特有的表达其思想的方式与风格，就像人脸一样，所以文学作品都具有独创性。❸ 哈格雷夫不仅吸收了扬格的独创性理论，还进一步发展了《为作者对自己作品的专有权利申辩》提出的关于思想与表达二分的理论。哈格雷夫首先赞同

❶ PATTERSON L R. Copyright in Historical Perspective [M]. Navshville: Vanderbilt University Press, 1968: 170－171.

❷ FEATHER J. Publishing, Piracy and Politics—An Historical Study of Copyright In Britain [M]. London: Mansell Publishing Limited, 1994: 89.

❸ HARGRAVE F. An Argument in Defence of Literary Property [M]. London: Otridge, 1774: 4.

思想是公共产品的观点："对于所表达的思想，任何作者一旦将其发表，世人就可以充分使用。向公众传播和出售知识，同时又规定除作者及其书商以外的任何人都不得使用这些知识，这是一个连贪婪鬼自己都不曾提出的想法。"❶ 之后，哈格雷夫又对思想的表达作了解释：表达不仅是包裹思想的语言，更是组合语言的方式或风格，或说思想见诸文字的方法。这种方法的独特性又源于每个人自身的独特个性。这样，哈格雷夫既回避了反对者关于文学产权垄断思想的指责，给公共利益让出了地盘，又给文学产权的对象披上了"语言的外衣"，驳斥了反对者关于文学产权对象乃"虚幻的幽灵"的嘲弄，还突破了文学产权对象仅仅是表面语言的局限，为版权权能的扩张预留了空间。此外，哈格雷夫还对反对者关于文学产权无从侵害的诘难给予了回击。哈格雷夫提出，如果某人出售盗版的复制件，则权利人本来可以从权利行使中获得的利润就减少了，而这种出售盗版复制件的行为就是一种侵扰、侵权、损害行为，权利本身也就被侵害了。❷ 至此，对于反对者提出的各种质疑，文学产权支持者几乎给予了合理回答——至少在表面上如此。

"文学产权"大辩论随着 Donaldson v. Becket 案的终审判决而落下帷幕。尽管文学产权的主张没有得到英国上议院的支持，但现代意义上的作品、作者、版权/著作权观念得以在辩论过程中孕育、成型：作品从物理实体的图书中抽离出来成为版权的对象并借助独创性、思想/表达二分法厘定了保护的边界；依托作品与作者独特个性、人格的"内在联系"，作者从伦敦书商追求垄断利益的幌子转变为当仁不让的版权主体；作为正当化理由而提出的独创性理论从思想的公有领域中划出了一块"私有地盘"，为版权提供了最初的立足之地；"为虚幻的幽灵添上面容与四肢"而出现的思想/表达

---

❶ HARGRAVE F. An Argument in Defence of Literary Property [M]. London: Otridge, 1774: 16 – 17.

❷ HARGRAVE F. An Argument in Defence of Literary Property [M]. London: Otridge, 1774: 19.

二分法为版权提供了最后的栖身之所。一旦作品、作者概念成型，版权/著作权观念也就诞生了。正如有学者所言："到 1774 年，现代英美版权法的所有根本要素都已经到位了。"❶ 这些要素的根基，则是作者的独特人格，表达作者独特人格的"独创性"也就成了版权/著作权的核心概念：它使版权独立于所有权，使作者区别于抄写员（copier），使作品成其为作品。❷ 所有这些要素都相伴而生，共同筑就了一个前所未有的权利类型——版权/著作权。

三、著作人格权的生成：自然权利与浪漫主义的结晶

确立一项前所未有的权利，往往涉及如何正当化的问题。在正当化一项新权利时，哲学思潮往往成为求助的首要对象，而在权利产生之时代的哲学思潮往往具有最强的说服力。故一项新权利的产生，往往凭借其产生之时的哲学思潮完成理论上正当化的过程。如前所述，在英国，从文学产权到版权的过程中，虽然扬格以"天才人格"为基础的独创性理论为文学产权的正当化进行过辩护，但真正深入人心的还是洛克的财产权劳动理论。在这种理论的指引下，作品之所以能得到法律的保护，与其说因为它是作者的"天才人格"的反映，不如说因为它是作者脑力劳动的产物。当英国上议院以一种"结果性思维方式"确立版权为一种制定法权利时，实质上表明了其"创造"版权的真正目的：赋予作者版权有利于刺激作者创造出更多有用的作品，以促进知识。❸ 这里体现出一种明显的"激励"理论倾向。最终，以英国为源头的版权体系没有将版权与

---

❶　ROSE M. Authors and Owners［M］. Boston：Harvard University Press，1993：132.

❷　扬格所提出的独创性理论传到欧洲大陆后，经费希特（Fichte）的吸收改造，催生出了著作权体系的"思想/表达"二分法。详见：WOODMANSEE M. The Genius and the Copyright：Economic and Legal Conditions of the Emergence of the "Author"［J］. Eighteenth - Century Studies，Summer，1984：425 - 448.

❸　SHERMAN B，BENTLY L. The Making of Modern Intellectual Property Law—The British Experience，1760 - 1911［M］. Cambridge：Cambridge University Press，1999：39.

作者人格勾连起来，版权被当作纯粹的财产权。总之，英国虽然是现代版权的发源地，也是独创性理论的首倡国，但其经验主义底色、功利务实的做派未能给"著作人格权"的着床、发育提供适宜的理论土壤。与其隔海相望的大陆国家——法国，因其迥然不同的革命经历、民族个性而成为著作人格权的发源地。对于英法两国这种差异，英国学者蒙塔（R. Monta）如是形容："关于著作权存在两种不同的理解，作为英国人，我们所力争达到的是保持理性和逻辑，使著作权具有实践上的便利；法国人则总是倾向于从某些理想的原则出发，因为他们是革命分子的、激情主义的，因此也是不可救药的"。法国学者科恩（H. Cohen Jehoram）则反唇相讥："英国人是厚颜无耻的，他们忘记了谁是著作权相关产业的最初提供者。"❶也许，英、法两国学者自己的评价更能让我们感受两国的差异。

让我们从"理性和逻辑"的英国转向"革命而激情"的法国。法国是欧洲第一个实行中央集权专制主义制度的国家，也是欧洲最早和最严厉地实行出版控制的国家之一。❷ 在残酷的压榨与严厉的思想控制之下，对腐朽而专制的王权、教廷的极度厌恶与对自由平等生活的极度向往成为法国民众的共同情绪。两种极端的情绪经由大革命的爆发得到释放，也使革命进行得很彻底——远不是英国那种妥协式的风格。旧势力与旧制度被摧毁，孟德斯鸠、卢梭、伏尔泰等启蒙思想家宣扬的理性思想、自然权利等学说深入人心，成为建立各种新制度的理论指引。❸ 在此大背景之下，激情昂扬的革命

---

❶ STROWED A. Droit d'auteur et copyright [J]. Paris：Librairie Générale de Droit et de Jurisprudence，1993：4 - 8. 转引自：王宏军. 知识产权法 [EB/OL]. [2020 - 04 - 19]. http：//wenku. baidu. com/view/b6b3d836eefdc8d376ee329c. html。

❷ 例如，大革命前夕法国出台的禁令禁止出版任何讨论国家财政问题的出版物，任何人写作或出版任何蓄意攻击宗教、侮辱王室权威或破坏王国秩序和安宁者都将受到死刑的处罚（参见：肖东发，于文. 中外出版史 [M]. 北京：中国人民大学出版社，2010：207）。

❸ 关于法国大革命前夕的法国社会思潮、理论及其影响，可略见于前文"法国民法典上的人格"部分。

政权糅合了源于英国的版权观念，颁布了两部关于著作权的立法，即 1791 年《表演权法》和 1793 年《复制权法》，废除了印刷特许权，代之以"法定"的自由财产权。❶ 在这两部著作权立法中，立法者宣称文学和艺术产权（即著作权）是"最神圣的所有权"。❷ 在 1791 年《表演权法》的提案中，我们能看到这样的表述："在所有的财产中，最神圣和最能体现人格的莫过于作者的作品，即作者的智力成果。"❸ 这两部著作权立法可谓是笼罩法国的自然法学与源于英国的版权观念的结晶：从外在规定看，两部著作权立法确立的著作权均只是财产权（droit ptrimonaux）而已，并未提出什么"著作人格权"，这与源于英国的版权观念并无二致；但从内在法理基础看，二者存在重大差别，英国版权观念以"激励说"立论，功利主义色彩浓厚，即法律"授予"作者对其作品享有一定期限的专有权，旨在激励作者创作出对社会有用的作品，最终促进知识、增进公益。法国 1791 年《表演权法》和 1793 年《复制权法》以"自然权利说"为基础，即作品享有的著作权虽然只是财产权，但这一权利系作者基于创作作品这一事实行为而产生的"自然权利"，并不来自法律的"授予"，法律所做的，不过是对这一自然权利的"确认"和保护而已。这种观念在保守的英国人看来，不过是从"理想的原则出发"的革命激情在作怪，实属"不可救药"；但在法国人看来，这是不容置疑而理所当然的，对于"最神圣的所有权"，实在法是没有资格进行创设的，❹ 只有"厚颜无耻"的人才会否认这一点。内在法理基础的差异注定了法国著作权与英国版权

---

❶　KHAN B Z. Intellectual Property and Economic Development：lessons from American and European History ［EB/OL］. ［2020 - 04 - 19］. http：//www. iprcommission. org/papers/pdfs/study_ papers/sp1a_ khan_ study. pdf.

❷　法国知识产权法典 ［M］. 黄晖，译. 北京：商务印书馆，1999：9（译者序）.

❸　王利明，杨立新. 人格权与新闻侵权 ［M］. 北京：中国方正出版社，1995：23.

❹　这一理念同样指导着法国民法典的立法。相关论述可略见于前文"法国民法典上的人格"部分。

的貌合神离，他日的分道扬镳不过是时间早晚而已。❶

之后法国著作权的发展历程证实了这一点。与英国版权分道扬镳的法国著作权与德国著作权却是一路结伴而行，二者彼此竞争而又相互影响，呈现出复杂的融合现象。二者关系的复合性决定了我们关注的目光无法在某一国身上聚焦，只能在二者之间"穿梭往返"。

法国大革命的胜利曾经让德国知识界欢欣鼓舞，大革命所高扬的"理性主义"旗帜也为德国知识界所瞻仰。但随后法国大革命的实践后果以及拿破仑对德国发动的入侵战争，让德国知识界反思法国大革命及其理论旗帜。❷ 反思的结论是，正是法国的"理性主义""普世主义"，才造成了拿破仑的侵略。❸ 在法国，由"理性的胜利"建立起来的社会制度和政治制度也是一幅令人极度失望的讽刺画。❹ 在此背景之下，原先被"理性"所贬斥的"情感"、被抽象的"人格"所挤压的"个性"开始受到重视甚至得到推崇。浪漫主义作为一种时代的精神气质，得到了 18 世纪末至 19 世纪初的德国知识界的广泛颂扬，德国的启蒙运动逐渐衍生出"浪漫主义运动"。❺

---

❶ Ginsburg 教授认为法国大革命时期的著作权法的基本原则与目标与美国版权法的差别并不像一般研究成果认为的那么大——都以促进公共利益（知识的传播或公共教育的提升等）为目标。See GINSBVRG J C. A Tale of Two Copyrights: Literary Property in Revolutionary France and America [J]. Tulane Law Review, 1990 (64): 991.

❷ 张慎. 德国启蒙运动和启蒙哲学的再审视 [J]. 浙江学刊, 2004 (1).

❸ 孟庆鹤. 启蒙视野下的德国早期浪漫派 [D]. 湘潭：湘潭大学, 2009：9.

❹《马克思恩格斯全集》中文第 1 版第 19 卷第 209 页。转引自：加比托娃. 德国浪漫哲学 [M]. 王念宁, 译. 北京：中央编译出版社, 2007：7.

❺ 要想厘清浪漫主义的确定含义几乎是不可能的，正如 E. B. 勃格姆于 1941 年在《肯庸评论》(*Kenyon Review*) 中所指出的："谁试图为浪漫主义下定义，谁就在做一件冒险的事情，它已经使许多人碰了壁。"（参见：利里安·弗斯特. 浪漫主义 [M]. 李今, 译. 昆仑出版社, 1989：1）关于浪漫主义与启蒙运动的关系，也很难完全梳理清楚。有研究将浪漫主义与启蒙运动的关系概括为三重：第一，浪漫主义是启蒙运动的一个组成部分，因其补充了启蒙运动的内容，使启蒙运动成为更为丰富和多面的思想革新运动；第二，浪漫主义作为启蒙运动的对立力量，牵制了启蒙运动的发展方向，使人更为冷静地反思启蒙运动的口号和成果；第三，浪漫主义作为启蒙运动后期的转化产品，乃是启蒙运动本身的一个成果，在这个意义上说，浪漫主义进一步完成了启蒙运动的理想 [参见：高宣扬. 德国哲学通史（第 1 卷）[M]. 上海：同济大学出版社, 2007：186].

"浪漫主义自问世之初就不是单纯的文学现象，它犹如一股浩瀚的思想湍流，将文学、艺术、哲学、史学、法学以及政治经济学等，全都席卷了进去。"❶ 从一个侧面看，浪漫主义运动对人的感受、情绪与所有强烈情感的崇尚以及对人的独创性、天才观念的赞美，恰与一心一意信奉抽象理性的启蒙运动形成截然相反的对比。原先"根本就不值得讨论"的个人情感和欲望，在浪漫主义这里却取得了与理性相抗衡的地位。浪漫主义者不追求和平与安静，但求有朝气而热情的个人生活。他们歌颂炽烈的情感和人的独特性，反对死气沉沉、僵硬刻板和循规蹈矩。统治世人多年的"模仿说"在浪漫主义独创性、天才观的强烈影响下趋于式微。作为个体的人开始从抽象的理性人格的阴影下走出来，独具个性又饱含激情，其形象日渐丰满。个性的解放给抽象理性下的人格注入了新的内涵：人类层面上抽象平等而无差别的人格降落在个体层面时却与每一个独一无二的个性勾连而显得千差万别。❷

"同浪漫主义息息相关"❸ 的德国古典哲学在专注于"自由意志"的人格时，并没有忽略"个体的独特性"。在这样一个因"法国革命、康德革命、浪漫主义革命不期而遇、互相影响"而"喧嚣躁动、令人亢奋"的时代，❹ 人的理性主体与非理性主体地位均得到尊重，人格尊严备受推崇。当著作权的经典对象——书籍，受到德国古典哲学家的关注时，关于人格的思想被用于其上是一件再自然不过的事情了。在1785年论及未经授权而翻印图书的非法性时，康德对书的实物存在形式（opus mechanicum des Buches）与它的内

---

❶　加比托娃.德国浪漫哲学［M］.王念宁，译.北京：中央编译出版社，2007：3.
❷　值得玩味的是，民法上的人格因注重的是人在类或整体方面的平等性与无差别而侧重于人格中的人类层面，著作权法上的人格则因强调的是作者的差异性与独特性而侧重于人格中的个体层面。二者的关注点不在同一个层面。
❸　克洛纳《从康德到黑格尔》第1卷，第131页（附注）.转引自：加比托娃.德国浪漫哲学［M］.王念宁，译.北京：中央编译出版社，2007：218。
❹　罗兰·斯特龙伯格.西方现代思想史［M］.刘北成，等译.北京：中央编译出版社，2005：218.

容（Inhalt des Buches）进行了区分。康德讲道："一本书，从一个角度看，是一种外在（或有形）的工艺产品，它能够为任何一个可以合理地占有一册此书的人所仿制，于是，根据物权他有仿制此书之权利。但是，从另一个角度来看，一本书不仅仅是外在之物，而且是出版人对公众的讲话，他受该书作者的委托，是唯一有资格公开这样做的人，这就构成一种对人权。认为存在上述共同权利的看法的错误，产生于颠倒了和混淆了这两类权利和书的关系。"❶ 康德因此被认为提出了"作品是作者人格的体现"的思想。费希特在1793 年给作者权利寻找理论根基时说道："每一位写者（writer）都必须赋予其思想以某种形式（form），而且这种形式必定是他自己的，因为他不可能再有其他形式。"❷ 黑格尔也认为，"艺术作品乃是把外界材料制成为描绘思想的形式，这种形式是那样一种物：它完全表现作者个人的独特性。"❸ 在德国古典哲学家眼中，作品（以图书为原型）即是作者独特个性的体现，是作者人格的一种外在"形式"。扬格于 1759 年提出的"独创性"理论在英国受到了冷落，在德国古典哲学家这里却得到了热情的响应。

德国古典哲学家的思想深刻影响了法国的精神世界。同样，浪漫主义——固然是弱化了的浪漫主义观点，在王政复辟以后的法国也是大行其道。❹ 浪漫主义运动的高涨使作者不甘心与一般的工匠为伍，他们极力突出其作品的创造性，认为其作品不只是一般的劳

---

❶ 康德. 法的形而上学原理——权利的科学 [M]. 沈叔平，译. 北京：商务印书馆，1991：112 – 113.

❷ WOODMANSEE M. The Genius and the Copyright：Economic and Legal Conditions of the Emergence of the "Author" [J]. Eighteenth – Century Studies, 1984 (17)：425.

❸ 黑格尔. 法哲学原理 [M]. 范扬，等译. 北京：商务印书馆，1961：76. 黑格尔的人格思想还为安德烈阐释"droit moral"提供了理论营养. See PICHOT P. La conference de Rome, Commentaire pratique de la nouvelle Convention pour la protection internationale de la propriete litteraire et artistique [M]. Paris：Librairie du eRecueil Sirey, 1934：27；SAVNDERS D. Authorship and Copyright [M]. London：Routledge, 1992：120.

❹ 罗素. 西方哲学史（下）[M]. 北京：商务印书馆，1976：218.

动产品："当艺术家（无论其为作家、画家、雕塑家、建筑师或者音乐家）创作时，他给我们的世界带来的不仅仅是具有使用价值的东西，而且还将其部分人格折射到这个世界中，并使之受公众使用的蹂躏。创作者所可能遭受的损害也不仅限于经济性的。因此，作者需要保护，以免其人格受到伤害。"❶ 正是为了突出作者（艺术家）的与众不同，作者的"人格特性"开始引入著作权理论。受康德等德国古典哲学思想的影响，一部分法国学者开始反对"著作权为民法上财产权"的传统观点，他们认为著作权是从一种更为抽象的"人格权"中派生出来的一类权利。❷ 1848 年之后，愈来愈多的法国学者反对将著作权归入财产权之列。到 1860 年前后，所谓"人格主义"学派在法国学术界出现，该学派更是猛烈抨击著作权属于一种财产权的传统观点。❸

受这些思想及学说的影响，再加上法国固有的"自然权利"观，法国法院在没有成文法规定的情况下，自 19 世纪 20 年代起开始在实践中探索保护作者的"精神权利"。1828 年 Widow Vergne v. Creditors of Mr. Vergne 案被后人认为最早确立了发表权。该案中，Vergne 是一位著名的作曲家和作家，生前创作过很多作品。他去世时，还有一些作品尚未发表。其债权人想出版这些尚未发表的作品以抵债。Vergne 的继承人请求法院判决债权人不得出版这些尚未发

❶ ROEDER M. The Doctrine of Moral Right: A Study in the Law of Artists, Authors And Creators [J]. Harvard Law Review. 1940 (53): 557.

❷ S. Stromholm, Ⅰ Droit Moral DeL. Auteur, 237－52 (1966). 转引自：孙新强. 论著作权的起源、演变与发展 [J]. 学术界，2000 (3)。受条件限制，笔者没有查询到转引文献的原文，但依笔者对"人格权"概念的考察，18 世纪末至 19 世纪初时学界应该还没有明确提出"人格权"概念，有的只是一些"对人权""个性上的权利"等模糊表述。如前所述，从"人格"到"人格权"的跨越颇为艰难。有理由相信，此处所谓更为抽象的"人格权"的表述，很有可能是译者出于行文简便的考虑，以今人思维对当时的概念所作的"意译"。

❸ Pierre Recht. Le Droit D'Auteur: Une Nourvelle Forme De Propriete, 54 (1969). 转引自：孙新强. 论著作权的起源、演变与发展 [J]. 学术界，2000 (3)。

表的作品。法国最高法院认为只有作者及其继承人拥有作品的权利和利益，而且只有他们才有权利决定是否发表作品，据此判决债权人不能获得这些尚未出版的手稿。1836 年 Masson de Puitneuf v. Musard 案被认为最先承认了署名权。该案中，音乐会的导演购买了作曲家的音乐后，没有用作曲家的名字而署了假名，法国上诉法院认定只有音乐作品的真实作者才有权在其作品上署名，从而判决导演败诉。1845 年 Marquam v. Lehuby 案则提出了类似于"保护作品完整权"的概念。该案中，Marquam 为他的出版商 Lehuby 撰写了历史和地理的儿童读物。Lehuby 按当时的法律取得了该儿童读物的"所有权利"以后，想删掉其中 50 页以更适合天主教徒市场。Marquam 以该删改将有害其声誉为由而加以阻止。法国商业法院认定删改会改变和毁损原作并损害作者声誉，故支持了 Marquam 的主张，禁止出版商擅自删改作者的作品——即使出版商按当时的法律取得了作品的"所有权利"。❶ 1845 年 6 月 10 日，法国里昂轻罪法院在其关于 Lacordaire 案件的判决中，首次使用了"droit moral"（精神权利）这一术语。❷ 法院在该案判决书中对各项"droit moral"作了集中表述，并指出其来源于"personalité moral"（道德人格）：从"personalité moral"立场来看，作者非保留接触作品、修改作品、监督作品的忠实复制以及何时以何种方式发表作品等权利不可。❸ "droit moral"这一术语提出后，很快为学术界所接受，并

---

❶ KOWALSKI W W. A Comparative Analysis of the Retained Rights of Artists [J]. Vanderbilt Journal of Transnational Law，2005（38）：1141.

❷ SAVNDERS D. Authorship and Copyright [M]. London：Routledge，1992：120. 法文"droit moral"在 1928 年以前被英美学者译为"moral right"。不少大陆法系国家的学者反对这一译法，认为"moral right"并没有反映出"droit moral"具有人身属性的本质特点，但英美学者却仍然坚持使用这一译法。1928 年《伯尔尼公约》罗马文本的英文译本正式采纳了这一译法。我国学者则根据"moral right"的英译，将"droit moral"译为"精神权利"。到今天，"精神权利"已成为"著作人格权"（或著作权人身权）的同义词。

❸ D. 1845，Ⅱ，128；Sirey 1845，Ⅱ，469. 转引自：刘得宽. 论著作人格权 [M]//刘得宽. 民法诸问题与新展望. 北京：中国政法大学出版社，2002：329。

专门用于对抗"财产权利"这一概念。❶ 安卓·伯特纳（Andre Bertrand）指出："无可争议的是，从 1793 年至 1866 年的有关著作权保护的司法判例所作出的最重要的、也是最具实质意义的贡献是精神权利概念的出现……实际上，精神权利完全是司法拟制的结果。"❷ 1878 年，安德烈·莫里洛（Andre Morillot）在其名作《德国关于艺术作品的保护》（*De La protection accordee aux oeuvres d'art en Allemagne*）中，总结了之前关于"精神权利"的案件与学说，比较了法国与德国对艺术作品的保护，首次在法律意义上阐释了 droit moral 的概念。莫里洛首先批判了著作权属于一种财产权的传统观点，认为作者的权利源于纯粹的"精神"方面的理由——对人之人格的完整性的尊重。❸ 随后，莫里洛进一步阐述了著作权的双重性质。在他看来，著作权是由两项内容构成的：第一项内容属于"完全的人身自主权"，这一权利禁止违背作者的意愿而发表其作品，禁止以作者以外的他人的名义发表作者的作品，以及所有恶意及拙劣地复制作品；第二项内容是专有使用权，它是由实在法赋予的一种纯粹的经济权利。❹ 至 19 世纪 80 年代，作者对作品享有发表权、署名权及保护作品完整权的观点已为法国学术界所普遍接受。1902 年法国最高法院在 Lecocq 一案中正式承认了"精神权利"。❺ 该案涉及作曲家 Charles Lecocq 的离婚财产分割纠纷。在分

❶ SAUNDERS D. Authorship and Copyright［M］. London：Routledge，1992：97.

❷ André Bertrand. Le droit d'auteur et les droits voisins［M］. Paris：Dalloz，2ème éd，1999：35. 转引自：王宏军. 两大法系著作权法、版权法中有关精神权利的比较研究［M］//国际法与比较法论坛（第 2 - 3 辑）. 哈尔滨：黑龙江人民出版社，2008：404 - 405.

❸ SAUNDERS D. Authorship and Copyright［M］. London：Routledge，1992：97.

❹ STROMHOLM S. Le Droit Moral DeL'Auteur，1966：273. 转引自：孙新强. 论著作权的起源、演变与发展［J］. 学术界，2000（3）. 此处"恶意及拙劣地复制作品"用今天中国的话语来说，类同于"歪曲、篡改作品"之意.

❺ 该案于 1898 年由塞纳地方法院一审，1900 年经巴黎高等法院二审，最终于 1902 年经法国最高法院终审. See SAUNDERS D. Authorship and Copyright［M］. London：Routledge，1992：104 - 105.

割财产时，Lecocq 的作品被当作普通财产而分割给了离婚的夫妻双方。Lecocq 不服该判决而上诉至巴黎高等法院，主张根据法国大革命时期立法，文学和艺术作品不受普通财产法的规范。巴黎高等法院支持了 Lecocq 的主张，判决认定作者在其作品中的权利不能用金钱计算，否则会引起实践中的困难；不仅如此，如果认定 Lecocq 的前妻对他的作品享有专有权利，则意味着其前妻可"占有"（appropriate）Lecocq 最神圣的"人格权"（personal rights）。该案最终送到了法国最高法院面前。法国最高法院宣称，夫妻共同生活期间，任何一方出版的文学艺术财产可以在离婚时分割，但是，这一共识（mise encommun）不应限制作者后续修改甚至收回其作品的能力（或资格）。因为这一能力乃内在于作者的人格（in his very personality），只要作者这样做不至于构成对其伴侣或其伴侣继承人的无理取闹，这种内在于作者人格的能力就不应当受到限制。在梳理法国关于精神权利的形成历史时，桑德斯（David Saunders）教授不无感慨地提到，作为一种历史现象，精神权利是以零零碎碎的方式从法国法院的判决与学者的理论文章中形成的。❶

法国法院的司法实践丰富了作者享有的权利内容。此前依成文法仅具表演权、复制权等财产权内容的著作权，在司法的推动下，表现出向"发表权""署名权""保护作品完整权"延伸的趋势。经由学者的总结梳理，"精神权利"这一总括性概念最终被提炼出来，与成文法确认的著作权并驾齐驱，统归于作者门下。这种状况让原本就激烈的著作权性质之争更显复杂。这一理论性极强的争论最终还是由善于思辨的德国学者推进的。对后世影响最大的，还是同为日耳曼法学代表人物的基尔克与科勒的学说。❷

在基尔克之前，德国学者布伦兹利（Bluntschli）秉承德国古典

---

❶ SAUNDERS D. Authorship and Copyright ［M］. London：Routledge，1992：80，105.

❷ 基尔克与科勒对"人格权"的论说请见前文"从人格到人格权"部分。

哲学家"作品是作者人格的体现"的思想，认为作品乃是从个人的个性（Individualität）所生，故著作权与所有权应严格区分。作品脱离其载体后，其上的著作权仍保留于作者的事实可推出著作权的人格权性质，至于作品之上的财产价值，不过是"第二意义之东西"。❶ 巴塞拉（Beseler）、达恩（Dahn）等学者也认为著作权为"人格上权利"，后者提出，著作物为著作权人人格的发露，故著作权乃是从人格派生而来。❷ 基尔克将"对人权"推进到"人格权"的同时，在著作权领域也大力发扬了"人格权说"。在其名作《德国私法》第 1 卷中，基尔克提出，一位作者的某个作品属于该作者人格的势力范围，著作权则保障了作者对这部分人格领域的主宰。❸基尔克认为，著作权在本质上是"以著作人固有人格领域为构成要素之精神著作物为对象之人格权"，换言之，著作权从性质上讲不是什么财产权，而只是一种人格权。因其产生根据为"个性之精神创作行为"。作为精神创作行为产物的作品之所以受到保护乃因其独创性，而不是经济上的利用性。所以作品即使具有财产上的价值，在著作权上也受制于作者人格，是次要的"人格财"。相应地，著作权的范围及于"著作物"人格领域所属的限度内。故作品公开发表后，会从作者人格中释放出来，从而在一定的范围内成为共同财产，著作权的范围也会因此而缩小。对公开发表之作品，任何人都可利用；但作者与作品之间的纽带，也不会因此而切断，作品依然为作者的"人格财"。因"人格财"系于作者人格而无法与著作权的本身实体（der Substanz nach）完全切断，故无法完全处分，

---

❶　Bluntschli, Deutsche Privarecht, Band I . 1855 § § 46ft. 转引自：刘得宽 . 论著作人格权 [M] //刘得宽 . 民法诸问题与新展望 . 北京：中国政法大学出版社，2002：311。

❷　Dahn, Privatrechtliche Studien 1884, in Bausteir, Gesammelte kleine Schriften, 5 Reihe 2 Schrift zum Urheberrecht, S. 76ff. 转引自：刘得宽 . 论著作人格权 [M] //刘得宽 . 民法诸问题与新展望 . 北京：中国政法大学出版社，2002：311。

❸　M. 雷炳德 . 著作权法 [M]. 张恩民，译 . 北京：法律出版社，2005：24.

唯有使用权（nur der Ausübung）可被让与。著作权因其人格权属性，本应只存于作者的生存期间；但若如此将会使著作权因作者长短不同的寿命而不断地被置于不安定的状态，故可考虑将其延长到作者死亡后若干年。基于此，基尔克赞成著作权在作者死后仍然存续 30 年。依基尔克的理论，著作权属于单一的人格权，其财产属性依附于其人格属性并在处分、继承、消灭等方面受制于人格属性。其学说因此也被称为"一元论"。❶

不同于基尔克的"一元论"，科勒并不认为著作权是人格权，在他看来，著作权是"人身之外产生的但不是以有形形式存在的、不能触摸和感触的财产上的"一种权利。著作权的客体不同于人格，也不同于物权客体的有体物，而是一种作者自己的东西。❷ 这种东西乃作品的"形式"，是一种"无体财产"（Inmaterialgüterrecht），作者凭此可获得经济利益。尽管如此，科勒并未忽视作者的精神利益。事实上，科勒并不反对德国古典哲学家、基尔克等关于作品系作者人格体现的观点，他提出："作者创作了艺术作品，因而也将其人格投射到作品中，但作品具有可商业利用的价值，应像对待财产一样看待作品。当然，作品仍然是作者人格的投射。"❸ 在考虑作者精神利益的保护时，科勒在著作权之外提出了"个人权"／"个性的权利"（Individual Recht）。"个人权"与著作权并不存在必然联系，它是"对所有的人之利益保障其完全的利用以及享受之单一的权利，相当于现在吾等所称之一般的人格权"。换言之，个人权乃"保障所有人的利益之完全利用及享受之权利"。作者因创作

---

❶ 刘得宽. 论著作人格权［M］//刘得宽. 民法诸问题与新展望. 北京：中国政法大学出版社，2002：310－314；孙新强. 论著作权的起源、演变与发展［J］. 学术界，2000（3）.

❷ M. 雷炳德. 著作权法［M］. 张恩民，译. 北京：法律出版社，2005：26.

❸ KATZ. The Doctrine of Moral Right and American Law——A Proposal［J］. Southern California Law Review，1951（24）：402. 转引自：孙新强. 论著作权的起源、演变与发展［J］. 学术界，2000（3）.

作品而生之人格性权利即包含在个人权之中。这种个人权与著作权对等并存时，很难论及何者为主，何者为从。例如，作品之是否发表全系于作者之判断，于此只有个人权之表现，财产权则并不成问题，故作者的债权人即使对作者尚未发表之作品抱有很大的期待利益，也不得对该未发表作品的原稿设质或交付印刷使用等。科勒还援引了法国法院的判决来例证其观点。著作权作为纯粹的财产权，应与物的所有权一样受社会拘束，又因其涉及公众之精神文化以及精神生活，还应比物的所有权受到更多的社会拘束，不应承认其"过大之个人主义"。❶ 科勒这种将作者的权利分为财产权性质的著作权与一般人格权性质的个人权并将二者对等并列的学说，被后人称为"二元论"。❷ 依科勒的理论，著作人格权与著作财产权并非"密不可分的有机整体"，二者完全可适用不同的规则。一言以蔽之，在科勒眼中，著作权就是以作品的"形式"为客体的财产权，所谓"著作人格权"其实是作者的"个人权"；前者指向作品，后者指向作者。

　　从表面上看，基尔克的"一元论"与科勒的"二元论"截然相反，前者认为著作权是单一的人格权，后者认为著作权是纯粹的财产权。若深入分析，会发现，二者竟然有着相同的思维基础！首先，引起二人关注的是作者独具"个性的精神创作行为"，对因此行为产生著作权，二人也没有异议。其次，二人都认可作者独具

---

❶　刘得宽. 论著作人格权［M］//刘得宽. 民法诸问题与展望. 北京：中国政法大学出版社，2002：314－318.

❷　孙新强先生在《论著作权的起源、演变与发展》中论及科勒的"二元论"时，将其概括为"将著作权的构成分为著作财产权和著作人身权的观点"，这是对科勒"二元论"的误解。鉴于该文在中国知识产权界的高频引用率，本文在此特作澄清。事实上，孙新强先生所概括的"二元论"乃科勒的后继者所持观点。后继者们为与"一元论"相抗衡，将作者因创作作品而产生的人格性权利移入著作权之中，从而将著作人格权与著作财产权置于同一基盘之上。此即所谓关于著作权的现代"二元论"（参见：刘得宽. 论著作人格权［M］//刘得宽. 民法诸问题与展望. 北京：中国政法大学出版社，2002：318－322）。后文还将论及现代"二元论"。

"个性的精神创作行为"与作者的人格紧密相关。从这一点，我们可以看到浪漫主义对二人精神世界的影响。最后，二人都是人格权利化的积极推动者，都主张人格权可以存在。二人都是从"民法人格权"这一大背景之下来考察作者"个性的精神创作行为"的。换言之，尽管二人都承认著作权的存在，但即使面对作者"个性的精神创作行为"，著作权也没有成为二人思考的出发点；相反，著作权只是二人思考的对象，民法人格权才是二人思考的出发点或背景。在这些相同的思维基础之上，二人的分歧仅仅在于：基尔克认为，作者的创作行为扩大了作者人格的势力范围，由此产生的著作权当然就应该属于人格权了。"人格权"中的"人格"本就是面向个体而有差异的——在浪漫主义崇尚个性的眼中更是如此，作者得享的人格权本不需要每个人都得享有。至于作品可进行财产性利用的事实，则被作者的人格权所吸收而成为"人格财"，人格权中本就有一少部分权利可以包含或吸收少数的财产权内容——著作权正属于这"一少部分权利"。如此，著作权就被纯化为单一的人格权了。在《德国私法》中，基尔克正是这样论述人格权的。❶ 如硬要用"著作人格权"一词，也只是说明它是人格权下的一个子类型，并不是说它是著作权下的内容。依基尔克的理论，著作人格权与著作权根本就是一个意思。科勒则正视著作权的财产权属性，将其定义为具有独特客体——作品的"形式"——的财产权，投射到作品的人格属性则归于一般的"个人权"或"个性的权利"。作者"个性的精神创作行为"并不产生特别的人格权类型，归于一般的人格权即可。用今天的流行话语来说，科勒是用一般的人格权保护作者的"精神利益"，用特别的著作权保护作者的"财产利益"。二人的差别仅在于处理方案有异，思维基础并没有不同，真可谓"大同小异"。

　　考察民法人格权与著作人格权的理论渊源就会发现，民法人格

---

　　❶ 相关论述请见前文"从人格到人格权"部分。

权与著作人格权其实是一种相伴而生的关系。❶ 19 世纪末 20 世纪

---

❶　对于著作人格权与民法人格权的历史渊源关系，国内学者目前主要有以下几种不同观点：(1) 著作人格权是民法人格权的发端。如王利明、杨立新先生认为，"从总体上讲，著作人身权的诞生大大领先于民法中的人格权"，在 18 世纪末法国《表演权法》和《著作权法》强调作者人格权保护的时候，著作权就从特权完全转换为一种人权。"从人格权法领域来看，作者人格权的被承认，实际上构成了人格权理论的一个开端，因为在大陆法系几个国家，关于人格权的概念正是藉由著作权而衍生发展的"（参见：王利明，杨立新．人格权与新闻侵权 [M]．北京：中国方正出版社，1995：450 - 451)。(2) 民法人格权早于著作人格权的形成，但经由基尔克的带引，与知识产权法（主要就是指著作权）有过一段"搭伙的时代"[参见：徐国栋．人格权制度历史沿革考 [J]．法制与社会发展，2008 (1)]。(3) 普通人格权（即本文所称民法人格权）是作者人格权（即本文所称著作人格权）的理论之源，但二者在发展过程中又具有互动性。对作者人格权的认识与发展反过来又推动了普通人格权理论的发展（参见：费安玲．著作权权利体系之研究——以原始性利益人为主线的理论探讨 [M]．武汉：华中科技大学出版社，2011：106)。

综观各类观点，以第一种理解误解最深。其一，如前文所述，法国 1791 年《表演权法》与 1793 年《复制权法》并没有强调作者人格权。当时的著作权还只是一种财产权，只不过按法国人的观点是源于自然法。法国的"精神权利"在当时也完全没有出现——无论是实质内涵还是外在表述，它是由法国的司法实践与理论学说的合力而渐次成型的。故当时还没有著作人格权或作者人格权的概念。反之，民法人格权的讨论却至迟在 19 世纪中期已经展开，且持续了近百年之久。所谓著作人格权或作者人格权理论，其实是在此大背景之下，为"配合 19 世纪德国私法上人格权论"（刘得宽语）而展开的。故可肯定，关于"著作人格权是民法人格权的发端"的观点无由成立。

第二种观点认为民法人格权早于著作人格权的形成，也是有偏差的。用徐国栋先生的说法，民法人格权与著作人格权是有过一段"搭伙"的日子，但这只是二者在发育过程中因特定历史机缘而出现的一种"共生"形态，难谓民法人格权的形成一定就早于著作人格权。通观徐国栋先生的《人格权制度历史沿革考》一文，感觉徐国栋先生似乎不大在意区分"人格"与"人格权"中的人格，如其文第一个标题即为"罗马法中的人格权规定"。事实上，罗马法上虽提出了"人格"之名，却绝无现代意义上的人格内涵，更谈不上有何"人格权"。若再深入考察，还会发现，古罗马人其实没有现代意义上的"权利思维"，当时所谓的权利不过是对"诉"的反映。直到中世纪主体权利观的出现，现代意义上的权利之门才得以开启（关于权利观念的演进，可略见：易健雄．"物权 - 债权"二元结构之反思 [D]．重庆：西南政法大学，2005)。

第三种观点有一定的合理性，只是其所描述的"互动"历史似乎过于绵长（参见：费安玲．著作权权利体系之研究——以原始性利益人为主线的理论探讨 [M]．武汉：华中科技大学出版社，2011：106 - 113)。依本书所见，著作人格权与民法人格权在历史性的交集过程中，的确是互相"启发、促进"，但在彼此完成正当化而在实在法确立下来以后，二者"互动"趋少，反有渐行渐远之意，以至于呼唤著作人格权向民法人格权回归、完全取消著作人格权而将著作权纯化为财产权的声音竟相出现。大概也只有著作人格权与民法人格权的日渐远离，才会出现这种"回归论"与"取消论"同台竞技的局面。

初正是民法"人格权"正当化的时期，恰在此时，著作权跃入法学家的视野，作者"个性的精神创作行为"对于研究民法人格权的学者来说，应该具有难以抵挡的诱惑力：正当人格权为其客体与主体合一而苦恼之际，作品的出现使作者人格外化为一种可感知的形态，通过作品，那些本来抽象的、不可捉摸的人格特质——人的思想、情感、情操、禀赋等，得以流露出来并可为他人感知、评价。❶这岂不是为法学家观察人格权的客体进而证成人格权提供了一个不可多得的好机会！历史资料也显示，当年不少的法学家在论证民法人格权时，都将著作权纳入了考察范围。如前述历史法学派人格权理论集大成者黑格尔斯博格论及人格上的权利时，认为"这种权利是人关于其精神创造力自我决定的证明，如人的科学和艺术成果、信件及人在工业上的发明创造等"；早期日耳曼法学的代表人物伽哈依斯坚信"有关著作权本质的问题是应该能够整理归类的，人们如果继续沿着这一理论脉络向前探索，将可以很好地理解'人格上的权利'这一概念"；科勒在《著作权》一文中论述了作为一般的人格权的"个性的权利"："'个性的权利'仅是一种全部人格利益上的权利，这项权利保证这些人格利益被它们所依附的主体整体性地使用和享受"；基尔克在《德国私法》这一名作中更是致力于通过阐述著作权的本质来研究"存在于人自身上的权利"这一问题。❷可以说，正是在法学家思考民法人格权的问题时，著作权的性质得到了理论上的考量，尽管法学家有不同的结论，人格权却无法再漠视著作权的存在。正如德国有学者所言：即使基尔克"纯人格权式"的著作权观现今已无传人，但是却对德国著作人格权的发展产生了深远影响。❸

---

❶ 李琛. 著作人格权诸问题研究［M］//刘春田. 中国知识产权评论（第1卷）. 北京：商务印书馆，2002：237.

❷ 各位法学家的话语均转引自：张红.19世纪德国人格权理论之辩［J］. 环球法律评论，2010（1）。

❸ Dieselhorst, Was bright das Urheberpersönlichkeitsrecht? Urheberpersönlichkeitsschutz im Vergleich：Deutschland－USA, 1994：19－20. 转引自：刘孔中. 著作人格权之比较研究［J］. 台大法学论丛，2002, 31（4）。

在随后的理论演进中，基尔克的"一元论"与科勒的"二元论"都得到了进一步的发展。德国学者奥斐尔德（Allfeld）承继基尔克的"一元论"并率先对其进行了改造。最大的改造点在于，作品的财产属性得到了尊重，并从人格权的附庸地位解放出来，获得可独立交易的地位。财产属性的地位提高后，人格属性的地位就作了相应的退缩。二者有机结合在一起而分别满足作者的"观念上利益"与"财产上利益"。这种有机结合状态使二者凝成为一单一的权利——著作权。改造后的著作权既含有人格属性，又含有可得独立交易的财产属性，故不是纯粹的财产权，也不是一身专属的人格权，而是一种单一的"混合性"权利。终于，在著作权领域，人格权被降格为"著作人格权"而"屈尊"于著作权之内，基尔克眼中的"人格财"则获得可独立交易的地位而升格为"著作财产权"，可与"著作人格权"并列于著作权之内。这种构造的著作权被奥易根·乌尔默（Eugen Ulmer）描述为一棵树的形象。作者"观念上利益"与"财产上利益"构成著作权的两条根，著作权本身则为单一的树干，著作权的各项权能则是树干上的枝权，这些枝权的养分须从树根处汲取——有时是从一条根，有时则是从两条根。作为枝权的人格权的机能主要在保护"观念上利益"，有时也包含于作者财产上利益之要求中；财产权的机能主要在于保护"财产上利益"，有时也被用来满足"观念上利益"。为与基尔克的"一元论"相区别，这种改造后的"一元论"可称为现代"一元论"。依现代"一元论"，所谓的著作人格权与著作财产权其实是一个统一权利的双重功能，二者在消灭、转让、继承等方面都是一元的，不应对二者分别规定。例如，著作人格权应与著作财产权一起消灭，不应永续存在。只是出于保护公众文化的利益，作品在著作权消灭后也不允许被他人篡改，这与著作人格权已没有关系。在继承之际，著作人格权也与著作财产权不可分离地移转于继承人。只是依德国民法典的规定，对人格权的中核部分（kern）会有些特别处理。在让与方面，因著作人格权不得让与，著作财产权的让与也应被否定。为不严重限制作品的经济上利用，著作财产权的让与被一元论者解为"设定移转"（konstitute Übertragung），被移转之著作财产权则是由著作权的母权（Mutterrecht）所派生的派生权（Tochterrecht），派生权消灭之际，著作权会恢复到从前的圆满状态。构成派生权基础的母权则常被保留于作者之手。❶

　　现代"一元论"提出后，在德国取得了通说地位。❷ 德国 1901 年《文学与音乐作品著作权法》（LUG）、1907 年《美术与摄影作品著作权法》（KUG）曾留下过该说的痕迹。❸ 该说蕴含的著作人格权思想在 1929 年终于得到了其该得的名字：这一年，德国《工业产权与著作权》杂志（GRUR）第 508 - 509 页刊登的帝国法院关于"拉丁文练习簿"判例，首次明确提出了"著作人格权"（Urheberpersönlichkeitsrecht）的表述。❹ 德国在起草著作权法的过程中，采纳了现代"一元论"思想，虽然对著作人格权概念有过一

---

❶ 综合参见：M. 雷炳德. 著作权法［M］. 张恩民，译. 北京：法律出版社，2005：26 - 28；阿道夫·迪茨. 德国著作权法中的人身权利［M］//刘春田. 中国知识产权评论（第 2 卷）. 北京：商务印书馆，2006：114 - 123；刘得宽. 论著作人格权［M］//刘得宽. 民法诸问题与新展望. 北京：中国政法大学出版社，2002：322 - 325；张静. 新著作法释论［M］. 北京：中华征信所，1988：58. 转引自：李琛. 论著作人格权的性质［M］//李琛. 知识产权片论. 北京：中国方正出版社，2004：33。

❷ 刘得宽. 论著作人格权［M］//刘得宽. 民法诸问题与新展望. 北京：中国政法大学出版社，2002：323.

❸ Schricker/Dietz, Urheberrecht 2. A. , 1999, § § 12ff. Rdnr. 3 - 5. 转引自：刘孔中. 著作人格权之比较研究［J］. 台大法学论丛，2002，31（4）。

❹ 阿道夫·迪茨. 德国著作权法中的人身权利.［M］//刘春田. 中国知识产权评论（第 2 卷）. 北京：商务印书馆，2006：112.

许超先生在翻译"Urheberpersönlichkeitsrecht"时，应是为了与中国《著作权法》中使用的"人身权"相适应，而将其译为"著作人身权"。若从学理渊源上讲，将该词译为"著作人格权"可能更合适。在中国知识产权界，"著作人身权"与"著作人格权"也常作同义词而可互相替换，只是在具体语境中，可能为行文方便而有所选择。

有研究显示，葡萄牙早在 1927 年即用著作权法保护作者人格权［STRAUSS W. The Moral Right of the Author［J］. American Society of Comparative Law，1955（4）：506］。这是从实质内容角度来说的，"著作人格权"的术语并未被提出。

些犹豫——1954年司法部草案曾认为著作人格权这一概念不涉及问题要害而想放弃它,但1959年司法部草案转变了态度,将著作人格权概念作为中间标题引进到法律语言中。这种状态得到了坚持。终于在1965年德国著作权法中,"著作人格权"获得了法律上的名分——"著作人格权"首次以法律概念的名义出现在该法第一章第四节第二小节第12条之前的标题中。❶

在对现代"一元论"展开批判的过程中,科勒的"二元论"也得到了改造。1932年德国著作权法改正草案采用了现代"一元论"思想,提出"著作权本身"因人格权之让与不可能而变为让与不可能。波尔(de Boor)并不反对将作者人格权置于著作权之内,但对草案提出的这一观点提出了批评:某种权利具有A加B之构成要素时,只强调A来决定权利性质,或只强调B来决定权利性质的做法均无道理,系以偏概全。再说,以人格权的不可让与性来决定"著作权本身"的不可让与,为什么不以财产权的可让与性来决定"著作权本身"的可让与?另草案为把著作人格权与著作财产权合并为单一的著作权构成要素而采用了"著作权本身"的概念,这一概念并无实质内容,毫无意义。故应把它舍弃,而将著作人格权与著作财产权当成二元的权利各自来把握方为妥当。为与科勒的"二元论"相区别,这种将作者人格权置于著作权之内却又与著作财产权分别适用不同规则的学说可被称为现代"二元论"。依现代二元论,著作权乃为由各自独立的著作人格权与著作财产权所构成的双重权利。著作人格权与著作财产权在继承、让与、消灭等方面均无必要强行适用统一规则,著作财产权可大致依一般财产权的规则处理,著作人格权则因与作者人格的紧密联系而不得继承、让与,在作者死亡后则应归于消灭。只是出于公众文化利益之考虑,作品不得被随意篡改。有学者将现代"二元论"与"一元论"的

---

❶　阿道夫·迪茨.德国著作权法中的人身权利.[M]//刘春田.中国知识产权评论(第2卷).北京:商务印书馆,2006:110–113.

区别扼要概括为：二元论以著作权之单一标的，包含两并立权利，而为一种双重权利；一元论则以强调著作权单一性，流出二类权能，既非纯粹人格权，亦非纯粹财产权，而为一种特殊复合形式权能。❶ 现代"二元论"在德国受到冷落，在法国却得到广泛接受而成为多数说。❷ 1957 年，法国以现代"二元论"为理论依据，重新修订了其著作权（文学和艺术产权）法。

现代"一元论"与"二元论"在理论与实践层面均产生了广泛的影响。如奥地利、匈牙利等国家追随德国采用了现代"一元论"学说，意大利、西班牙等国家则采用了"二元论"学说。1928 年《伯尔尼公约》罗马文本增加的关于作者精神权利的规定，即第 6 条之二，也烙上了现代"二元论"的印记。❸ 现代"一元论"与"二元论"的争锋深化了人们对民法人格权与著作人格权的认识。在学说与判例的合力推动下，到 20 世纪中期左右，民法人格权与著作人格权均得到了实在法层面的承认。民法人格权跨越了从人格到人格权的鸿沟，著作人格权则在著作权内找到了栖身之所。初步的共识——作品因源自作者"个性的精神创作行为"而体现了作者的人格——沉淀了下来，争论也还将继续下去。

回顾著作人格权的生长历程，会发现，法国"精神权利"概念的提出与德国"人格权"讨论的展开至关重要。正是二者互相影响，彼此结合，共同促成了"著作人格权"理论的成型。北欧学者斯特伦霍尔姆（S. Stromholm）将法、德这种关系形象地描述为"德国的理论成果乃寻找内容的形式，法国的判例素材乃寻找形式

---

❶ 吕基弘. 著作人格权之研究 [D]. 台北：台湾大学，1981：13 - 17.

❷ 刘得宽. 论著作人格权 [M] //刘得宽. 民法诸问题与新展望. 北京：中国政法大学出版社，2002：318 - 322.

❸ Article 6bis（1）：Independently of the author's economic rights, and even after the transfer of the said rights, the author shall have the right to claim authorship of the work and to object to any distortion, mutilation or other modification of, or other derogatory action in relation to, the said work, which would be prejudicial to his honor or reputation.

的内容"。❶ 这种结合之所以可能，是因为当时的法、德两国共处"法国革命、康德革命、浪漫主义革命不期而遇、互相影响"的时代，分享着相似的思想背景与文化精神：法国的浪漫主义文学与德国的古典哲学被认为是息息相通的。❷ 正是这种思想背景，使"作品体现作者人格"成为著作权的理论根基；也正是此理论根基，支撑着著作人格权——直到今天。在当时的历史背景下，作品与作者人格的结合几乎无法抗拒。然而，历史提醒我们，作品成为法律关注的对象乃资本侵入人类文化生活的结果——作品成为可以交易并赚取利润的工具，早在"作品体现作者人格"理论出现之前，版权所有人（copyright owner）已成为法律主体。对比英美法系的情况，这一现象更为直观。无怪乎桑德斯教授断言："版权所有人（copyright - owning person）形成于以规范商品交易为目的的法律领域，其与浪漫主义美学领域的交集只是偶遇的结果。"❸

四、著作人格权的构造：实在法层面的考察

直到今天，关于著作权的现代"一元论"与"二元论"仍在相互竞争并各有市场。理论背景不同，著作权的构造也会有差别。著作权的构造关乎著作人格权的外部定位，对于整体掌握著作人格权的构造颇为重要。为便于观察，本书将不同理论背景下著作权的构造加以汇总，如图 3 - 1 至图 3 - 4 所示：

---

❶ STROMHOLM S. Le Droit Moral DeL'Auteur［M］//SAUNDERS D. Authorship and Copyright. London：Routledge，1992：120.

❷ 郑克鲁. 法国诗歌史［M］. 上海：上海外语教育出版社，1996：95. 转引自：李琛. 质疑知识产权之"人格财产一体性"［J］. 中国社会科学，2004（2）。

❸ SAUNDERS D. Authorship and Copyright［M］. London：Routledge，1992：237.
"However，that first historical rule—chronology—reminds us that the copyright owner is a form of legal personality that emerged prior to and quite independently of the aesthetic persona. The copyright - owning person was formed in an area of law whose object was the regulation of a traded commodity；as a result，this person has overlapped only fortuitously with the sphere of Romantic aesthetics."

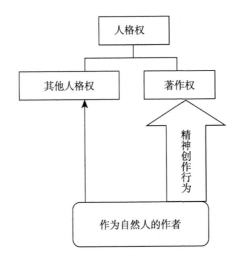

图 3 - 1　基尔克"一元论"下的著作权

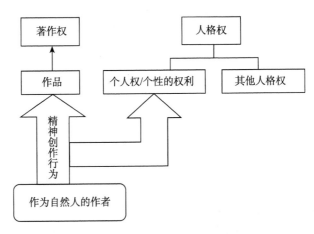

图 3 - 2　科勒"二元论"下的著作权

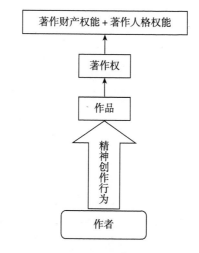

图3-3　现代"一元论"下的著作权

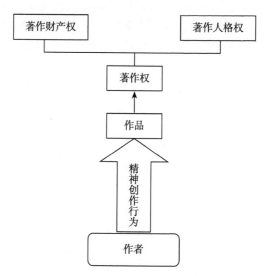

图3-4　现代"二元论"下的著作权

　　基尔克的"一元论"目前已无传人，也没有哪个国家将著作权确定为纯粹的人格权。由基尔克的"一元论"发展而来的现代"一元论"在德国取得通说地位后，成为1965年德国著作权法❶的理论基础。德国著作权法也成了现代"一元论"在实在法层面的典型体现。依现代"一元论"的思想背景，德国著作权法区分了狭义的著作人格权和广义的著作人格权。狭义的著作人格权包括该法第12条规定的发表权、第13条规定的署名权以及第14条规定的禁止歪曲篡改作品权。❷ 狭义著作人格权的界限相对明确。此外，德国著作权法上还有许多"保护作者与作品之间以及作者在作品使用过程中的精神利益与人格利益"❸ 的规定，这些规定包括第25条规定的作品接触权，第26条规定的追续权，第29条规定的著作权不得转让，第34条规定的对使用权转让的同意权，第39条与第62条规定的禁止作品使用权人或合法使用人变更的权利，第41条规定的因不行使使用权而引起的撤回权，第42条规定的收回权，第63条规定的注明出处的权利，第74条的表演者身份认可权，第75条规定的表演者禁止歪曲其表演的权利，第93条规定的禁止严重歪曲电影作品的权利，第94条规定的电影制片人禁止歪曲或删改图像载体或音像制品的权利，第97条规定的非财产性侵害的赔偿请求权，第113条规定的不因金钱债务而受强制执行的权利。这些规

---

　　❶　现行德国著作权法即以1965年著作权法为基础，历经多次修改而来。其中关于现代"一元论"的著作权指导思想一直没有改变过。

　　❷　德国著作权法第12条规定：（1）作者有权决定是否以及如何将自己的作品予以发表。（2）当作者尚未同意将作品的主要内容或作品的有关介绍予以发表时，作者有权对将作品内容予以公开或者对作品进行介绍的作为作出保留。

　　第13条规定：作者享有要求承认自己对自己作品的作者身份的权利。他有权决定作品是否标有某种标识以及使用何种标识。

　　第14条规定：作者有权禁止对作品进行歪曲或者其他会损害到作者在其作品上所享有的精神利益与人格利益的行为。

　　❸　化自德国著作权法第11条第一句话的表述。这句话涵盖了狭义与广义的著作人格权的内容。

定中所体现的著作人格权即广义的著作人格权。广义的著作人格权没有固定的界限，凡有保护作者精神与人格利益之必要时就会现身。对于广义的著作人格权的解释与适用，一方面要考虑生活的实际与交易的习惯，另一方面也不能理会"著作人"过于细腻的感受。❶

仔细比对德国著作权法上狭义的著作人格权与广义的著作人格权会发现，尽管后者的范围远广于前者，但其中有一部分与前者是存在对应关系的。或者说，一部分广义的著作人格权是对狭义的著作人格权的必要补充或延伸。狭义的著作人格权其实就是因其重要性而从广义的著作人格权中类型化而来。二者共同构筑了德国著作权法的著作人格权，其法条体现则是第 11 条第一句话：著作权保护作者与作品之间以及作品使用过程中的精神及人身关系。德国著作权法上的著作人格权❷如图 3－5 所示：

迪茨教授还特别提醒，关涉广义的著作人格权的规定不能被理解为仅仅保护著作人的精神利益。特别是第 26 条规定的追续权的人格权成分很少，而其他的规定，如第 25 条规定的作品接触权在具体情况下也主要或者仅仅是著作人的财产权。这种状况使得著作权中著作人的物质利益和精神利益的独特交织，以及著作权中人格权与财产权的"混合"更显明确。❸ 这种"独特交织""混合"现象不仅仅体现在广义著作人格权中，在狭义著作人格权中也有体现。第 12 条规定的发表权即著作人格权与财产权成分的交织，其作为著作人格权中的一项基本权利，其实现却是通过行使使用权来完成的。第 13 条规定的署名权以及第 14 条规定的禁止歪曲篡改作品权也是如此，在具体情况下，署名权与禁止歪曲篡改作品权甚至

---

❶ Schricker/Dietz, Urheberrecht 2. A., 1999, §§12ff. Rdnr. 8. 转引自：刘孔中. 著作人格权之比较研究 [J]. 台大法学论丛，2002，31（4）。

❷ M. 雷炳德. 著作权法 [M]. 张恩民，译. 北京：法律出版社，2005.

❸ 阿道夫·迪茨. 德国著作权法中的人身权利 [M] //刘春田. 中国知识产权评论（第 2 卷）. 北京：商务印书馆，2006：117－118.

狭义的著作人格权	广义的著作人格权

发表权（§12）——收回权（§42）
署名权（§13）——注明出处权（§63）

禁止歪曲篡改
作品权（§14） {
　　禁止使用权人变更之权（§39）
　　禁止合法使用人变更之权（§62）
　　表演者身份认可权（§74）
　　表演者禁止歪曲其表演之权（§75）
　　禁止严重歪曲电影作品权（§93）
　　电影制片人禁止歪曲或删改图像载体或音像制品之权（§94）

作品接触权（§25）
追续权（§26）
人格权之不可转让性（§29）
对使用权转让的同意权（§34）
对不行使之使用权的撤回权（§41）
非财产性侵害的赔偿请求权（§97）
不因金钱债务而受强制执行之权（§113）

图 3 – 5　德国著作权法上的著作人格权

主要服务于著作人的物质利益。特别是已出名的著作人禁止他人歪曲篡改其作品及要求署名，主要是为了其作品的商业成果在将来有保证。如 1969 年慕尼黑州高等法院判决的一个案例中，一位著名的实用艺术设计人仅凭其署名就要求得到 35000 ~ 40000 马克的订货。法兰克福州高等法院也有类似判例。❶ 总体来说，利用一部作品，不仅涉及著作人的经济利益，也涉及其获得荣誉和威望或发生教益和建树作用的利益；故不能将著作人的物质利益和精神利益截

---

❶ SCHULZE LGZ 173，1/15，SCHULZE LGZ 184，3；SCHULZE OLGZ 201，10. 转引自：阿道夫·迪茨. 德国著作权法中的人身权利 [M] //刘春田. 中国知识产权评论（第 2 卷）. 北京：商务印书馆，2006：119。

然分开。这也必然决定了著作人格权和著作财产权的交织性。

　　这种内含于著作权又与著作财产权"交织"在一起的"著作人格权"与"民法人格权"会有怎样的关系呢？德国法院曾认定"著作人格权属于一般人格权的一种特殊表现形式"。❶ 德国学者认为，一般人格权与著作人格权在本质上同源，在价值观念上有联系，故没有必要认为二者存在本质的区别。但是，由于著作人格权属于整体一元化的著作权，依据德国著作权法的规定，必须将著作人格权理解成法律上独立出现的人格权形式——保护的是作者本人与其作品之间的精神与人格联系，并且以与特定的作品相联系为特征。而一般人格权与某个特定的作品无关，其保护范围比著作人格权要宽得多。另外，还需注意，著作人格权只同已经创作的作品有关，并不保护创作行为之中的著作人。所谓"创作权"或"创作自由"的问题属于一般人格权的范围而与著作人格权无关。所以，在著作人格权之外，还应通过一般人格权保护创作中的艺术家。❷

　　与民法人格权相比，作为一种独立的人格权形式，著作人格权还具有如下特征：（1）除核心内容不可转让、放弃外，其他内容可以转让或放弃。所谓"核心内容"，是指著作人同作品之间不可消除的精神纽带，主要体现在署名权上。当核心内容与其他内容没有分开而处于"一揽子"状态时，也不允许对"一揽子"进行转让或放弃。鉴于作品类型的宽泛性以及大量文学、音乐和视听作品创作条件的现代性，不可认为作品的最终形态只能出自著作人的"亲手"。在著作人的控制下（有时是事后许可），他人也可以参与作品的创作过程，此种情形可视为著作人通过行使自己的"创作自

---

　　❶ 联邦法院判例［J］. GRUR, 1971：526；Petite Jacqueline 案，转引自：M. 雷炳德. 著作权法［M］. 张恩民，译. 北京：法律出版社，2005：267。

　　❷ 阿道夫·迪茨. 德国著作权法中的人身权利［M］// 刘春田. 中国知识产权评论（第2卷）. 北京：商务印书馆，2006：119–123；M. 雷炳德. 著作权法［M］. 张恩民，译. 北京：法律出版社，2005：266–268.

由"而完成整个创作过程。不能认为这里存在著作人格权核心内容
的转让。至于其他著作人格权,如发表权,则在个案中是可以视情
况而转让或放弃的。事实上,在很多利用作品的过程中,不转让或
放弃著作人格权是不可能的,而且必须允许著作人同意某些损害行
为。"著作权法上人格权不可转让及不可放弃的旧观念现在无法再
全然贯彻,已是社会一般的通念","唯一有争论的是,可以用法律
行为限制个别的著作人格权的界限,亦即著作人格权可处分的极限
(Disponibilität) 何在。" ❶ 划定这一界限时,需要考虑相关作品的
种类、目的和水平行业惯例和合同目的等因素,在具体情况下适当
进行利益平衡,有时也要照顾公共利益。(2) 著作人格权可以继
承。虽然著作人在世期间的著作权作为整体不可转让,❷ 但是可以
继承。❸ 继承人继承著作权的全部法律地位,包括著作人格权。继
承人可以根据本人的利益,依据自身权利行使著作人格权,甚至可
以推翻著作人生前关于著作人格权的决定——只要没有文件或者遗
嘱执行人的干预。(3) 著作人格权在作者死亡后一定期限可以存
续。根据现代一元论的观点,著作权在作者去世 70 年后消灭,❹ 著
作人格权也同时消灭。所谓"永久著作人格权"是不存在的,❺ 对
于保护公有领域的作品不受歪曲或者防止他人虚假署名的问题,已

---

❶ Schricker, Hundert Jahre Urheberrechtsentwicklung, 1118. 转引自:刘孔中. 著作
人格权之比较研究 [J]. 台大法学论丛, 2002, 31 (4)。

❷ 德国著作权法第 29 条第 1 款规定:"著作权不可转让,但是,因死亡原因而进
行的处分或者发生继承争议时转让给共同继承人的情况除外。"

❸ 德国著作权法第 28 条规定:"(1) 著作权可以继承。(2) 作者可以把著作权的
处分权通过遗嘱转让给遗嘱执行人。这里不适用民法典第 2210 条。"

❹ 德国著作权法第 64 条规定:"著作权在作者死亡后 70 年归于消灭。"

❺ 《伯尔尼公约》1967 年斯德哥尔摩修正会议就承认精神权利永久保护的约束性
展开了激烈的讨论,但是无果而终 [REIMER, GRUR Int., 1967:439. 转引自:阿道夫·
迪茨. 德国著作权法中的人身权利 [M] //刘春田. 中国知识产权评论(第 2 卷). 北
京:商务印书馆, 2006:134]。

经不涉及早已去世的作者的利益，而是涉及公众的文化利益。❶

法国是实在法层面现代"二元论"的首倡国。法国著作权法❷并没有采用"精神权利"这一具有浓厚法国色彩的概念，也没有对著作人格权进行专门的概括。其第1条将著作权分解为两个方面的权利：一是精神和智力方面的权利，二是财产方面的权利。❸ 依该法规定，两种权利并不同时产生：前者仅基于创作完成这一事实即已产生，后者则在向公众传播后始得产生。精神和智力方面的权利具体包括：（1）作者姓名、身份受尊重权；（2）作品受尊重权；（3）发表权；（4）收回权。作者姓名、身份受尊重权与作品受尊重权是著作人格权中的核心内容，❹ 被明确规定为"系于作者人身"，且永远存在、不可剥夺、不因时效而丧失。这些规定是著作财产权不可能享受得到的，与德国著作权法亦有不同。依德国著作权法上一元论思想，即便是最核心的著作人格权，也是不可能"永远存在"的。这两项最核心的著作人格权仅在作者死亡时可转移至其继承人或由受遗赠人依遗嘱行使，在作者生存期间不得转让。著作财产权则可以自由转让，但有条件：每一权利的转让均应在转让合同中分别指明，并明确转让权利的使用范围、目的、地域及期限。若全部转让未来作品则无效。如此规定作者姓名、身份受尊重权与作品受尊重权是出于对作品中表现出来的创作者的个性以及作

---

❶　阿道夫·迪茨. 德国著作权法中的人身权利［M］//刘春田. 中国知识产权评论（第2卷）. 北京：商务印书馆，2006：119 - 123；刘孔中. 著作人格权之比较研究［J］. 台大法学论丛，2002，31（4）.

❷　法国于1957年3月11日通过《文学艺术产权法》，后又于1985年7月3日通过《关于作者权和表演者、音像制品制作者、视听传播企业的权利的法律》对前者进行修订和补充。二者均被纳入1992年7月1日通过的法国知识产权法典的"文学艺术产权"部分。该部分历经多次修改，成为现行法国著作权法。

❸　法国知识产权法典 L. 111 - 1 条第2款规定："该权利（指著作权）包括本法典第一卷及第三卷规定的精神和智力方面的权利和财产方面的权利。"

❹　这从法国知识产权法典 L. 111 - 4 条中也可以看出。该条规定，若某外国未充分有效保护在法国首次发表的作品，在该国首次发表的作品也不得享有法国著作权立法之保护。但"作品的完整和身份不得受到任何损害"。

品与作者之间精神联系的尊重，"作者有权要求他的思想既不被改变也不被歪曲，社会也有权要求它所得到的人的精神创作产品持原作者的表达形式。"❶ 基于发表权的重要性——关涉作品从秘密状态转向公开，法国著作权法规定"仅作者有权发表其作品"，除视听作品的特殊情形外，发表的方式和条件也仅得由作者确定。不只如此，发表权甚至可在著作权保护期限届满后行使。对于已经发表的作品，作者在事先赔偿相关当事人的前提下，可以收回该作品。法国著作权法比德国著作权法更重视收回权，将其列为作者精神权利的四项主要要求之一，但其规定的事先赔偿义务使得收回权的实际意义不仅在法国而且在德国都是令人怀疑的。❷ 法国著作权法上的著作人格权可如表 3 – 1 所示❸：

表 3 – 1   法国著作权法上的著作人格权

著作人格权	法条	特征
作者姓名、身份受尊重权	L. 121 – 1 L. 111 – 4 L. 131 – 1	系于作者人身 永远存在 不可剥夺
作品受尊重权	L. 121 – 1 L. 111 – 4 L. 121 – 9 L. 131 – 1	不因时效而丧失 作者生前不可转让 因作者死亡可转移至继承人 第三人可依遗嘱行使
发表权	L. 121 – 2 L. 121 – 3 L. 121 – 9 L. 131 – 3 L. 132 – 24	仅作者享有 除视听作品的特殊情形外，发表的方式和条件也仅得由作者确定 可在著作权保护期限届满后行使

---

❶ 德利娅·利普希克. 著作权和邻接权 [M]. 联合国教科文组织，译. 北京：中国对外翻译出版公司，2000：126.

❷ 阿道夫·迪茨. 德国著作权法中的人身权利 [M] // 刘春田. 中国知识产权评论（第 2 卷）. 北京：商务印书馆，2006：204.

❸ 法国知识产权法典 [M]. 黄晖，译. 北京：商务印书馆，1999.

续表

著作人格权	法条	特征
收回权	L. 121 – 4 L. 132 – 24	附事先赔偿义务
追续权	L. 122 – 8 L. 334 – 1	平面及立体作品作者按 3% 分享拍卖或中间商转卖其作品原件所得收益

总体来说，法国著作权法因持二元论，在处理著作人格权与著作财产权的关系时比德国著作权法更为灵活轻松。有学者对法国著作权法上著作人格权与著作财产权的关系作了如下描述：依法国著作权法，作者可以控制作品的经济利用，也能够保护自己的精神利益。经济权利可以自由转让或放弃，但它只能在一定期限内受到保护；而精神权利则不能与作者人身分离，也不能转让和放弃，只有在作者死后才可以转移至作者的继承人或受遗赠人。当作者的经济权利和精神权利发生冲突的时候，精神权利具有优先效力。❶

相较于德国著作权法所采纳的现代"一元论"，现代"二元论"学说在立法方面占主要地位。❷ 自法国以现代"二元论"为理论依据，于1957年重新修订了其著作权（文学和艺术产权）法以来，西班牙、意大利等欧洲国家以及拉丁美洲的诸多国家，如巴西、秘鲁、哥斯达黎加等，均是现代"二元论"的拥护者。我国台湾地区也被认为系现代"二元论"的实践者。❸

对于中国《著作权法》是否贯彻了现代"二元论"学说，学界有过分歧。我国1990年首次制定的《著作权法》第10条对著作人格权作了如下规定："著作权包括下列人身权与财产权：（一）发

---

❶ GENDREAU Y. Digital Technology and Copyright：Can Moral Right Survive the Disappearance of the Hard Copy？[EB/OL]．[2020 – 04 – 19]．http：Canada. Justice. gc. ca/commerce/index—en. html. 转引自：杨延超．作品精神权利论［M］．北京：法律出版社，2007：33。

❷ 德利娅·利普希克．著作权和邻接权［M］．联合国教科文组织，译．北京：中国对外翻译出版公司，2000：115.

❸ 萧雄淋．著作权法论［M］．台中：五南图书出版公司，2001：121.

表权……（二）署名权……（三）修改权……（四）保护作品完整权……（五）使用权和获得报酬权……"有学者据此认为，"按照该条，著作权分为著作人身权和著作财产权两类，采取的是二元论的立法进路"。❶ 这其实是对现代"二元论"的误解。无论是现代"一元论"，还是现代"二元论"，均承认著作权包括人格权与财产权两个部分，二者的关键差别在于：同属著作权的人格权与财产权在消灭、转让、继承等规则适用上是否是"一元"的，强调一体适用的是现代"一元论"，强调可分别适用不同规定则是现代"二元论"。而这一关键差别从我国《著作权法》第 10 条是看不出来的。刘孔中先生认为我国《著作权法》"一元论与二元论之思想兼而有之：原则上著作权法不允许转让著作权，这当然贴近一元论的精神。但又规定人格权在财产权灭失后仍永远存在，且发生继承时只是其中的财产权被继承，这又反映了二元论的思想"。❷ 这一见解以"原则上著作权法不允许转让著作权"来证明我国《著作权法》"贴近一元论的精神"。查我国《著作权法》，对"著作权是否可以转让"问题并没有作出明确规定。据主持、参与过我国《著作权法》立法工作的沈仁干先生介绍，著作权能否转让问题其实在立法过程中讨论过且争议较大。问题的关键在于：允许转让的仅仅是著作权中的财产权利，也可以是作品的使用权，著作权中的人身权利，也就是精神权利是不能转让的。最终争论的结果是，《著作权法》只规定著作权的许可使用，不明确规定"著作权能否转让"的问题。这一态度所传达的信息是：法律没有禁止转让，说明可以转让。这是种"既不鼓励，又不禁止"的做法，为的是"留有余地"。❸ 立法参与者的解释表明，我国《著作权法》恰恰是原则上允许转让著作权，只是基于著作人格权的不可转让性，著作权转让问题没有得到明确规定。这种立法态度体现的正是现代"二元论"思想。

---

❶ 刘有东. 著作人格权制度研究 [D]. 重庆：西南政法大学，2010：1.

❷ 刘孔中. 著作人格权之比较研究 [J]. 台大法学论丛，2002，31 (4).

❸ 江平，沈仁干，等. 中华人民共和国著作权法讲析 [M]. 北京：中国国际广播出版社，1991：50 – 52.

从法条的逻辑关系看，我国 1990 年《著作权法》第 19 条规定："著作权属于公民的，公民死亡后，其作品的使用权和获得报酬权在本法规定的保护期内，依照继承法的规定转移。"这一条其实只规定了著作财产权可以依法继承，著作人格权则排除在外，这也可由第 20 条关于"作者署名权、修改权、保护作品完整权的保护期限不受限制"的规定加以佐证。这表明，我国《著作权法》对著作人格权与著作财产权适用不同的规则。这正是现代"二元论"的思想。之后我国于 2001 年、2010 年两次修订的《著作权法》均坚持了这一思路。结合立法背景及法律条文可以肯定，我国《著作权法》秉承的也是现代"二元论"思想。以现代"二元论"思想为理论基础，我国《著作权法》规定了发表权、署名权、修改权、保护作品完整权四种著作人格权。依我国《著作权法》第 10 条规定，发表权，即决定作品是否公之于众的权利；署名权，即表明作者身份，在作品上署名的权利；修改权，即修改或者授权他人修改作品的权利；保护作品完整权，即保护作品不受歪曲、篡改的权利。❶

日本著作权法也常被归于"二元论"的行列，但需特别提醒的是，日本著作权法❷所秉持的，并非现代"二元论"，而是科勒的

---

❶ 国家版权局 2012 年三个《著作权法》修订草案以及国务院法制办公室于 2014 年 6 月公布的修订草案送审稿均取消了修改权而将其并入保护作品完整权。如送审稿第 13 条第 2 款规定："著作权中的人身权包括：（一）发表权，即决定是否公之于众的权利；（二）署名权，即决定是否表明作者身份以及如何表明作者身份的权利；（三）保护作品完整权，即允许他人修改作品以及禁止歪曲、篡改作品的权利。"

❷ "版权""著作权"二词均源于日本，两个术语最初存在较大的区别，后来在词义上趋于统一，"著作权"一词取得表达上的优势地位（详见：获原有里．"版权"和"著作权"两个词在日本的来龙去脉［M］//唐广良．知识产权研究（第 17 卷）．北京：中国方正出版社，2005）。

日本的著作权制度始于 1899 年《著作权法》，直至 1970 年止，称旧著作权法时期。自 1970 年 4 月全面修改旧法、1970 年 5 月 6 日公布并于 1971 年 1 月 1 日起施行新法以来，称现行著作权法。日本现行著作权法至今已修订 30 余次，但对作者人格权制度无根本性影响。本书所讨论的即日本现行著作权法。

"二元论"。❶ 该法第 17 条第 2 款规定："（作者）享有作者人格权和著作权，无需履行任何手续。"该条明确将作者人格权与著作权并列，说明作者人格权不属于著作权，著作权只是纯粹的财产权。这正是科勒的"二元论"思路。至于作者人格权与民法人格权的关系如何，斋藤博先生作了解释：日本著作权法规定著作权与作者人格权是两种不同的权利，故不需要将作者人格权看成是著作权法上"固有的人格权"。作者人格权与一般的人格权无本质差异，与姓名权、肖像权、名誉权等权利一样，也是一种具体的人格权。既然是具体的人格权，作者人格权当然也可以得到民法的保护。日本著作权法之所以特别规定了作者人格权，是为了明确作者人格权的具体内容，让作者清楚地认识到自己的权利，也使一般人使用作品时尊重此权利。在著作权法中进行特别规定这一做法并不会改变作者人格权的性质；而且，对作者人格权而言，著作权法保护不了的部分，可以得到民法的保护。❷

日本著作权法第 18、第 19、第 20 条规定了三种作者人格权：（1）发表权，即把尚未发表的作品（包括未经作者同意而发表的作品）提供给公众或者向公众公开的权利；其中"提供"指以有形复制的方式将书、唱片等作品公之于世，"公开"指以无形的方式将作品公之于世，如演奏、广播、放映等。（2）姓名表示权，即作者在作品上或者发表作品时，表示或者不表示作者的实名或变名的权利。（3）同一性保持权，即作者保持其作品和作品标题的完整性，不允许他人违反其意志而变更、删除或者以其他形式改变作品或者作品标题的权利。对这三种作者人格权，日本著作权法都进行

---

❶ 有学者在介绍日本著作权法时并不说明这点，只是将其归入"二元论"行列，却又以现代"二元论"来加以解说，易生误解［例见：刘孔中. 著作人格权之比较研究［J］. 台大法学论丛，2002，31（4）］。实际上，现代"二元论"虽与科勒的"二元论"有传承关系，但二者存在重大差别（见前文所述），不宜混为一谈。

❷ 半田正夫，纹谷畅男. 著作权法 50 讲［M］. 魏启学，译. 北京：法律出版社，1990：154.

了一定的限制。除此以外，日本著作权法还以"侵权救济"等方式对作者人格权提供了其他保护：（1）第113条第2款规定，故意增加虚假信息作为权利管理信息的行为，故意删除或者改变权利管理信息的行为，明知属于被增加、删除或者改变权利管理信息的作品而仍然发行、为发行目的的进口或者持有、向公众传播或者进行传播可能化的行为，视为侵害与权利管理信息有关的作者人格权。（2）第113条第3款规定，以损害作者名誉或者声望的方法利用作品的行为，视为侵害该作者人格权的行为。（3）第60条规定，将作品提供给公众或者向公众公开之人，即使在该作品的作者死后，也应该像作者在世一样，不得作出损害作者人格权的行为。但按照该行为之性质及程度、社会情势的变动及其他情事，而得认为其并未违作者的意志的，不在此限。（4）第82条规定，出版权人再次复制作品时，作者可以在适当范围内修改或者增删其作品；出版权人每次再版作品时，均应通知作者。（5）第84条规定，作者本身拥有复制权时，若其认为作品内容已经不符合自己的信念，可以通知出版权人消灭该出版权，但必须事先赔偿出版权人因此所受的一般损失。对于作者人格权，日本著作权法第59条明确规定："作者人格权专属于作者，不得转让。"相比之下，第61条则规定："著作权可以全部或者部分转让。"日本著作权法也不认为作者人格权可以继承，只是在第116条规定了作者死亡后，其"遗族"可采取法律措施对作者的人格利益进行保护。日本著作权法还通过第90条之二、第90条之三规定了表演者享有姓名表示权和表演完整权等人格权，第101条之二也规定了"表演者人格权专属于表演者，不得转让"。对于表演者人格权，日本著作权法提供了类似于对作者人格权的保护。日本著作权法上的作者人格权如图3-6所示❶：

---

❶　日本著作权法［M］. 李扬，译. 北京：知识产权出版社，2010.

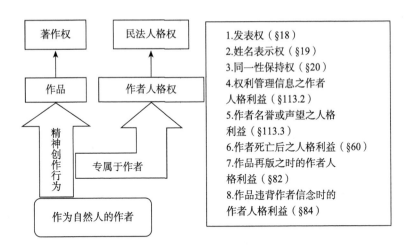

图 3 – 6　日本著作权法上的作者人格权

　　长期以来，英、美等版权体系国家被认为不承认著作人格权，版权也只是纯粹的财产权。其实，稍加留意便会看到，英、美等版权体系国家并非不保护实质意义上的"作者人格权"，只是未在"著作权/版权"及"著作权法/版权法"的框架内实践而已。两大法系的差异并不像人们想象的那么大。科勒的"二元论"、日本著作权法又哪里将"作者人格权"纳入著作权的框架？事实上，英、美等版权体系国家习惯于以普通法来保护作者的"精神权利"（moral right）。❶ 以英国为例，在英国普通法上，主要通过假冒（passing - off）之诉与诽谤（defamation，又译为"名誉毁损"）之诉来保护作者的精神利益。史料记载，早在 19 世纪初期，英国伟大的浪漫主义诗人拜伦（Byron）就采用过假冒之诉来阻止不法书商将他人创作的诗歌署上他的名字出版。❷ 而在 20 世纪初期，英国

---

　　❶　"droit moral"在法国被提出后，也被英国所接受并被译为"moral right"。在版权体系国家讨论作者人格权时，多用"精神权利"（moral right）一词。关于该词的起源与传播请见前文"著作权的生成"部分。

　　❷　Byron v. Johnston，（1816）2Mer. 29，35E. R. 851.

Humphreys v. Thompson 一案的陪审团即认定，某报纸连载一位女作家的小说故事时，简化人物名称、删掉描述段落、在每个故事首尾添加"按语"（curtains）以刺激读者胃口的行为损害了该女作家的名誉，降低了其在正直的社会大众眼中的声望。● 自《伯尔尼公约》1928 年罗马文本以"第 6 条之二"增加两项作者精神权利——"署名权"和"保护作品完整权"、● 1948 年布鲁塞尔文本将其列入参加国必须遵守的最低保护标准后，英国立法者开始考虑作者的精神权利问题。英国版权法修订委员会 Gregory 委员会在 1952 年的报告里粗略地讨论了一下精神权利后认为：英国现存普通法及成文法足以应付作者精神权利问题而且大多数案件可经由合同法得到圆满解决；而且到目前为止没有任何人抱怨过英国违反了《伯尔尼公约》第 6 条之二规定的义务；同时作者精神权利的概念模糊不清以致根本不可能执行，最好交由当事人的合同来规制。此报告导致 1956 年英国版权法没有授予作者主张其作者身份或保护作品完整性的明确权利，而只是在第 43 条规定了"不当归属"（misattribution）的侵权行为，禁止他人未经作者同意而在作品上署名以及在自己作品

● Humphreys v. Thompson［1905 – 1910］Mac. C. C. 148. Adapted from CORNISH W R. Intellectual Property：Patents，Copyright，Trade Marks and Allied Rights（Fourth Edition）［M］. London：Sweet & Maxwell，1999：445 – 446.

● Article 6bis（1）：Independently of the author's economic rights，and even after the transfer of the said rights，the author shall have the right to claim authorship of the work and to object to any distortion，mutilation or other modification of，or other derogatory action in relation to，the said work，which would be prejudicial to his honor or reputation.

译文一：第六条之二第一款：不受作者经济权利的影响，甚至在上述经济权利转让之后，作者仍有权请求就作品确认其作者身份，以及反对任何歪曲、割裂或以其他方式窜改该作品，或与该作品有关的可能损害其荣誉或名誉的其他毁损行为［参见：保护文学和艺术作品伯尔尼公约（1971 年巴黎文本）指南［M］. 刘波林，译. 北京：中国人民大学出版社，2002：34］。

译文二：不受作者经济权利的影响，甚至在上述经济权利转让之后，作者仍保有要求其作品作者身份的权利，并有权反对对其作品的任何有损其声誉的歪曲、割裂、其他更改或者其他损害行为。

上假冒他人署名的行为。待《伯尔尼公约》1971 年文本通过后，英国若想批准该文本，就必须在立法层面正面规定作者的精神权利。于是，英国又启动了版权法的修订工作，负责此工作的 Whitford 委员会又对作者精神权利进行了讨论。终于在 1977 年，Whitford 委员会接受了应在合理范围内将作者精神权利转化到英国立法中的建议，但还是认为在适当情形下作者精神权利可以放弃。1988 年英国版权、外观设计与专利法（*Copyright, Designs and Patents Act 1988*，CDPA）❶ 以该委员会的报告为基础，以专章（第一编第四章）明确规定了四种作者精神权利：第 78 条规定的作者或导演的身份确认权（the right of paternity），第 80 条规定的作品完整权（the right of integrity），第 84 条规定的禁止不当归属权（the right against false attribution of a work），第 85 条规定的私人照片及影片的隐私权（the right to privacy in private photographs and films）。❷ 作者的精神权利被认为是独立于版权的一种权利，除文学、戏剧、音乐及美术作品的创作人以外，基于版权法目的而被视为"作者"的其他人（如投资人）则不得享有此项权利。这是英国首次在制定法层面正式承认作者的精神权利——主要源于履行《伯尔尼公约》第 6 条之二的压力。这也使得现行英国版权法对作者精神权利的保护并不是"心甘情愿"，而只是"半心半意"：作者的精神权利并不是全面适用于所有的作品，而且还受到许多限制，这些精神权利既可以放弃，也可以因作者或导演疏于积极主张而失效。事实上，英国关于作者精神权利的争议至今仍在激烈进行，一方面作者代表坚持

---

❶ 该法第一编"版权"（PART I　COPYRIGHT）即为现行英国版权法。

❷ 至于发表权（the right of disclose），Merkin 教授等认为 CDPA 第 18 条给予了规定，但是将其归入版权而未视其为作者精神权利（MERKIN R, BLACK J. Copyright and Designs Law [M]. London: Sweet & Maxwell, 1993: 497.）。查第 18 条为"Infringement by issue of copies to the public"其第 1 款规定：（1）The issue to the public of copies of the work is an act restricted by the copyright in every description of copyright work. 依条文理解，这里涉及的应是发行权而不是发表权——尽管发行是发表权实现的一种形式。查 CDPA，通常意义上的发表权应没有得到明确规定。

所有制度均应具备关于作者精神权利的结构性规定，另一方面产业代表则声称此种权利不当地强化了作者的地位，并且会导致无穷无尽的困扰——对视听作品或多媒体作品等依赖于复杂合作关系的作品来说，尤其如此。❶ 为了能够加入 1996 年《世界知识产权组织表演与录音制品条约》（WPPT），也为了欧盟内部的立法协调，英国又在"半心半意"的心态下于 2006 年颁布了表演（精神权利等）条例［The Performances（Moral Rights，etc.）Regulations，2006］。该法将现行英国版权法对作者、导演的精神权利及其限制的规定延伸至表演者，赋予表演者以身份确认权和表演完整权。❷ 对作者精神的保护如图 3 - 7 所示：

从权利的构造看，英国版权法上的作者精神权利与日本著作权法上的作者人格权非常相似：二者均将版权/著作权归于纯粹的财产权；均承认作者精神权利/作者人格权独立于版权/著作权；均在版权法/著作权法中一体规定版权/著作权与作者精神权利/作者人格权。所不同的在于，日本著作权法认为作者人格权专属于作者，不可转让、放弃或继承；英国版权法则刻意淡化作者精神权利的专属性，认为其可以放弃，还需积极主张方为有效。此外，作者精神权利在英国除可得到版权法保护外，还可得到普通法的保护；作者

---

❶ 综合参见 CORNISH W R. Intellectual Property：Patents，Copyright，Trade Marks and Allied Rights（Fourth Edition）［M］. London：Sweet & Maxwell，1999：443 - 458；DWORKIN G. The Moral Right of The Author：Moral Rights and The Common Law Countries［J］. Columbia - VLA Journal of Law and the Arts，Spring/Summer 1995；DWORKIN G. The Whitford Committee Report on Copyright and Designs Law［J］. The Modern Law Review，1997（40）：6；The Copyright，Designs and Patents Act 1988 of U. K. 。

刘孔中. 著作人格权之比较研究［J］. 台大法学论丛，2002，31（4）；英国版权法［M］//十二国著作权法. 北京：清华大学出版社，2011：549 - 705；刘得宽. 论著作人格权［M］//民法诸问题与新展望. 北京：中国政法大学出版社，2002：331 - 333；张娜. 论版权体系中的著作人格权［EBOL］.［2020 - 04 - 19］. http：//www. civillaw. com. cn/article/default. asp？id =40672#34.

❷ The Performances（Moral Rights，etc.）Regulations，2006［EB/OL］.［2020 - 04 - 19］. http：//www. legislation. gov. uk/uksi/2006/18/introduction/made.

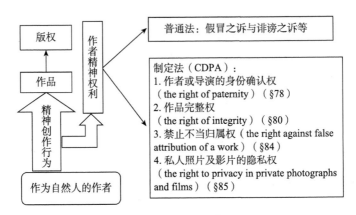

图3-7　英国版权法上的作者精神权利

人格权在日本则既可得到著作权法的保护，又可得到民法的保护。不得不承认，此种权利构造方面的相似程度远高于人们通常的理解。

　　与英国相比，同属版权体系的美国似乎更显"功利"与"实用"。也许是远离欧洲大陆，再加上本国媒体及娱乐行业投资者的强大影响，美国在坚守版权的财产权性质的同时，拒不接受"作者精神权利"的概念。其给出的理由是：作者的精神权利将促成一套建立在创作者"审美否决权"（aesthetic veto）之上的私自审查制度，这将对公众进入和表达自由造成严重影响。❶ 直到1976年美国第二巡回上诉法院判决 Gilliam v. American Broadcasting Companies, Inc. 一案时，关于作者精神权利的理论才得到美国法院的正视。此前，美国法院从未严肃地考虑援引作者精神权利的理论解决系争案件。该案的原告是英国一群作家与表演者于1969年所组成的团体"Monty Python"，向英国广播公司（BBC）提交了电视系列剧脚本，由后者在前者的监督下拍摄电视系列剧。按照协议，英国广播公司

---

　　❶ SUHL N C. Moral Rights Protection in the United States Under the Berne Convention: A Fictional Work? [J]. Fordham Intell. prop. Media & ent. L. J, 2002 (12): 1203.

可以授权海外的广播公司播放该电视系列剧。美国广播公司
（ABC）获得授权后，为了插播广告删除了电视系列剧大于 1/4 的
内容。原告大为震惊，与美国广播公司协商无果后诉至法院，要求
禁止被告继续播放并赔偿损失。法院首先认为，被告删减原告作品
而形成了演绎作品，此种未经原告授权的演绎行为对原作构成了侵
害。这是一种通过"演绎作品"间接保护作者精神权利的思路。接
着，法院指出，原告似乎想说，被告的节略肢解和歪曲了自己的作
品，并仍然在肢解和歪曲了的作品上署上自己的名字，侵犯了自己
的精神权利。然而，"现行美国版权法并不承认精神权利，也不承
认可对此类侵害行为提起诉讼，因为版权法旨在保护作者的经济利
益而非精神利益。然而，美国版权法一方面将'以经济刺激鼓励创
作'奉为立法目的，另一方面却不允许艺术家就他人割裂其作品或
将其作品不当呈现给公众的行为（此正为其经济利益所系）获得救
济，这两方面是根本冲突的。长期以来，法院依赖版权法以外的依
据，如合同法、不公平竞争侵权行为法等，向不当呈现艺术家作品
的行为提供救济。虽然这些判决以个人创作的财产权利作为包装，
但是它们也适当地保护了作者的精神权利，以防止他人以歪曲的形
式将作品呈现给公众。"最后，法院认定，被告删减原告作品后，
仍署以原告的名字播放的行为违反了《兰哈姆法》（*Lanham Act*）
第 43 条第 1 款的规定，❶ 因为"系争产品的表现形式使人就其来源
产生错误印象；本案虽不涉及已注册之商标，但并不妨碍援引该法
条规定"。这样，法院就从制止虚假标示的角度，维护了作者的署
名权和保护作品完整权。❷ 上引判决书内容对 1976 年前作者精神权

---

　　❶　该款规定："对于在商品或服务上附加、使用、添加虚假来源标示，或虚假描
述或表现……并将此等商品或服务引入市场者，任何相信其可能因为此种虚假描述或表
现之使用而受到损害之人，均可对其提起民事诉讼。"
　　❷　Gilliam v. American Broadcasting Companies，Inc.，192 USPQ 1（2d Cir. 1976）. 译
文综合参见：李明德. 美国知识产权法 [M]. 北京：法律出版社，2003：201 – 202；刘
孔中. 著作人格权之比较研究 [J]. 台大法学论丛，2002，31（4）。

利在美国的境遇作了精练的概括，还以几分为作者精神权利"打抱不平"的语气，提示了作者精神权利与版权经济激励之间的内在联系。然而，这种内在联系并不为立法者所看重。1976 年美国版权法❶仍然拒绝承认作者的精神权利，❷ 只是一如法院已实践过的做法，可以根据第 101 条定义的"演绎作品"以及第 106 条"版权作品的专有权"中"根据版权作品创作演绎作品"的规定，间接地保护作者的精神权利。不仅如此，1976 年美国版权法还取代了各州法可能向作者精神权利提供的保护。该法第 301 条"优先于其他法律"（Preemption with respect to other laws）第 1 款规定，自 1978 年 1 月 1 日起，所有的法定权利或衡平权利，若与本法第 106 条规定的作品版权所涵盖的任何专有权相类似，都只能适用本法规定。此后，任何人不得依据普通法或者任何州之成文法就此类作品享有此类权利或者类似权利。❸ 结合 1976 年美国版权法对作者精神权利的态度与该"优先于其他法律"的规定，几可断定作者精神权利在美国将步履维艰。之后的情势也证明了这一点。自 20 世纪 80 年代以来，尽管以加利福尼亚和纽约为首的一些州实施了一些保护作者

---

❶ 美国于 1790 年制定第一部版权法，1909 年进行了全面修订，形成了 1909 年版权法。1976 年又对 1909 年版权法进行了重新编纂，形成了 1976 年版权法，编入美国法典第 17 编。该法于 1978 年 1 月 1 日生效，后经多次修正、补充，成为现行美国版权法。

❷ NIMMER M B, NIMMER D. Nimmer on Copyright [M]. Harrisburg: Matthew Bender, 1989.

❸ 该款全文如下：On and after January 1, 1978, all legal or equitable rights that are equivalent to any of the exclusive rights within the general scope of copyright as specified by section 106 in works authorship that are fixed in a tangible medium of expression and come within the subject matter of copyright as specified by sections 102 and 103, whether created before or after that date and whether published or unpublished, are governed exclusively by this title. Thereafter, no person is entitled to any such right or equivalent right in any such work under the common law or statutes of any State.

译文可参见：美国版权法 [M] //十二国著作权法. 北京：清华大学出版社，2011：789。

精神权利的成文法，❶ 但美国的"联邦法优先于州法原则"使这些保护作者精神权利的州法影响甚微——更何况这些州法本身就附加了诸多的限定条件。❷

这个年代里，真正触动美国的是其本身国情的重大变化：进入20世纪80年代以来，美国已成为世界上最大的作品出口国，《世界版权公约》所提供的保护已明显不符合美国的利益。❸ 加入《伯尔尼公约》能够使美国得到最多的好处：可以参与国际版权政策的制定，提高在版权保护的国际谈判中的影响与能力；有利于美国在关贸总协定（GATT）的框架内建立知识产权制度；有助于减小美

---

❶ 1980年《加利福尼亚艺术保存法》（the California Arts Preservation Act）及1984年《纽约艺术家精神权利法》（the New York Artists Authorship Rights Act）被视为美国保护作者精神权利的两个标志性法律，但适用范围都很窄。前者仅规制故意涂销（deface-ment）、毁损（mutilation）、变更（alteration）、破坏（destruction）非商业用途美术作品（fine art）的行为——作品是否呈现给公众则不必考虑；后者只禁止未经授权，以变更、涂销、毁损和修改的方式向公众呈现限版300件以下的美术作品。前者为马萨诸塞州、宾夕法尼亚州、新墨西哥州等效仿，后者则为缅因州、罗得岛州、新泽西州、内达华州、康涅狄格州等所效仿（See FAILING P. Artists Moral Rights in the United States before VARA/1990：An Introduction［EB/OL］.［2020 - 04 - 19］. http：//www.studiolo.org/CIP/VARA/Failing/Failing.htm）。

❷ 在Wojnarowicz v. American Family Association案中，纽约州法院依1984年《纽约艺术家精神权利法》对作者的精神权利提供了保护。本案中，原告是个画家，被告在其制作并广为散发的反对政府资助"亵渎"艺术的手册中复制了原告作品的14个片段。法院认为，虽然被告不是商业性地使用原告作品的片段，没有违反《兰哈姆法》第43条第1款。但是被告仅仅截取原告作品中关于性活动的部分，故意篡改原告的作品，使该作品只剩下了性的内容，其作品中的政治性和艺术性被人为地扭曲了。证据表明，被告的这种行为已经损害了原告的声誉，使得很多人认为他主要是创作性活动的画家。"事实上，大量邮寄被篡改的复制品，有可能使得更多的观众看到，也对艺术家造成了更大的伤害"。最后，法院责令被告散发相应数量的更正性资料，并判处了1美元的名义性损害赔偿金［Wojnarowicz v. American Family Association，17 USPQ2d 1337（S.D.N.Y. 1990）；译文参见：李明德. 美国知识产权法［M］. 北京：法律出版社，2003：203］。

❸ MOORHEAD C J. H. R. 2962：The Berne Convention Implementation Act of 1987［J］. Journal of Law & Technology，1988：188.

国巨大的贸易逆差；能使美国直接在没有建立双边关系的 20 多个
《伯尔尼公约》成员国获得版权保护；可以使美国的计算机软件在
《伯尔尼公约》的成员国以文字作品的地位获得著作权保护等。❶
国情的变化使美国决定加入《伯尔尼公约》，该公约第 6 条之二关
于作者精神权利的规定却令美国深感厌恶。如何让本国的法律达到
该公约第 6 条之二的保护水平也是个令人头疼的问题。美国电影娱
乐业很久以来就一直因精神权利条款而反对美国加入《伯尔尼公
约》，产业所有者和行政人员认为，这些条款将妨碍电影娱乐生产
公司的正常业务，阻碍其向作者购买电影剧本且保留任意修改剧本
的权利。❷ 其他的反对者甚至成立了"保护美国版权传统联盟"，
该联盟强烈主张，美国应继续保持"版权仅是排他性经济权利"的
传统。❸ 对美国来说，既能加入《伯尔尼公约》从而享受诸多好
处，又不用修改国内法律以满足作者精神权利的保护要求无疑是上
上之策。事实是，美国以其惯用的"实用"风格，做到了这一点！
国会对国内法律进行梳理后，认为现存的联邦法和州法已经满足了
《伯尔尼公约》的要求，因为它们有对作者署名权和保护作品完整
权的规定。众议院在报告中声称："本国有一系列法律提供了《伯
尔尼公约》第 6 条之二所要求的保护。在联邦法律中，版权法第
106 条涉及演绎作品；第 115 条第 1 款第 2 项涉及制作录音制品强
制许可中的对音乐作品的歪曲；第 203 条涉及对转让和许可的终
止；《兰哈姆法》第 43 条第 1 款涉及来源的虚假标示和虚假陈述。
在州法和地方法律中，包括那些涉及形象权、违反合同、欺诈和误

---

❶ MOORHEAD C J. H. R. 2962：The Berne Convention Implementation Act of 1987
[J]．Journal of Law & Technology，1988：187 – 189．

❷ 罗纳德·V. 贝蒂格．版权文化：知识产权的政治经济学 [M]．北京：清华大
学出版社，2009：210．

❸ FRANOON A. Le droit d'auteur：aspects internationaux et comparatifs [M].
Montrèal：Les Editions Yvon Blaisinc，1992：185．转引自：王宏军．两大法系著作权法、
版权法中有关精神权利的比较研究 [M] //赵海峰．国际法与比较法论坛 第 2 – 3 辑．
哈尔滨：黑龙江人民出版社，2008：410—411。

导性描述、不正当竞争、诽谤和侵犯隐私的规定。此外，有八个州
已经在最近颁布了具体的法律，保护与某些艺术作品有关的保护作
品完整权和署名权。最后，一些法院也已经承认与这类权利等同的
权利。"❶ 正是基于这一分析，众议院的报告宣称："关于署名权和
保护作品完整权的法律，无论是在加入之前还是加入之后，都应当
是一样。法院可以使用普通法的原则，可以解释成文法的规定，可
以考虑外国的做法，就像在美国没有加入《伯尔尼公约》之前他们
所做的那样。"❷ 1988 年，美国凭借《伯尔尼公约》第 6 条之二第
3 款 "为保障本条所承认的权利而采取的救济方法由被要求给予保
护的国家法律规定" 制定了《伯尔尼公约实施法》，在加入《伯尔
尼公约》的同时，又无须修改国内法律以迎合公约关于作者精神权
利保护的要求。最终结果是，加入《伯尔尼公约》也未让美国提高
对作者精神权利的保护标准。

　　加入《伯尔尼公约》以后，为了树立保护作者精神权利的国际
形象，也为了进一步平衡国内各团体的利益，美国还是在总结各州
立法经验的基础上，于 1990 年通过了《视觉艺术家权利法》（the
Visual Artists Rights Act，VARA），相关规定已纳入美国版权法第 101
条和第 106 条之二等条款。事实上，该法对作者精神权利的保护仍
是极其有限：首先，保护的对象范围极窄。该法所谓的 "视觉艺术
作品" 实际上只相当于美术作品（works of fine art），且限定条件严
苛，只包括以孤品或不超过 200 件复制品形式存在的绘画、素描、
版画、雕塑和为展览而创作的摄影作品，且每件都要有作者的签名
和编号。不只如此，所有的雇佣作品，即使是视觉艺术作品，也不
在该法保护范围之内。其次，保护的精神权利只涉及署名权（right
of attribution）与作品完整权（right of integrity），对作品完整权的侵

---

❶ H. R. Report No. 609, 100 Cong., 2d Session (1988). 转引自：李明德. 美国版
权法 [M]. 北京：法律出版社，2000：201。

❷ Public Law, No. 100—568, Session2 (2), (3) 102Stat. 2853 (1988). 转引自：
李明德. 美国版权法 [M]. 北京：法律出版社，2000：201。

害必须达到有损作者声誉的程度。精神权利虽不得转让，但可以签名之书面文件明示同意放弃。再次，该法原则上只对该生效之日（1991 年 6 月 1 日）以后创作的视觉艺术作品提供保护，保护期限为作者的有生之年。最后，该法规定的精神权利还要受合理使用的限制。美国版权法第 106 条之二明确规定，本条受第 107 条规定的合理使用的限制，第 107 条也再次确认了这点。经过一系列的条件限制，实际上只有极少数作品的作者才能够得到该法极为有限的保护。绝大多数作品的作者连极为有限的保护都得不到。1990 年《视觉艺术家权利法》纳入美国版权法后，美国版权法第 506 条增加了一款特别规定，刑事责任不适用于侵害作者精神权利的情形。因 1990 年《视觉艺术家权利法》的适用条件极为严苛，实践中适用该法裁决的案件也极为少见。该法出台 5 年以后，才出现首例援引该法作出判决的案件——Carter v. Helmsley – Spear Inc. 案，❶ 且以"视觉艺术家"败诉而收场。2005 年通过的《家庭电影法》对艺术家保护精神权利施加了更多的限制，它成为美国版权法第 110 条第 11 项免责规定：不可察觉地滤掉电影的音频和视频内容的行为可以免除侵害著作权的责任。有研究认为该法与《伯尔尼公约》规定的作者精神权利背道而驰。❷

　　纵览著作人格权/作者精神权利在各国的境遇，以美国对作者精神权利的敌意最浓、抗拒最烈。在美国眼中，所谓的作者精神权利不过是个侵入其法律传统的"外来物种"，只是出于国际上利益交换的需要，才不得不将其引入。即便引入了，也是严厉限定其存在空间，尽量将其化入本国法律系统，以致我们试图在美国版权法里找寻作者精神权利的身影时，能看到的，只是一些萧索的断影，竟不足勾勒。我们还看到，面对《伯尔尼公约》，英国即使是半心

---

❶ Carter v. Helmsley – Spear, Inc. 861 F. Supp. 303（S. D. N. Y. 1994），rev'd 71 F. 3d 77（2d Cir. 1995），cert. denied 116 S. Ct. 1824（1996）.

❷ 张娜. 论版权体系中的著作人格权［EB/OL］.［2020 – 04 – 19］. http：//www. civillaw. com. cn/wqf/weizhang. asp？id = 40672.

半意，也在努力修改国内法，以满足国际义务的要求；而美国则并无刻意逢迎之意，只是从本国利益最大化的角度出发，以惯有的"实用"态度处之。几年以后，美国更是抛开《伯尔尼公约》另起炉灶，推动缔结《与贸易有关的知识产权协定》（TRIPS），❶ 而将作者精神权利弃置一旁。❷ 当其他国家面对国际条约压力而尽量迎合之时，美国却力图主导国际条约的走向。相比之下，美国在国际条约面前为我所用、孑然独立的姿态至为明显。同样对比强烈的是，在法、德等国眼中至为尊贵的著作人格权/作者精神权利，在美国看来却如同累赘。诸种强烈对比，均引人深思：该如何看待所谓国际趋势，又该如何看待著作人格权？

---

❶ 关于这一推动的过程，可参见：苏姗·K. 塞尔. 私权、公法：知识产权的全球化 [M]. 董刚，译. 北京：中国人民大学出版社，2008；彼得·达沃豪斯，约翰. 布雷斯韦特. 信息封建主义 [M]. 刘雪涛，译. 知识产权出版社，2005。

❷ TRIPS 第 9 条"与《伯尔尼公约》的关系"明确规定："各成员应遵守《伯尔尼公约》（1971）第 1 条至第 21 条及其附录的规定。但是，对于该公约第 6 条之二授予或派生的权利，各成员在本协定项下不享有权利或义务。"

第四章 著作人格权与民法 人格权理论的关系

当我们以审视的眼光，力图"看透"著作人格权时，不应忘记：著作人格权乃与民法人格权相伴而生，❶ 其作为自然权利与浪漫主义的结晶，带有浓厚的个人主义与浪漫色彩。著作人格权的产生背景使其与民法人格权的关系最为纠结。目前的通说将著作人格权置于民法人格权之下，认为其为"一般人格权的一种特殊表现形式"。❷ 然而，这一通说也受到了其他学说的挑战，尤以"财产权说"❸ 最具攻击性。于此情形，厘清著作人格权与民法人格权之关系成为理论上一重要课题。为此，我们还得重回民法人格权。

一、回顾：民法人格权的根本特征

依现有民法理论，以权利标的是否具有财产价值，可将民事权利区分为非财产权与财产权。民法理论上对于权利的分类，往往先确定非财产权，非财产权以外的权利，均属于财产权。❹ 非财产权

---

❶ 关于"相伴而生"的过程，请见前文"著作人格权的生成"部分。

❷ 张玉敏，张今，张平. 知识产权法 [M]. 北京：中国人民大学出版社，2009：113. 日本表现得最为典型，认为"一般人格权是母权，没有必要认为作者人格权是与一般人格权性质不同的权利""作者对于作品所享有的人格权与一般的人格权并无本质差异，与姓名权、肖像权、名誉权等权利一样，在与一般人格权的关系上，作者人格权也是一种具体的人格权。"（参见：斋藤博. 著作权法 [M]. 东京：有斐阁，2000：134 - 135；半田正夫，纹谷畅男. 著作权法50讲 [M]. 魏启学，译. 北京：法律出版社，1990：54）

❸ 李琛. 质疑知识产权之人格财产一体性 [J]. 中国社会科学，2004（2）；杨延超. 作品精神权利论 [D]. 重庆：西南政法大学，2006.

❹ 梁慧星. 民法总论 [M]. 北京：法律出版社，2001：70.

系"非以经济利益为内容的权利",[1] 包括人格权与身份权。传统意义上的身份权自"二战"以来已趋于消亡,[2] 现代身份权只基于特定的亲属关系而产生,具有对内与对外两层关系。身份权在对外的关系上虽具有绝对权性质,在对内的关系上则更接近相对权,且对相对人负有一定的义务,不是纯粹的权利主体。现代身份权所蕴含的"身份法益"亦具有人格性质。[3] 因为身份权的"式微",人格权在非财产权中实际居于主导地位。[4] 实际上,在传统民事权利理论中,"人格－财产"的二分结构乃基本的思维范式。目前的民事权利结构如图4－1所示:

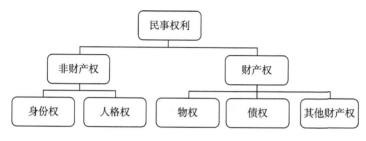

图4－1　目前的民事权利结构

在民法理论上,是否"以经济利益/财产价值为内容"是区分非财产权与财产权的基本标准。问题是,如何理解"以经济利益为内容"。一般认为,姓名权、肖像权、隐私权等人格权以保护主体的人格利益为目的,无意追求经济利益,系典型的"不以经济利益为内容",故不属于财产权。以有体物为标的的所有权则直接目的

---

❶　王泽鉴. 人格权法:法释义学、比较法、案例研究 [M]. 北京:北京大学出版社,2013:45.

❷　梁慧星. 民法总论 [M]. 北京:法律出版社,2001:70.

❸　王泽鉴. 人格权法:法释义学、比较法、案例研究 [M]. 北京:北京大学出版社,2013:45.

❹　梁慧星、王泽鉴先生在各自著作中都没有使用"人身权"一词,而是代之以"非财产权",应该有这方面的考量。

在于追求经济利益，系典型的"以经济利益为内容"，故属于财产权。实际上，不可否认的是，即使是姓名、肖像、隐私等典型的人格利益，也具有潜在的财产价值；一旦条件合适，这些潜在的财产价值就会转换为现实的经济利益。如今高度发达的市场经济、深入人心的商品观念恰好为这些潜在财产价值的变现提供了"良机"。商业活动在人们生活领域的全面渗透似乎在昭示：一切都具有可交换的商品性质，可带来经济上的利益。肖像、姓名等人格要素的商品化正成为一种席卷全球的浪潮。雷特（Reiter）教授感慨"姓名、名誉、肖像、声音和隐私等传统上被认为是不包含金钱价值的不可继承的人格利益，今天都发展到可以被继承并带来商业利益"。❶作为法学回应物的"形象权"理论备受瞩目。❷ 在英美化的"形象权"之下，"每一个人的姓名、肖像等，都具有财产的性质"。❸ 大陆法系在平衡人格尊严与商业利益的过程中，则发展出了所谓"一元论"和"二元论"理论。❹ 这种现象是否意味着财产权与非财产权的划分已无可能？应当说，就财产权与非财产权的划分而言，

---

❶ REITER. Personality and Patrimony：Comparative Perspectives on the Right to One's Image［J］. Tulane Law Review，2001（76）：684.

❷ 国内对形象权的专题研究请见原晓爽《形象权研究》，最高人民法院中国应用法学研究所与中国社会科学院法学研究所联合培养博士后出站报告。

❸ 李明德. 美国形象权研究［J］. 环球法律评论，2003（冬季号）.

❹ "二元论"以法国为代表。该理论认为在保护形象使用的过程中，实际上存在两种不同的权利，一个是积极的、可继承的，另一个是消极的、不可继承的。以肖像权为例，肖像权具有两面性，一面是不可继承的消极权利，其实际上被人格权所采纳（主要是隐私权和尊严权）；另一面是积极的、可继承的方面，即一个人对使用自己肖像的控制权（See LOGEAIS E. The French Right to One's Image：a Legal Lure？［J］. Ent. L. R.，1994：163，165.）换种说法，肖像之上其实存在两种权利：一是肖像权（the right to one's image），该权利"与人身不可分割"；二是肖像上的权利（the right over one's image），在该权利中肖像是"可以被利用的商品"［See REITER. Personality and Patrimony：Comparative Perspectives on the Right to One's Image［J］. Tulane Law Review，2001（76）：684］。Reiter同时认为不可继承的消极权利和可继承的积极权利是相等的（另参见：LOGEAIS E. The French Right to One's Image：a Legal Lure？［J］. Ent. L. R.，1994：165）。"二元论"的用意在于通过分别保护主体的人格利益与经济利益而达到整体保护"形象"的效果。

"形象权"现象并没有带来新的问题，只是将原来潜在的问题凸显出来而已。自财产权与非财产权界分之始，就没有否认过非财产权的客体具有潜在的财产价值。只不过，非财产权的确立并不以其客体有无财产价值为意，或说，其有无财产价值在所不问；其所关注的是非财产性的价值或目标，如人格尊严的维护。而财产权的设立，其首要目的即是追求经济利益，实现或者保护其客体体现出来的财产价值。这正是财产权"以经济利益为内容"的含义。质言之，判断某一权利是否为财产权，关键是看该权利的目的是否为追求经济利益。若是为了权利人追求、实现经济利益而设，就是财产权；若不是为了追求、实现经济利益，就是非财产权。为了强调这一点，有民法学著作在介绍非财产权的人身权时，采用"不具有直接的财产内容"或者类似的表述。❶其实，这种强调是不必要的，甚至有引人误解之嫌：不具有直接的财产内容，是否具有间接的财产内容？真正需要强调的是，权利本身是否具有"财产内容"与该

"一元论"以德国为代表。该理论以一个权利，如一般人格权，同时保护"形象"中的经济利益和人格利益。如在德国最高法院判决的 Marlene Dietrich 案（BGH，1 December 1999，BGHZ 143，Marlene Dietrich）中，"Marlene"的女儿起诉一个厂商，该厂商出售各种标有"Marlene"的商品。最高法院在判决中强调人格权的两个方面：不仅保护精神利益，还保护经济利益。权利人就未经其许可而使用其姓名、肖像或者名誉的行为请求抚慰金的同时，还可以提起损害赔偿或者不当得利之诉（BEVERLEY‐SMITH H，ANSGAR O，SOHLOETTER L A. Privacy，Property and Personality [M]．Cambridge：Cambridge University Press，2005：104）。

❶ 例如，《法律学全书·民法学》一书写道："人身权是指与权利主体的人身不可分离，不具有直接财产内容的民事权利。"（参见：刘春茂．法律学全书·民法学 [M]．北京：中国人民公安大学出版社，1992：615）；《公民权利义务通论》一书写道："民法上的人身权是指与作为民事权利主体的公民的人身密切联系，不具有直接财产内容的民事权利。"（参见：徐显明．公民权利义务通论 [M]．北京：群众出版社，1991：241）《人身权的民法保护》一书写道："人身权是公民和法人自身能分离并且不具有直接的物质利益内容的民事权利。"（参见：孟玉．人身权的民法保护 [M]．北京：北京出版社，1989：2）

权利之客体是否具有"财产价值"或"经济利益"是两个不同的问题，不可混为一谈。另外，权利的目的与实践生活中权利主体实际行使权利的目的也不是一回事。前者乃法律设立权利之目的，属制度设计层面之问题，关系到权利在整个法律体系中的地位与功能；后者乃现实生活中权利人的个人目的，属权利行使、实现层面之问题，只关涉权利人个人生活问题，若权利人行使权利之目的严重背离权利本身之目的，还将引发权利滥用的问题。与财产权相比较，民法人格权明显不以追求经济利益为目的，不具有财产内容。以权利目的为视角，在与财产权的比较中，民法人格权获得其第一个根本特征，即不以经济利益为目的，不具有财产内容或说非财产性。

如前文所述，人格与人格权之间，横亘着"主体－客体"二分结构的巨大障碍，时至今日，这一理论障碍也未得到完全解决。其明证就是生命、身体、健康、自由也披上了权利的外衣，被称为"人格权"，且被分列为"物质性人格权"与"精神性人格权"。[1]依主体、客体二分之基本结构，与主体完全不可分离的生命、身体、健康、自由是不可能也不需要权利化的，依"人之本体保护"足矣。这不意味着生命、身体、健康、自由够不上"权利"的称号；恰恰相反，是因为"权利"的称号够不上生命、身体、健康、自由之"人之本体"地位。它们内在于主体而不能与主体相分享，无法被"客体化"。[2]能够被权利化的，只能是主体身上的那些"社会属性"，因其并非内在于主体而与主体完全不可分离。但在今日，"生命权""身体权""健康权""自由权"等称谓甚嚣尘上，颇有举世公认、不容置疑的意味。真若从理论上讲，只能认为所谓

---

[1] 例见：张俊浩. 民法学原理［M］. 北京：中国政法大学出版社，2000：139；马俊驹. 人格和人格权理论讲稿［M］. 北京：法律出版社，2009：251－292。

[2] 详细论述请见前文"民法人格权的构造"部分。德国民法典将生命、身体、健康、自由列入侵权救济条款而没有使其称"权"，却规定了"姓名权"，其立法旨意颇值玩味，背后的理论基础应予肯定。

的"生命权""身体权""健康权""自由权"是法律技术的产物——内在于主体的伦理价值"外在化"的结果。这一"外在化"的正当性理由，一是为了使这些伦理价值在得到"人之本体保护"的同时，也能得到"权利模式"的保护——可谓加强保护；二是为了这些伦理价值通过权利得以彰显——在"权利"观念大行其道的今天，哪怕比权利更高贵，若不披上权利的外衣，也易被世人所看轻。如此，应该注意，在统一的"人格权"表述下，存在两种不同性质的人格权：一种是真正意义上的人格权，姓名权、肖像权、名誉权等都属此类；另一种则是技术意义上的"人格权"，"生命权""身体权""健康权""自由权"即属此类。或说，人格权内部也是存在二分结构的。❶ 借用王泽鉴先生的术语，可将真正意义上的人格权称为"精神的人格权"，将技术意义上的"人格权"称为"人身的人格权"。结合人格、主体等元素，可将人格权的结构图示如下（见图 4-2）：

---

❶ 王泽鉴先生将生命、身体、健康、自由列为一类，称之为"人身的人格权"，且在具体论述时，分别以"生命""身体""健康""自由"称之，没有称其为"权"；其他的则明示为"姓名权""肖像权""名誉权""信用权""隐私权"等，并将这些权利统称为"精神的人格权"（参见：王泽鉴. 人格权法：法释义学、比较法、案例研究 [M]. 北京：北京大学出版社，2013：99-247）。王泽鉴先生的这一处理方式与笔者的研究结论颇有不谋而合的意味，深为笔者所认同，故采其"人身的人格权"与"精神的人格权"的表述。至于"贞操"，也应属于自由之列，限于本文主题，不展开讨论。

另从比较法视角看，在瑞士法上有"社会性人格权"的概念，用以指代姓名权、肖像权、名誉权等"人的社会交往所必需"的人格权（GUILOD O. Droit des personnes. 4e éd [M]. Basel：Helbing Lichtenhahn Verlag，2015：118-120. 转引自：王利明. 人格权立法的中国思考 [M]. 北京：中国人民大学出版社，2020：445）。与此相对的生命权、身体权、健康权则被部分学者概括为"物质性人格权"，并被认为是人的最基本、最重要的权利 [陈年冰. 物质性人格权精神损害赔偿的几个问题 [J]. 法学，2005（6）]。对人格权的这种区分与王泽鉴先生所作的区分有异曲同工之趣，但从表述上看，"人身的人格权"恐比"物质性人格权"更为贴合。

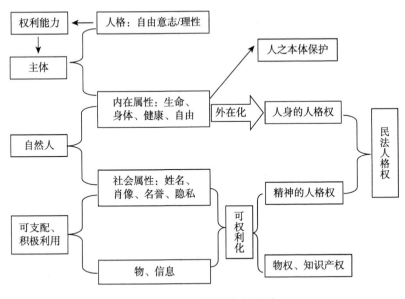

图4-2 民法人格权的构造

　　作为非财产权的人格权，与主体本身存在紧密的联系。经由
"伦理价值外在化"的法律技术得来的"人身的人格权"因其所谓
的"客体"——生命、身体、健康、自由，本就内在于主体，不可
能与主体相分离，而具有绝对的专属性。这也决定了人身的人格权
不可转让、放弃、剥夺或被继承，也不可被强制执行。姓名、肖
像、名誉、隐私等虽不如生命、身体、健康、自由那样内在于主
体，但事关主体的社会存在与生活尊严，法律以此为客体设立姓名
权、肖像权、名誉权、隐私权时，其目的即在于维护主体的社会存
在与生活尊严，若将其转让给他人，这些权利将失去存在的意义。
再者他人也依法律享有这些精神的人格权，凭此足以维护其社会存
在与生活尊严，再从他人处受让或继承这些权利也无意义。主体自
身若放弃这些权利，抑或被他人剥夺这些权利，都将使主体难以维
持其社会存在及生活尊严，这是从根本上违背伦理道德的，也为法

律所禁止。故，精神的人格权对主体来说也具有专属性。结合起来，可以确定，民法人格权为主体所一身专属，不得转让或继承、放弃或剥夺，也不得被强制执行。由此，以权利的目的为视角，在与主体的关系上，民法人格权获得其第二个根本特征：专属于权利主体，不得让与或继承、放弃或剥夺，也不得被强制执行。

至此，我们得到了民法人格权的两个根本特征：非财产性、专属性。❶ 从民法人格权的证立过程，我们可以看到，其设立目的在于捍卫人的主体地位，维护主体的社会存在与生活尊严。至于其客体，应该说，人身的人格权本就是法律技术的产物，其实是没有客体的，硬要依权利结构强加一个客体，则只能是人本身；精神的人格权的客体，则是人的姓名、肖像、名誉、隐私等社会属性。

二、质疑：著作人格权是民法人格权的一种特殊表现形式？

如果通说——著作人格权是民法人格权的一种特殊表现形式——能够成立，则著作人格权必须具备民法人格权的两个根本特征：非财产性和专属性。学界目前提出的"抽象人身权说""混合人身权说""身份权说""普通人格权说""独立人格权说"都不否认这点，❷"财产权说"❸ 却是全盘否认，"双重性说"❹ 则先将著作人格权一分为二，再区别对待：专属性系于著作人格权的消极权

---

❶　王泽鉴先生亦认为，人格权具有两个性质，一为非财产性，以精神利益为内容；一为一身专属性，不得让与继承（参见：王泽鉴. 人格权法：法释义学、比较法、案例研究 [M]. 北京：北京大学出版社，2013：46）。

❷　除"混合权利说"以外的其他各说的详细介绍可参见：刘有东. 著作人格权制度研究 [M]. 重庆：西南政法大学，2010。

"混合权利说"认为著作权中的人身权类似于民法中的人格权与身份权的混合：著作权的产生是基于对作品的创作，作者与作品之间是一种身份关系；除了这种身份关系，作者与作品之间还有一种人格关系（参见：黄勤南. 新编知识产权法教程 [M]. 北京：法律出版社，2003：57）。

❸　李琛. 质疑知识产权之人格财产一体性 [J]. 中国社会科学，2004 (2)；杨延超. 作品精神权利论 [D]. 重庆：西南政法大学，2006：72 –131.

❹　李莉. 论作者精神权利的双重性 [J]. 中国法学，2006 (3).

能，与其积极权能无涉。各学说互相竞争，甚或针锋相对；乍看之下，有种莫衷一是、无所适从之感。局势如此纷乱，如何判定著作人格权是否是民法人格权的一种特殊表现形式？也许，众多分歧背后最低限度的共识能给我们启示。

寻此思路，便会发现，尽管分歧巨大，各学说都承认一个事实：不论著作人格权的称谓、性质如何，也不管依靠什么制度、方式，世界各国都在一定程度上对署名权、保护作品完整权❶提供了保护，即使是美国也不例外。如果视野再放宽些，还会看到，即使是在权利观念尚未发育、著作权远未诞生的古希腊、罗马时代，在他人作品上署名，剽窃、篡改他人作品也是一种禁忌，为道德所谴责，也为社会所不容。❷ 无疑，这些历史事实给了我们一个强烈的提示：在现代法律所确认的署名权、保护作品完整权背后，潜伏一种近乎神圣不可侵犯的物事；对它的保护，几乎出自人的本性。其庄严程度，绝非一般的财产或物所能匹配。这一提示不能不引起我们的重视：这一物事到底是什么？依现有的共识，署名是维系作者与作品间精神联系的纽带，篡改则是对作品中作者思想或情感的践踏。维系这种创作事实产生的精神联系、防止作者的思想或情感被侵害能得到人类社会如此普遍的认可，说明这是人的一种基本需求。依当今的法权观念，这一基本需求得到了法律保护，即上升为一种法律上的利益。法律上的利益可分为公共利益与私人利益，私人利益又有人格利益/精神利益、财产利益/经济利益之分。这一基本需求体现的是何种利益？公共利益、精神利益，还是财产利益？抑或多种利益的复合？在回答这一问题之前，不妨比较一下各国法律保护这一利益的现实路径。

第一种路径认为这种利益系作者的人格利益，但与作品上的财

---

❶ 为行文方便，姑且使用"署名权、保护作品完整权"的表述。论述中会因语境不同而使用其他表述。

❷ 请见前文"前著作权时代"的介绍。

产利益联系非常紧密，从而将其置于著作权的框架内，为其与著作财产权提供一体保护。德国为此路径的典型代表，迪茨教授则可为此路径的代言人，他如是说：保护作者的著作财产权有时会间接地维护作者的精神利益，保护作者的著作人格权同样也能在某些时候为作者带来经济利益。禁止对作品进行修改或者篡改符合作者防止作品被篡改的人身方面的利益，也符合其经济方面的利益，即不能让修改或者篡改行为来影响对作品的利用。反之，通过复制和表演而对作品的具有经济成效的利用，可能有助于人们更好地了解作品及其作者，它还有助于宣传作者的思想及其个人声誉，从而为其经济利益服务。❶ 第二种路径也将其认可为作者的精神利益，将其置于著作权的框架内，而与著作财产权区别保护。法国、中国均是如此。第三种路径也认其为作者的人格利益，但不认为其属于著作权，而是将其归入一般的人格权的特别表现形式，在著作权之外为其提供"作者人格权"及"民法人格权"的保护。日本即是如此。第四种路径乃为其提供普通法保护，典型如美国；英国也为其提供普通法保护，但又有类似于日本之保护路径。普通法之路径不在乎将其定性为何种利益，但凡能为其提供实质保护的请求权基础，均无不可，故违反合同、不正当竞争、假冒、名誉毁损等都有适用余地。这种"实用主义"的做法并不妨碍我们从其保护路径推断出其利益的性质。以美国为例，当法院运用《兰哈姆法》的虚假来源标示来保护作者身份确认，禁止他人删减、篡改作品时，法院是将该利益视为了一种公共利益。《兰哈姆法》作为美国的商标法，首先保护的就是消费者的利益——不被他人混淆商品出处，这不正是一种公共利益保护观吗？当用诽谤之诉保护作者名誉而禁止他人歪曲、篡改作品时，法院是将该利益视为一种人格利益。美国虽然很

---

❶ A. 迪茨. 欧洲共同体的著作权，1976 年版，第 73－74 页。转引自：德利娅·利普希克. 著作权和邻接权 [M]. 联合国教科文组织，译. 北京：中国对外翻译出版公司，2000：113－114。

抗拒署名权、保护作品完整权等作者精神权利，但它以名誉毁损之诉来禁止他人歪曲、篡改作者的作品时，不正是承认了这是作者的一种精神利益吗？进一步说，在此，可能不需要特设什么署名权、保护作品完整权等权利来保护作者的这一精神利益，但若硬是特设了署名权、保护作品完整权来保护作者的这一精神利益，不也能反证署名权、保护作品完整权正是一种保护作者精神利益的权利？四种法律保护的现实路径显示：署名权、保护作品完整权背后不排除有公共利益的影子，但它们主要保护作者的精神利益应无疑问。这些利益上面没有财产内容。或说，这两种权利并不关心署名、防止歪曲、篡改之上有无财产内容。经济利益不是这两种权利的目的。

有"财产权说"论者在否定著作人格权的非财产性时，选用了客体标准："判断某权利是精神权利还是物质权利，可以以该权利客体作为判断标准。"接着，该论者确认精神权利的客体是作品，首先，认定作品是逃离了人的精神范畴的物质——不依赖于我们的感觉而存在，能为人所感知；其次，作品由于具备法学上关于财产的要件而成为一种法律上的财产，这种财产又不同于一般的财产——以非物质性的信息形式存在，故是一种特殊的财产；相对于其他的特殊财产而言，作品又是与"表达的思想"相关的财产。因为作品是财产，以作品为客体的精神权利实质上也就具有财产性了。之后，该论者进一步认为具体的著作人格权——发表权、署名权、修改权、保护作品完整权、收回权均具有财产性，并作了分析：类同于一般财产权的首要权能，署名权是一类特殊的占有权，其实质是确认作品归谁所有，而署名本身也就成为一种独特的公示方法，并在法律上具有公示推定的效力，故署名权属于财产权；发表权本身就具有使用性——发表本身就是对作品的一种使用方式，且发表作品不一定给作者带来精神利益，"如果是令人反感的作品，将其公之于众甚至会损害到作者的精神利益"；修改权与保护作品完整权则相当于财产权中的处分权——作者自己对作品进行增删、调补等事实上的处分或禁止他人以歪曲篡改、割裂丑化等方式处分作品，其他理由类同发表权属于财产权属性的论证；收回权的内容是依照作者的单方意思解除关于作品的使用合同，其实质是形成权，其权利客体则是著作使用权，故也是具有财产性的权利。总结起来，著作人格权类同于所有权：署名权相当于占有权、发表权相当于使用权、修改权与保护作品完整权相当于事实上的处分权、收回权相当于处分权，所以，著作人格权属于财产权。[1]

　　该论者的诸多观点均值得商榷。首先，以权利客体作为判断权利性质的标准难谓妥当。如前所述，权利本身是否具有"财产内容"与该权利之客体是否具有"财产价值"或"经济利益"是两个不同的问题。事实上，即使是姓名、肖像、名誉、隐私等典型的人格权客体，也是具有财产价值的。诚如有学者所言，"其实民法上的人格权标的，如身体、信用、姓名、肖像、名誉等，未尝不可同时成为财产权的标的。"[2] 故该论者对作品财产性的论述相对于其论述主旨来说是没有意义的——二者之间并无必然关联。其次，以所有权权能类比具体的著作人格权而证明后者财产权性质的论述过于牵强。即便在作品上署名与占有动产在表象上有相似之处，也不能因表象相似就逆推二者属性相同。动产的占有并不体现占有人的精神利益，如前所述，在作品上署名的行为却包含某种近乎神圣不可侵犯的物事，绝非单纯的经济利益所能担当。且从署名权设立的目的来看，也不是为了维护作者的财产利益——这是法律交给著作财产权的任务。该论者以"令人反感的作品将损害作者精神利益"来证明发表权不是精神权利的论证混淆了权利的目的、功能与权利实际行使产生的效用。这一点前文也已述及，此处不赘。况且，依该论者的逻辑，假若发表的作品不能给作者带来经济利益——甚至造成经济损失，是否就该认定发表权不是财产权？此逻

---

[1]　杨延超. 作品精神权利论 [D]. 重庆：西南政法大学，2006：98 - 110.

[2]　颜厥安. 财产、人格，还是资讯？论人类基因的法律地位 [EB/OL]. http://www.law - thinker.com. 转引自：李琛. 质疑知识产权之人格财产一体性 [J]. 中国社会科学，2004 (2)。

辑实际上是以权利行使的实际效果来决定权利本身的性质，果真这样，就会出现有些作品的发表权是精神权利，另一些作品的发表权是财产权，还有些作品的发表权则既非精神权利也非财产权的荒唐现象。再依该论者权能类推思路，则必然得出姓名、肖像等典型的人格权也是财产权的结论——权利主体允许他人使用自己的姓名、肖像不也属于使用权能的表现？至于收回权，其实质是阻止不符合作者信念的思想在社会上的继续传播，其非财产性至为明显。该论者却以"收回权是形成权，其权利客体是著作使用权"为由，认定收回权是具有财产性的权利。其论证手法实在令人费解，论证结论也让人难以苟同。再说，形成权与请求权、支配权属于一个系列，系以权利之作用为标准对权利所作的分类，与财产权并不属于一个分类体系，如何可从形成权的前提出发，推出财产权的结论？

另有"财产权说"论者则不纠缠于"非财产性"，认为"无直接财产内容"只是一种表象的、非本质的概括；真正重要的是"专属性"，专属性的有无才是人格权与财产权的本质区别。若是人格权，则必有专属性。❶ 要想识得著作人格权的"真面目"，我们还得审视著作人格权是否具有专属性。

首先挑战著作人格权的专属性的，不是各种理论学说，而是现实生活——其对理论通说的强大压力曲折地反映在法律规范之中。在"法学理论—法律规范—现实生活"这一链条中，居中的法律规

---

❶ 李琛. 质疑知识产权之人格财产一体性 [J]. 中国社会科学, 2004 (2). 本文并不同意"'非财产性'只是一种表象的、非本质的概括"的看法。"特征"本就是一比较性概念。人格权与财产权其实并不在一个逻辑层次上，与财产权相对应的是"非财产权"；如果抽掉"非财产性"，则财产权与非财产权的分类将不复存在。故，在尚未证明财产权与非财产权的分类没有意义的前提下，就不能否定"非财产性"的"本质特征"地位。要对低层级的人格权与高层级的财产权进行比较，就必须将既与财产权同属一个层次又是人格权上位概念的非财产权的根本特征——"非财产性"显明出来。此外，论者将"非财产性"视为一种表象的、非本质的概括，似乎还有"人格权的权利对象抑或有财产利益"的考量。该考量对"权利客体的财产性"与"权利内容的财产性"的区别似乎有所忽略。

范存在两种可能的境遇：当法学理论与现实生活高度契合时，法律规范将因左右逢源而得心应手；当法学理论与现实生活严重背离时，法律规范将因左右为难而顾此失彼。我国现行《著作权法》即身处逆境：为了适应现实生活——相对于理念与规范，生活永远是第一性的，该法多处规定不得不与理论通说相悖；❶ 法条整体的字里行间却又透露出对理论通说的归顺。例如，若依理论通说，法人是不可能取得作者地位的，而现行《著作权》第11条却偏偏规定了法人可"视为"作者的情形。之所以如此，是因为"如果不允许法人取得作者的地位，将不符合版权交易的实际情况"，❷ 而为了归顺理论通说，便使用了"视为"的拟制技术。当"法人视为作者"的情形不再是个别现象时，使用"视为"拟制技术的正当性就值得怀疑了。至于视听作品的制片者得享包括发表权、修改权、保护作品完整权在内的著作权——仅署名权例外，则干脆抛弃了"视为"的拟制技术。❸《著作权法》之所以作出如此背离理论通说的规定，其原因仍在于现实生活："一部好的视听作品可以出口，卖很多钱，但有可能在不影响整个剧情的条件下，要对作品进行某种删节，而这种权利只能让制片厂享有，否则会出现很多问题难以解决。而且在《著作权法》公布前30多年，视听作品的著作权都是归制片厂的，这已经成为一种生活事实了。"❹ 现行《著作权法》第16条对特殊职务作品的规定中，不仅法律、行政法规可以将署名权以外的著作人格权直接配置给单位，合同约定也可以做到这一点。著作人格权可以通过合同而转移——署名权除外。在委

---

❶ 详见前文"著作人格权与民法人格权理论的冲突"部分。

❷ 半田正夫，纹谷畅男．著作权法50讲［M］．魏启学，译．北京：法律出版社，1991：75.

❸ 现行《著作权法》第15条第1款规定："电影作品和以类似摄制电影的方法创作的作品的著作权由制片者享有，但编剧、导演、摄影、作词、作曲等作者享有署名权，并有权按照与制片者签订的合同获得报酬。"

❹ 江平，沈仁干，等．中华人民共和国著作权讲析［M］．北京：中国国际广播出版社，1991：137－138.

托合同中，连署名权的"除外"待遇都取消了，委托作品的整个著作权都可由委托人与受托人通过合同约定来确定归属。❶ 到这里，著作人格权与作者已是完全分离了，所谓的"专属性"已无处可寻。无怪乎有学者坦承，这些规定"实际上违背了著作人身权与著作人人身不可分离的原则，给我国著作权理论研究带来了很大的困难"。❷

即便如此，理论界也没有放弃挽救著作人格权专属性的努力。首先，采取"以退为进"的策略，以承认个别例外为代价，换取整体上对著作人格权专属性的承认。在表述上表现为对著作人格权的专属性加上"一定""通常"等限定语，❸ 来缓和著作人格权与民法人格权理论的冲突与矛盾，在理论上则提出，"对于社会科学而言，任何理论体系均不可能是完全周延的，均需要以一定的例外来修正，我们绝不能机械地对待这些问题。"❹ 问题是，社会发展到今天，法人作品、特殊职务作品、视听作品已成为普遍存在的事实，绝非"个别例外"所能容纳。一种理论若将普遍事实当成个别例外来处理，只能说明该理论本身存在问题。为消除这些过多的"例外"现象，有论者抛出过"以权利的限制代替权利的剥夺"的补救方案，其意旨在于，先依理论通说，将著作人格权赋给作者，再以"法定转让"或类似方式，限制作者行使这些著作人格权，使雇主（工作单位）、制片者等可以越过作者的意志而在"合理限度

---

❶ 现行《著作权法》第17条规定："受委托创作的作品，著作权的归属由委托人和受托人通过合同约定。合同未作明确约定或者没有订立合同的，著作权属于受托人。"

❷ 刘春田，刘波林. 关于职务作品著作权的若干问题 [M] // 中国版权研究会. 版权研究文选. 北京：商务印书馆，1995：179.

❸ 理论界在论及著作人格的专属性，典型表述如："著作人身权具有一定的专属性，通常不得转让、继承和放弃"。参见：刘春田. 知识产权法 [M]. 北京：中国人民大学出版社，2002：66。

❹ 刘有东. 著作人格权制度研究 [D]. 重庆：西南政法大学，2010：45.

内"自由利用作品。❶ 该方案倘若付诸实施，最多也只是能避免现有"理论上的尴尬"，却要付出"强迫事实俯就学理"❷ 的代价。试问：既有权利，所受限制却使其到不能行使的地步，此等权利于权利人有何实益？为使现实生活"俯就"理论，在制度设计方面却多出一些迂回与限制，徒生不必要的烦琐。

其次，试图通过体系解释来维持著作人格权的专属性。如对现行《著作权法》第 17 条"受委托创作的作品，著作权的归属由委托人和受托人通过合同约定"的规定，有论者认为，在大陆法系国家的著作权转让这一术语，是有特定含义的，它仅指著作财产权的转让，因为著作权的转让是在著作人身权不能转让的前提下进行的。故需对我国《著作权法》第 17 条规定中的"著作权"作限制性解释，即仅指"著作财产权"。❸ 将"著作权"解释为只是"著作财产权"，这有悖于法条的最基本解释方法——文义解释，故必须给出充分的理由。仅以"著作人身权不能转让"的理论，不足以支持这一限缩解释。事实上，真要从体系解释的角度出发，则必须承认，此处的"著作权"包括了著作人格权与著作财产权，而不仅指著作财产权：其一，现行《著作权法》虽然力图遵从理论通说，但面对现实生活的压力，在多处规定了著作人格权可与作者相分离的情形，前述法人作品、视听作品、特殊职务作品的情形即是明证；这些规定足以表明"著作人身权不能转让"的理论没有得到

❶ 李琛.著作人格权诸问题研究［M］//刘春田.中国知识产权评论（第 1 卷）.北京：商务印书馆，2002：280 - 281.李琛教授本人在后续研究中摒弃了该方案（应为二元论模式下的应然推论），其在《质疑知识产权之"人格财产一体性"》（参见：李琛.知识产权片论［M］.北京：中国方正出版社，2004：103）一文中表示：自己曾在《著作人格权诸问题研究》一文中"对二元论模式大加赞赏，又经思索，觉今是而昨非，恐谬见流传，特此更正"。但该方案仍然得到了其他学者的追捧（例见：刘有东.著作人格权制度研究［D］.重庆：西南政法大学，2010：46）。有鉴于此，本文仍对该方案加以讨论。

❷ 梁漱溟.东西文化及其哲学［M］.北京：商务印书馆，2006：246.
❸ 孙新强.论委托作品的性质和特点［J］.南京大学法学评论，2000（秋季号）.

《著作权法》的坚决贯彻，故没有理由认为第 17 条就应该贯彻这一理论；从第 17 条的位置来看，立法者恰恰是将委托作品与视听作品（第 15 条）、职务作品（第 16 条）置于一处，当作特殊情况来处理的，如此体系安排，更没理由认为第 17 条的"著作权"仅指"著作财产权"。其二，现行《著作权法》在涉及部分著作权的情形时均有明确规定，如第 16 条第 3 款规定："有下列情形之一的职务作品，作者享有署名权，著作权的其他权利由法人或其他组织享有……"《著作权法实施条例》第 13 条也有类似的表述："作者身份不明的作品，由作品原件的所有人行使除署名权以外的著作权。"若没有特别理由，在解释法条时，必须遵循文义解释的方法，故第 17 条的"著作权"就是指著作权，而按《著作权法》第 10 条规定，著作权就是包括"人身权"和"财产权"的。❶ 恰如有学者所言，如硬要将此处的"著作权"解释为"著作财产权"，则无异于将"标准不一的低级错误"强加给立法者。❷

最后，试图以归谬法反证著作人格权的专属性。仍以委托作品为例，有著作人格权专属性的捍卫者在论证"依公序良俗原则，委托作品著作人身权专属于受托人"❸ 时，给出的理由是，"由委托人取得委托作品著作人身权，那就是割裂作品与作者的联系，认可著作人身权可转让性，对作品的使用者和读者都是一种欺骗行为"❹。这一论据不过是对著作人格权专属性的反复强调，并无理论贡献，也无助于现行《著作权法》第 17 条的解释。论据的无力也导致了立论的无效。不应忘记，立法者正是基于著作人格权的专

---

❶ 现行《著作权法》第 10 条规定："著作权包括下列人身权和财产权：……"

❷ 石金钢. 委托作品的著作权归属——兼评《著作权法修改草案》相关规定 [J]. 中南民族大学学报（人文社会科学版），2012（6）.

❸ 陆映青. 委托作品著作人身权归属探悉 [D]. 上海：华东政法大学，2010：31.

❹ 李明发，宋世俊. 著作人身权转让质疑 [J]. 安徽大学学报（哲学社会科学版），2003（5）.

属性在委托作品的情形下很难完全贯彻，才立此特殊规定。对立法者来说，法学理论再精妙，若是脱离现实生活的需要，也只能将其束之高阁。现实情形如何？让我们以实践中一委托创作合同为例。该合同就作品归属约定如下："乙方（即受托方）承诺本项目创作的内容均为原创作品，并对自己所创作的作品承担相应的法律责任，该原创作品产生的著作权、专利权等知识产权及作品所有权从甲方（即委托方）付款之日起均归甲方所有。创作完成后，乙方须将所有作品的源文件交给甲方，非甲方同意，乙方不得拷贝、复制、保留及编辑任何与本作品内容相关的稿件，否则乙方同意视为侵犯甲方知识产权。"这种约定在实践中被称为"买断性合同"，作为创作者的受托人就其依约创作的作品，除基于合同能得到一份报酬外，不再享受任何权利。包括署名权在内的著作权都掌握在委托方手上。需要强调的是，这一做法并非个例，在实践中大量存在。如要想凭法学理论之理想，轻易否定这些约定的效力，恐怕将出现费力不讨好的尴尬局面。因为有相当程度的受托方——绝无被欺诈、胁迫、乘人之危等导致意志不自由的情形——自己都不愿意否定这些约定的效力——只要能依此约定拿到那份报酬。法律如若以保护作者权益、不让公众受骗为由，强行宣告这些合同无效，那将是对现实生活的粗暴践踏。对于绝大多数委托作品来说，公众会关心出自何人之手？作为受托方的作者自己都自愿接受合同时，无公共利益方面的充分理由，法律凭什么否定合同的效力？"父爱"若如此，要其有何用？研究显示，实践中存在大量所谓的"写手"或"捉刀代笔人"，他们自愿以他人名义写作、发表作品，自己只得到一份基于合同的报酬。在追求市场利益、实行团队运作的今天，很多畅销书、教科书等"完全是捉刀代笔之作，名义上的作者仅仅被视为营销工具"。❶ 有论者担忧"如果法律上允许著作人格

---

❶ 理查德·波斯纳. 论剽窃［M］. 沈明，译. 北京：北京大学出版社，2010：27.

权归委托人所有，就会使目前存在的付费找'枪手'代写学术论文行为合法化，这样显然是不当的"。❶ 即使这种担忧有其道理，也不能曲解《著作权法》第 17 条对委托作品著作人格权归属的特别规定。必须正视，这些实例、法条规定在凸显意思自治的强大之余，毫无疑问也在挑战着著作人格权的专属性。理论上所要做的，不是死守著作人格权的专属性教条，而是在回应现实生活的同时，反思自身的妥当性。

最富攻击性的"财产权说"则试图切断作者与作品之间的精神联系，将著作人格权的专属性连根拔起。该说指出，"作品体现作者人格"的观念与特定的历史背景、文化思想相关联，19 世纪的哲学观与美学观偶然地被法律选择，成为著作权合理性的基础。这种对作品的诠释出于历史的偶然，非逻辑的必然。❷ 正是"作品体现作者人格"的思想给了作者对作品的统治权。"作者—作品"是这一思想的形象表达。几乎就在法学理论接受"作品体现作者人格"这一深具浪漫主义美学特色的理论观点并着意打造著作人格权的同时，法国象征主义诗人马拉美（Stephane Mallarme）就开始质疑作者对文本的统治地位。马拉美认为，有必要用言语活动本身取代直到当时一直被认为是言语活动主人的人（作者），因为"是言语活动在说话，而不是作者"。❸ 进入 20 世纪以来，马拉美的"取消作者而崇尚写作"的诗学理论得到了后现代主义的追捧。后现代主义对 19 世纪盛行的"作品体现作者人格"理论发起了猛烈的攻击。1968 年，罗兰·巴特在《作者的死亡》一文中分析了作者产生的历史背景："作者是一位近现代人物，是由我们的社会所产生的，当时的情况是，我们的社会在与英格兰的经验主义、法国的理性主义和个人对改革的信仰一起脱离中世纪时，发现了个人的魅

---

❶ 刘有东. 著作人格权制度研究［D］. 重庆：西南政法大学，2010：45.

❷ 李琛. 质疑知识产权之人格财产一体性［J］. 中国社会科学，2004（2）.

❸ 罗兰·巴特. 罗兰·巴特随笔选［M］. 怀宇，译. 北京：百花文艺出版社，2005：301.

力，或者像有人更郑重地说的那样，发现了'人性的人'。"但是，"赋予文本一位作者，便是强加给文本一种卡槽，这是在关闭写作"；而写作的完整存在状况是："一个文本是由多种写作构成的，这些写作源自多种文化并相互对话、相互滑稽模仿和相互争执；但是，这种多重性却汇聚在一处，这一处不是至今人们所说的作者，而是读者。"语言学也能证明，陈述过程在整体上是一种空的过程，它可以在不需用对话者个人来充实的情况下就能出色地运转："作者从来就只不过是写作的人，就像我仅仅是说我的人一样。"作者开启了一个文本的写作，但"一个文本的整体性不存在于它的起因之中"。"为使写作有其未来，就必须把写作的神话翻倒过来：读者的诞生应以作者的死亡为代价来换取。"❶ 罗兰·巴特极力取消作者的统治地位，却赋予了读者以更高的地位：读者参与文本的写作过程，并决定着文本的完整性。在这里，我们看到的已不只是"作者—作品"这样的关系，而是"作者（写者）—作品—读者"，且读者这一端更为重要。1969 年，福柯（Michel Foucault）在《作者是什么》一文中强烈质疑了康德关于作者的阐释。在思考"什么是书籍"时，康德认定"书是用一种特殊的形式向公众讲的话"，而"那个以他自己的名义通过书向公众说话的人是作者"。❷ 正是康德，首先将作者推向了支配作品的绝对统治地位。福柯针锋相对地指出，"无人能完全成为一思想之决定者或终极指称者（designator）"，"写作的本质基础不是与写作行为相关的崇高情感，也不是将某个主体嵌入语言。实际上，它主要关心的是创造一个开局。在开局之后，写作的主体便不断消失。"借用贝克特（Samuel Beckett）在《不为什么的文本》中的话："谁在说话有什么关系，某人

❶ 本书关于罗兰·巴特的引言均出自《作者的死亡》一文，参见：罗兰·巴特. 罗兰·巴特随笔选［M］. 怀宇，译. 北京：百花文艺出版社，2005：300－307.
❷ 康德. 法的形而上学原理——权利的科学［M］. 沈叔平，译. 北京：商务印书馆，1991：111－112.

说，谁在说话有什么关系？"❶ 法理个体主义（juridical individual-
ism）借助主体哲学的力量将"写者"（writer）提升为了"作者"
（author），从而奠定了作者对作品的统治地位，进而为著作人格权
的确立提供了理论基础；后现代主义为了不使"文本潜藏之多值
性"❷ 被主体所摧毁而反其道行之，将"作者"（author）还原为
"写者"（writer），由此开辟的空间则留给了读者。相较于"作
者—作品"理论，"作者（写者）—作品—读者"理论对现实生活
的解释力更强。作者创造出一个"开局"后，作品意义的达成就有
赖于读者与作品之间的"视域融合"了。❸ 这是由信息的主客观双
重属性所决定的。试想，疯子在癫狂状态下的"涂鸦"之所以能成
为著作权法意义上的作品，因其是疯子思想的表达，还是读者从中
"读出"了某种思想？❹

　　经由后现代主义的解构，"作品体现作者人格"理论假设几无
立足之地，由其支撑起来的著作人格权的专属性也行将坍塌。既然
作品不再体现作者人格，有何理由坚持作品为作者一身专属？对于
不可否认的作者对其作品的感情联系，有论者将其类比为"人格

---

❶ 米歇尔·福柯. 作者是什么？[M] //王潮. 后现代主义的突破：外国后现代主
义理论. 兰州：敦煌文艺出版社，1996：270 – 292.

❷ LAROCHELLE G. 从康德至傅柯：作者余下甚么？[EB/OL]. [2020 – 04 – 19].
http：//www. gongfa. com/congkangdedaofuke. htm.

❸ 依诠释学的观点，文本的理解是在"诠释学处境"中实现的：只有在读者前见
所规定的处境中，文本背后的整体世界能够实现与读者当下世界的"视域融合"，文本
的意义才能显露出来。关于诠释学上的详细阐释，可参见：汉斯 – 格奥尔格·伽达默
尔. 真理与方法：哲学诠释学的基本特征 [M]. 洪汉鼎，译. 上海：上海译文出版社，
2004。

❹ 有关信息主客观双重属性的详细论述请见：张玉敏，易健雄. 主观与客观之间：
知识产权"信息说"的重新审视 [J]. 现代法学，2009 (1)。以笔者今天的眼光来看，
当年这篇论文在"主观""客观""意识"的深层理解方面学养不足，但仍有助于读者
深化对信息的理解。

物"❶的所有者对"人格物"的人格利益，认为"作品上所寄存的人格利益并非传统著作权法理论所认为的因'作品是人格的延伸/反映'从而作品内生并凝聚的作者的精神利益，即这种人格利益并非由作品自生，而是由作者在创作过程中从外部所加载和赋予的"❷。因为持有时间的长短是判断"人格物"的形成及其上人格利益多少的重要因素，❸作者创作时间的长短对于作品之上的人格利益的形成就很关键，"作者在长期的艰苦创作过程中渐渐地滋生了对作品的深情厚谊，随着时间的累积作品附着的情感就越多，越能显现其对于作者的存在价值，彼时其对作者的感情价值已远超其经济价值。尤其在对作者有特定意义的时间/事件发生之时所诞生的作品，更是对作者有纪念意义。"凝聚了作者感情利益的往往是作品的手稿（手写稿/电子打印稿），而并非作品的诸多复制本。当作品手稿成为孤本且被他人毁损/灭失时，作者既不能就作品行使财产利益，又丧失了对作品的感情寄托，故他人毁损/灭失孤本的行为既侵害了作者的财产权，也侵害了作者的精神利益，作者对这种侵权行为可以同时要求经济损害赔偿和精神损害赔偿。❹借助"人格物"的概念，该"财产权说"论者试图将作者对作品的人格利益由"作品之中"移至"作品之外"，从而彻底切断作者与作品传统意义上的"精神联系"。

后现代主义将"作者"还原为"写者"的解构过程对于我们重新审视"作品体现作者人格"的理论假设颇具启发意义。但有"财产权说"论者将作者对作品的感情或精神联系完全类比"人格

---

❶ 关于"人格物"的系统研究，可参见：冷传莉. 论民法中的人格物 ［D］. 武汉：武汉大学，2010。

❷ 陈仁淋. 物化的人格抑或人格化的物——作品从"物"的本体到纯粹财产权的演进 ［D］. 重庆：西南政法大学，2013：90.

❸ 冷传莉. 论人格物的界定与动态发展 ［J］. 法学论坛，2010（2）：63.

❹ 陈仁淋. 物化的人格抑或人格化的物——作品从"物"的本体到纯粹财产权的演进 ［D］. 重庆：西南政法大学，2013：91.

物"的做法值得商榷。即使"在开局之后,写作的主体便不断消失",也不能否认作者就是这个"开局者"。有学者形容"作者对其作品的身份关系,就像父子间的血缘联系,虽然可以通过法律手续解除父子间的法律关系,但父亲对儿子事实的血缘身份关系却无法解除"。❶ 这种关系并非日久生情式的持有者与"人格物"的关系,而是一种作品"源于"作者的事实关联❷——这一关联并不排除作者对其手稿可能同时产生"人格物"般的感情联系。即便作者与作品的其他关联均可解构,此种关联必然存在,可谓作者与作品之间的"固有联系"。❸

"作品体现作者人格"理论正是这种"固有联系"被"浪漫主义手法"放大后的产物。该理论创立之初,作品类型主要表现为诗歌、小说等文学作品,此类作品的创作主要由个体的自然人完成,以"作品体现作者人格"来解释此种创作方式之下产生的此类作品,进而由作者来控制作品,还是具有相当说服力的。这应该是"作品体现作者人格"理论能为当时的法学界所接受的重要原因。问题在于,社会的发展使作品的创作方式与传播方式发生了极大的变化,自然人以外的法人、非法人组织在作品的创作、传播方面的地位越来越重要。公司、企业等团体为了追求经济利益,投入大量资金,组织各类人手,从事作品的创作与传播。作品中的个人色彩逐渐黯淡,甚至难以确定具体的作者。正如我国初立《著作权法》时国家地图出版社的一位领导所讲的,地图册"从设计、制作草图、修改、定稿到批准出版、发行,不知道经过了多少道程序,有

---

❶ 李莉. 论作者精神权利的双重性 [J]. 中国法学, 2006 (3).

❷ 英美法系学者将这种事实关联之上的权利称为 "the right of paternity"(我国台湾地区学者译为"源权"),相比于"署名权",确有其形象而深刻之处。我国台湾地区学者用以代称署名权,例见: CORNISH W R. Intellectual Property: Patents, Copyright, Trade Marks and Allied Rights (Fourth Edition) [M]. London: Sweet & Maxwell, 1999: 446.

❸ 有学者在质疑后现代主义思潮对作者法学概念的冲击时,也曾提到,作者身份是著作权法的逻辑起点 [参见: 郑媛媛. 作者死了,著作权何存? ——再论后现代主义思潮对作者法学概念的冲击 [J]. 理论界, 2011 (4)]。

多少人的意见参加到地图里去了，无法查清。最后这张地图到底是由哪些人的思维、意志形成的呢？任何一个公民或若干位公民都担不起来，任何人也不敢说，这张地图是我创作的，或者说是我们若干人创作的，最后只能认定这张地图是由地图出版社创作的"。❶地图、工程设计图等功能性作品的出现也使作品中作者的"个性"不再显得那么重要——重要的是能解决技术问题。视听作品、计算机软件等作品的创作可能需要投入大量资金，需要团队的密切配合才能完成。此种情况下，确保投资者能收回投资可能比保护作者的"著作人格权"更重要。到今天，法人或非法人组织等团体而非个体承担作品的创作与传播已大量发生，绝非个别现象，甚至比个人创作、传播作品更为重要。可以说，作品创作已从"个人时代"进入了"团体时代"。作品功能也从"提供精神享受"延伸到了"解决技术问题"。

　　巨大的时代变革褪去了原本以"浪漫主义手法"加在作品与作者"固有联系"之上的理论色彩，甚至让"固有联系"本身都模糊起来。"让作者死亡"的呼声很能契合这种时代变化。然而，历史警醒我们，这一呼声虽与"作品体现作者人格"针锋相对，在思维方式上却与后者同出一源——以激情的浪漫色彩夸大存在的客观事实。面对如此巨大的时代变化，在著作人格权方面仍然坚持"作品体现作者人格"理论，固然会产生"理论扭曲现实生活"的困惑，但若就此走向"作者死亡"理论，将不过是从一个极端走向另一个极端。择其两端而用其中者，当坚守作者与作品之间的"固有联系"。在当今时代，著作人格权已经成为"对自由市场运作的不合理的法律干预"，❷就连德国学者对著作人格权理论之于现实生活的漠视也提出了批评："（人格权学说）对相关人格因素的强调对著

---

❶　江平，沈仁干，等. 中华人民共和国著作权讲析 [M]. 北京：中国国际广播出版社，1991：124.

❷　BENTLY L，SHERMAN B. Intellectual Property Law [M]. Boston：Oxford University Press，2001：235.

作人格权发展的意义如此之大，然而对实际生活的考虑却是如此之少，而在通常情况下，对作者与文化经济来说，钱财方面的利益要摆在中心地位。因此，基于上述两层意思，对创作人人格的保护的确应摆在次要的位置……在资本主义经济条件下，著作权必须首先考虑作品的有用性与可交易性。"❶ 改造现行的著作人格权制度已成为现实生活的强烈要求，其中关键则在于，找到作品顺畅流通与作者精神利益维护的平衡点。这在法律制度上仍然表现为对著作人格权专属性的把握。我国现行《著作权法》对此问题又是如何把握的呢？要回答这一问题，就必须对现有的著作人格权一一进行检视。

"双重性说"论者以"分析法学"式的手法对现有各著作人格权的专属性进行了细致的剖析。该论者对实证法上的几种著作人格权进行了考察，首先区分了署名权和作者身份权，❷ 提出"作者身份权实质上就是作者主张自己是反映在作品中的思想、精神的原创人的权利，是作者对其思想、精神享有的'所有权'，它本质上具有无法转让性和不可抛弃性"，署名权只不过是作者以一定符号形式把自己身份表示出来的权利而已，它就像父子间的法律关系一样，可以改变、转让或抛弃。作者身份权是署名权的源泉和基础，署名权是作者身份权的形式，两者不能互相代替。然后，该论者考察了发表权和收回权，提出发表权具有人格性和财产性双重性质，其保护的法益包括作者将其作品保密所带来的利益和将其发表所带来的利益，收回权的实质是阻止作者的思想、观点继续在社会上传播，其表现形式是将已经转让的发表权、利用权收回。发表权只是保护作者思想、人格外在表现的形式和手段，而收回权才是根本，当作者人格利益因作品的发表而陷入重大危机时，可以通过行使收

---

❶ M. 雷炳德. 著作权法 [M]. 张恩民，译. 北京：法律出版社，2005：24–25.

❷ 学界通说认为"署名权"和"作者身份权"是一个意思，只是表述不同（参见：郑成思. 版权法 [M]. 北京：中国人民大学出版社，1997：141）。也有个别学者认为二者不同，作者身份权的范围比署名权的范围宽，它们是包含与被包含的关系（参见：韦之. 著作权法原理 [M]. 北京：北京大学出版社，1998：59）。

回权加以挽救。接下来，该论者又考察了修改权和保护作品完整权，提出修改权对作者自己而言，实质是保持其思想纯正性的权利，且此种权利的保护是通过行使收回权实现的，对他人而言，则只能是对作品外观形式的变动，具有"身外性"，当然就具有让与的可能性。保护作品完整权只是在作品的内容或形式受到歪曲或篡改后，作者声明异议或加以禁止的权利，其目的完全是保护作者的人格利益——保护作者思想、智慧、人格的纯正性，其行使不能靠作者的积极行为，故不具有让与性，是作者对其"身上物"的权利。经过比对分析后，该论者提出署名权和作者身份权、发表权和收回权、修改权和保护作品完整权每一对权利相互对应，相互补充，前者是后者的形式，是对作者身外物——作品的形式的权利，属积极权能，该权能只具有人格权的形式不具有人格权的本质，故可以转让；后者是前者的内容，是对作者身上物——作者的思想、精神本身的权利，属消极权能，该权能体现的才是本质上的人格权，具有一身专属性、不可转让性和不可抛弃性。积极权能虽可转让，但毕竟以消极权能为基础，故在转让时应有所限制：（1）转让行为必须由作者本人行使，而且必须完全出于自愿；（2）须在转让合同中特别约定；（3）当著作财产权转让和某些精神权利的转让发生冲突时，应以后者的保护为主；（4）作者人格利益陷入重大危机时，应赋予作者精神权利转让合同的解除权。❶ 该论者试图通过这种将作者精神权利一分为二的方法，解决立法与实践的冲突。

不难发现，"双重性说"与法国处理形象权时的"二元论"思路颇为相似。该"二元论"认为，在保护形象使用的过程中，实际上存在两种不同的权利：一个是积极的、可继承的；另一个是消极的、不可继承的。以肖像权为例，肖像权具有两面性：一面是不可继承的消极权利，其实际已被人格权所采纳（主要是隐私权和尊严权）；另一面是可继承的积极权利，即一个人对使用自己肖像的控

---

❶ 李莉. 论作者精神权利的双重性 [J]. 中国法学, 2006 (3).

制权。❶ 另一种解释是，肖像之上其实存在两种权利：一是肖像权（the right to one's image），该权利"与人身不可分割"；二是肖像上的权利（the right over one's image），在该权利中肖像是"可以被利用的商品"。❷ "双重性说"体现的一分为二的思路对于我们审视著作人格权能提供方法论方面的启示，但其论证内容还有待斟酌。例如，该说认为"署名权只不过是作者以一定符号形式把自己身份表示出来的权利"，这有按字面意思机械解释"署名"之嫌。署名权既包含作者有权是否署名、以何种方式署名的含义，同时也包含禁止非作者在其作品上以各种方式署名的权利；无论从哪个角度看，都是基于作者的作品创作者身份而言的。所谓的作者身份权也是此意，二者并无实质差别。真正需要厘分的，是"署名"内含的意蕴。细加琢磨会体悟到，当作者基于创作事实而在作品上表明其作者身份时，包含两层意思：一是"我"在作品中表达了"我"的思想（观点、情感等），这是一种精神联系；二是作品这个"身外之物"是"我"的，这从本质上讲是在表达一种"所有权"关系。第一种关系为学界所重视，第二种关系则常被忽略了。❸ 现行《著

---

❶ LOGEAIS E. The French Right to One's Image：a Legal Lure？［J］. Ent. L. R.，1994：163，165.

❷ REITER. Personality and Patrimony：Comparative Perspectives on the Right to One's Image［J］. Tulane Law Review，2001（76）：684.

❸ 李雨峰教授指出，人类文化发展历史中出现过一种观念：除去作品上作者的署名与将动产从所有人手中掠走并无不同，对作品的改动也就如同对动产的侵害一样。故对作者署名和作品完整性的侵害一方面否定了作者的人格——作者在作品中表达了情感，另一方面也否定/侵害了作者对作品的所有［参见：李雨峰. 精神权利研究——以署名权和保护作品完整权为主轴［J］. 现代法学，2003（2）］。

笔者在写作博士论文《技术发展与版权扩张》期间，也曾阅读到，英国"文学产权"大辩论期间，文学产权的支持者为反驳文学产权客体无法被占有的观点，曾提出过"作者在其图书上署名类似于对物的占有"的观点，该观点自"作品体现作者人格"理论盛行后未再受到重视。

杨延超先生在其博士论文（参见：杨延超. 作品精神权利论［D］. 重庆：西南政法大学，2006：106）中也注意到了这一点，但以此来论证署名权的财产性有失偏颇，理由已如正文所述，此处不赘。

作权法》上的署名权在使用"署名"一词时，实际上是以第一种含义掩盖了"署名"的两层含义，但这不意味着第二层含义就消失了，它只是被遮蔽了而已。再如，"双重性说"在论及发表权时提出"发表权具有人格性和财产性双重性质"，这一论断单从逻辑上判断就是无法成立的。如前所述，"人格性"内含"非财产性"，其与"财产性"根本就是一对矛盾概念，在逻辑上无法并存。且发表权的行使能给作者带来经济利益，绝不意味着发表权就具有财产性，权利的性质依其目的而定，与其行使效果无关——尽管权利行使的效果可能会挑战或冲击权利的性质。论者在这里混淆了权利性质的判断标准。综观其论证，"双重性说"为了贯彻预设的"积极权能"和"消极权能"二分思路，在对待某些著作人格权时，采取了合目的式的"裁剪"手段。

未经"裁剪"的著作人格权又是怎样呢？法条层面的实证规定、理论层面的博弈分析显示，现行《著作权法》上的著作人格权以通说为理论基础，但因现实生活的压力，无法全面贯彻通说，多处出现了著作人格权与作者相分离的规定，著作人格权的专属性难以完全落到实处：作为具体著作人格权的发表权、署名权、修改权和保护作品完整权均出现了与作者相分离的情形。从整体上评估，尽管通说捍卫者可能不愿意承认，立法者也是出于无奈，但著作人格权在事实上难谓其仍具专属性。从特征上讲，现行《著作权法》规定的著作人格权是一种既无财产性也无专属性的权利。既然著作人格权不完全具备民法人格权的根本特征，就不能认定二者之间存在种属关系。正如有学者所言："版权法中的'精神权利'同民法中的'人身权利'之间竟有着如此的区别，以至于我们无论如何也没有办法在二者之间画上等号。"❶ 应该承认，民法人格权不能涵盖现有著作人格权的全部内容。

---

❶ 唐广良——论版权法中的"精神权利"[M] //中国版权研究会. 版权研究文选. 北京：商务印书馆，1995：133.

三、反思：著作人格权的"真面目"

著作人格权的性质之争让我们看到了理论通说的有心无力，也看到了其他学说的难尽人意。在对通说的质疑声中，著作人格权袒露出非财产性、非专属性的奇异特性。稍加比对就会发现，如此特性的权利在现有民事权利体系中并无立足之地。财产权以财产性、非专属性为其特征，作为非财产权的人格权和身份权以非财产性、专属性为其特征；这已是目前民事权利的完全分类了。无论如何，著作人格权属民事权利当无争议，但其位置又在哪里？在未对著作人格权进行充分的审视之前，我们不能妄断其是新型的民事权利。❶逻辑上的困境其实是在暗示：我们还没有见识到著作人格权的"真面目"。也许，只有揭开历史、理论、技术、时势等缠绕在著作人格权头上的重重面纱，才能一睹其"芳颜"。

无论历史如何变迁，作品"源于"作者这一事实不会改变。在作品上"署名"则是对这一事实的确认。如前所述，当作者基于创作事实而在作品上表明其作者身份时，包含两层意思：一是"我"在作品中表达了"我"的思想（观点、情感等），这是一种精神联系，因其强调作者与作品内在的精神联系，不妨称之为"内层含义"；二是作品这个"身外之物"是"我"的，这从本质上讲是在表达一种"所有权"关系，因其强调作者与作品外在的财产关系，

---

❶ 有学者认为，"权利如不可与权利人人身分离，必然没有直接的财产内容。反之亦然。同样，权利如可与权利人人身分离，必然有直接的财产内容。反之亦然。"（参见：李锡鹤．民法哲学论稿［M］．上海：复旦大学出版社，2000：177）

唐广良先生提出"著作人格权既不是'财产权利'，也不是'人身权利'，而是独立于两者之外的一种权利"（参见：唐广良．论版权法中的"精神权利"［M］//中国版权研究会．版权研究文选．北京：商务印书馆，1995：146）。这种观点有其实在法方面的依据，但从理论上讲，未经检讨即提此主张，有失草率。试问：独立于财产权利与人身权利之外的权利会是怎样的一种权利呢？这一问题的正面回答将会挑战目前整个的民事权利体系，仅以著作人格权作为支点恐怕过于单薄。更大的可能性是著作人格权自身存在问题。

不妨称之为"外层含义"。这两层联系可称为作者与作品之间的"固有联系",在不同的作品中会有不同的表现。版权观念诞生之初,固有联系之中的"所有权关系"得到确认,精神联系却被有意无意地忽略了。因无精神联系的牵绊,书商可从作为"作品所有权人"的作者手中受让到完全的版权。直到今天,"所有权关系"在英、美等版权体系国家仍占据主导地位。❶ 当法理个体主义(juridical individualism)在浪漫主义气息的熏染之下,借助主体哲学的力量,将"写者"(writer)提升为"作者"(author),从而奠定了作者对作品的统治地位,进而提出"作品体现作者人格"理论之时,作者与作品之间的精神联系终于彰显出来并得到极度的放大,以至于"固有联系"内的"所有权关系"被淹没在精神联系的光环之中。适逢欧洲大陆的"人格权"讨论盛会,❷ 这种放大之后的精神联系被堂而皇之地塞进了"著作人格权"。原有的"所有权关系"因精神联系的膨胀竟被挤出了"署名"这一"老家",而被迫以"著作财产权"的方式直面作品。从此,在法学理论乃至法律规范层面,"署名"只有精神联系一层含义,"署名权"也成了最核心的著作人格权。然而,作为一种事实关联,"所有权关系"始终是存在的,不会因法学理论、法律规范的不承认而消解。

由此,便出现了法学理论对现实生活的背离、法律规范左右为难的尴尬局面。于是,便有了对署名权的质疑:任何劳动者与其劳动产品之间的联系都是客观的,为何唯独作者与作品的联系不能割断、作者资格成为人格利益?❸ 顺着这一质疑,我们可以对署名权进行步步逼问:将作者与作品的客观联系认定为一种人格利益,实

---

❶ 这里的"所有权关系"是相对于"精神联系"而言的。在英、美等版权体系国家,对版权仍存在"普通法上财产"与"制定法上特权"之争,这一争论与本书的论旨不甚相关,故不展开介绍,但不表示本书认可在英、美等版权体系国家,作者与作品之间是一种"所有权"关系。

❷ 关于此次讨论的一些理论争鸣,请见前文"从人格到人格权"部分。

❸ 李琛. 质疑知识产权之"人格财产一体性"[J]. 中国社会科学, 2004 (2).

际是认定作者是比其他劳动者更高贵的群体。这一认定的理由是作者乃脑力劳动者，而脑力劳动比体力劳动要高贵。然而，这种假设并无实在的根据：脑力劳动凭什么就比体力劳动高贵？退一步讲，即使这一假设有其道理，为何同是脑力劳动的发明者与其发明之间的联系就不能成为人格权？为什么专利权是纯粹的财产权？❶ 退两步讲，即使作者与作品的这种联系不能切断，为何在法人作品、委托作品中却可以切断？质疑之余，署名的功能甚至被学者们归纳为：（1）商业价值的需要，"除商业交易规则要求外，署名之加插背后并无物事"。❷（2）公共利益的需要，保护署名不仅有助于作品的管理、检索与诠释，也是文化研究与保存的需要。❸ 对于这些疑问，遗弃了"署名"外层含义的署名权是很难回答的。如若将被遗弃的"署名"外层含义重新捡回，恢复署名的双层含义，这些看似咄咄逼人的质疑都将迎刃而解。

首先，作者与作品之间的关系确实同其他的劳动者与其劳动产品之间的关系一样，存在一种客观、外在的财产关系；但是，与后者不同，前者还内含一种直接的情感、思想的表达关系，这一点是

---

❶ 基尔克1895年在《德国私法》一书中论述"人格权"（Personlichkeitsrecht）类型时，即认为作者与发明者的权利均属于人格权［See：GIERKE O. Deutsches Privatrecht，I［J］. Leipzig，1895. 转引自：薛军. 人格权的两种基本理论模式与中国的人格权立法［J］. 法商研究，2004（4）］。后世的制度安排中，发明人表明身份的权利被认为与专利权无关，专利权属纯粹的财产权；作者表明身份的权利则被纳入了著作权中，且成为著作人格权最核心的权利。此中差别如何而来，颇值研究。版权体系在为版权争取不受期限限制的保护时，版权支持者曾试图将劳动产品区分为三个等级：体力产品—体力与脑力的混合产品—脑力产品，再主张发明处于第二层次，而作品属于第三层次，也就是最高贵层次，故理应获得比发明更多的保护。然而，这种理论及主张并无说服力，也不成为发明者的权利与作者的权利最终被区别对待的真正理由。参见：易健雄. 技术发展与版权扩张［M］. 北京：法律出版社，2009：57 - 58。

❷ LAROCHELLE G. 从康德至傅柯：作者余下甚么？［EB/OL］.［2020 - 04 - 19］. http：//www. gongfa. com/congkangdedaofuke. htm.

❸ BENTLY L，SHERMAN B. Intellectual Property Law［M］. Boston：Oxford University Press，2001：236.

后者不具备的，即使是发明者与其发明之间，都不存在这种关系。明显的例证是，歪曲、篡改作品的内容可能会贬抑、损害作者名誉等人格利益，而毁损发明者的发明不会导致这样的后果。所以说，确认作者与作品之间存在一种精神联系，并不是认为脑力劳动比体力劳动要高贵，而是因为作品这种特殊的产品"直接"表达了作者的思想或情感，且这种思想或情感能直接——语文作品体现得最为明显——为公众所感知、接受，公众凭此来感受作者这个人，若他人歪曲或篡改了作品，就会影响到公众对作者本人的评价，这是毁损任何纯粹的物质产品——哪怕是发明者的发明产品——都不会有的后果。这正是作品的特殊之处，与何种劳动、行业高贵与否无关，只与作者的精神利益相关。

其次，必须注意到，作品与作者的两层联系不是完全均等的。事实上，在不同的作品中，这两层联系会有不同的强弱对比。例如，在典型的个人创作的文字作品中，作者的精神联系会表现得很强烈，"文如其人"就是对这种情形的形象描述。此时，"署名"的内层含义就占据主导地位，外层含义则退居次席，甚至隐而不发。又如，以解决技术问题为目的的实用作品往往涉及团队合作，其目的、创作方式都决定了作者与作品的精神联系很稀薄直至模糊不清。此时，占据主导地位的是"署名"的外层含义，内层含义则退居次席。在现代社会，很多以追求商业利益为目的的作品甚至很难认定其上存在创作者的人格利益，于此情形，署名的外层含义居于绝对的统治地位，内层含义无足轻重，在法律上甚至可以忽略不计。当法律直接规定或合同约定创作者以外的人可以在作品上以"作者"身份署名时，实际上涉及的是"作品"经济利益的"法定转让"或"意定转让"。真正的作者则依劳动关系、合同关系等获得报酬或对价，其与作品的精神联系因无足轻重而被法律所忽略。又因真正的作者未在作品上署名，此类作品公之于众后，也不会影响到真正的作者的人格利益。法人作品的"署名作者"因与作品之间不存在真正的精神联系，❶ 故不能就法人作品主张人格利益，也不能再次转让作品的署名权，只能对法人作品行使财产权利。❷ 公众依法人作品的署名，即可知晓该作品存在未署名的、真正的作者。这也可以看作对真正作者与作品精神联系的一种默认。依约定享有署名权的法人或其他组织可参照法人作品的情形处理。对于可依约定转让署名权的委托作品，则应进行法律上的限制。立法上可规定，强烈体现作者与作品之间精神联系的作品类型，如学术作品，不得依约定转让署名权。其他约定转让署名权违背公序良俗的，也应归于无效。经此限制以后，作者与作品之间精神联系不甚重要的委托作品，得由当事人依约定转让署名权。

最后，应当确立署名的内层含义相对于外层含义的优先地位，即当行使作品"所有权关系"下的财产权利而危及真正作者的精神利益时，作品的真正作者为维护自己的精神利益得请求一切合理的法律救济。如此，在双层含义的"署名"之下，法人作品和委托作品中作品与作者的精神联系被切断的现象也得到了解释。

从上述分析可见，"署名"第一层含义中的精神联系专属于作者与其创作的作品，第二层含义中的所有权关系则不必专属于作者。而现有的署名权只有第一层含义之内容，这对于调整"文如其人"类作品尚不存在问题，对于非"文如其人"类作品则力不从心了——非"文如其人"类作品的署名侧重的正是"署名"的外层含义。❸ 因署名权已遗弃"署名"的外层含义，此类作品的署名

---

❶ 法人视为作者而在作品上署名，其实是一种比较明显的"公示"形式，不会对公众造成误解。公众看署名即知道法人作品上的署名作者不是真正作者，真正作者隐居背后。这也是一种以署名形式保留真正作者与作品之精神联系的方式。

❷ 对于法人作品的署名权能否"二次转让"的问题，还需要进一步的研究。首先，这种署名权不能转让给自然人，否则会对公众造成误解。其次，这种署名权也不宜再转让给法人或其他组织，否则同样让公众对作品的来源产生误解。毕竟，署名的内层含义还是存在的。

❸ 本书暂用"文如其人"类作品这一表述指代与作者存在紧密精神联系的作品，用非"文如其人"类作品这一表述指代与真正作者的精神联系比较稀薄的作品。

也就为署名权所不容。基于现实生活的第一性，法律规范也只好向生活低头，对这一类作品作出不同的安排：以"视为""例外"等法律技术承认法人或非法人组织、某些委托作品的委托人对他人创作的作品有署名权。而这恰恰又与其所信奉的"作品体现作者人格"理论、"署名权为作者一身专属"原则背道而驰。如此，署名权便陷入了"难以两全"的困境。我们也看到了署名权的"真面目"：署名权自认为归属于人格权，也一直在努力坚守其人格权的根本特征——专属性，但这种坚守因生活中非"文如其人"类作品——不以体现作者人格为特征——的现实冲击而显得摇摇欲坠。这样便出现了署名权在理论上有专属性，在实践中却无专属性的矛盾现象。或者说，现实生活中的"署名"具有精神联系与"所有权关系"两层含义与功能，法律规范层面的"署名"因遗弃了署名的外层含义而只有"精神联系"一层意思，由此便形成了以法律规范之"偏"概现实生活之"全"的冲突。"财产权说"想将署名的外层含义重新召回并将其内层含义赶入民法人格权，这其实是在复制英、美等版权体系国家走过的道路。"双重性说"则试图通过区分作者身份权的消极功能与署名权的积极功能来容纳署名的内层含义与外层含义，从而消解理论与生活的矛盾。这已不是对署名权的法条释义，而是对署名权的理论重构。深入探究下去，还会发现，署名权的人格权性质与著作权的客体理论根本冲突。依目前的共识，著作权的客体❶是作品，那么著作人格权的客体也应该是作

---

❶ "一元客体论"区分了权利客体与权利对象，认为权利的对象是权利利益的载体，如物权的保护对象是物、债权的保护对象是给付行为、人格权的保护对象是具体的人格要素，而权利的客体指的是权利保护对象给权利主体带来的利益，即权利利益，如物权的客体是基于物所产生的利益、债权的客体是基于给付所产生的利益、人格权的客体是人格利益。对象是具体的、感性的、客观的范畴，是第一性的；客体是抽象的、理性的范畴，是利益关系或称社会关系，是第二性的［参见：麻昌华，李明，刘引玲. 论民法中的客体利益［J］. 法商研究，1997（2）］。本书不同意将权利的客体全部归结为利益的看法。利益其实是权利的目的，是设定者所预设的、权利作用于它的对象所达到的效果，而不是其对象即客体本身。"一元客体论"为了区分权利对象与客体，却将权利

品了。更确切地说，著作权法保护的只是作品的表达而非作品的思想，而署名权所依据的理论正是着眼于作品的思想。若这一推论可成立，则必须承认，署名权的预设功能其实与著作权无关，它越过作品而直达作者本身的人格利益。果真如此，现有署名权本身能否存在于著作权之中都值得怀疑。

　　既然署名权的专属性在现实生活中都难以保全，就无须为其他著作人格权的专属性作过多辩护了。就发表权而言，立法者的目的固然是要坚持其人格权属性：作品是"作者向公众所讲的话"，是作者思想或情感的表达。这些话是否向公众讲，以何种方式向公众讲只有作者才有权决定。依此，则他人未经作者允许发表了作品，必定会损及作者的人格利益。同样地，这一理论预设对"文如其人"类作品可能有适用余地，对非"文如其人"类作品则未免太过牵强。如前所述，此类作品不以体现作者人格为特征，其主要目的乃解决技术问题、追求商业利益。对此类作品来说，未经允许而将其公之于众，更多的是侵害署名作者的经济利益。从总体上讲，发表权的行使与作者的精神利益、作品的财产利益均密切相关，"如果不行使其发表权，其他任何精神权利或经济权利均无从行

的客体与权利的目的/内容混为一谈，其观点更不可取。自"主体—客体"二分以来，客体即是与主体相对称的，指主体之外客观存在的事物。所谓利益/价值，不过是客体相对于主体的目的、需要来说的，是客体对主体需要的某种满足，更多地属于主、客体之间的关系范畴。若依"一元客体论"，"主体—客体"二分的表述不能成立，必须调整为"主体—对象"二分。实际上，"主体—客体"二分的表述本身就证明了"一元客体论"的逻辑缺陷。不过，为了行文方便，本书有时也使用"保护人格/精神利益"或"侵害人格/精神利益"等说法。

　　陈嘉映先生在分析"利益最大化"问题时，富有洞见地指出，人们从"求取"方面着眼时，通常在狭义上使用"利益"一词，把它与名声、兴趣等区分开来；而从"受损"方面着眼时，则往往在广义上使用利益，将兴趣、爱、情义受损都归于"利益受损"（参见：陈嘉映. 何为良好生活 [M]. 上海：上海文艺出版社，2015：35）。这一现象饶有趣味，值得关注。

使"❶。有学者从正面肯认，发表是实现著作权最重要的途径，因为只有将作品发表，作者才能实现他所享有的各种利益。❷ 而现行《著作权法》上的发表权只将作者的精神利益设定为权利目的，对作品的财产利益则有意忽略。由此也形成发表权在理论上的专属性。而对非"文如其人"类作品来说，发表权的行使恰恰着眼于作品财产利益的实现。于此情形，权利的设立目的与权利人行使权利的目的发生极大的偏差，尽管权利的性质应由权利目的来决定，但这种决定与生活中的目的相冲突已是事实。冲突的极端表现，就是现实生活不顾法律规范的目的，强行切断发表权的专属性，从而对发表权的性质构成强烈挑战。如果尊重现实生活的第一性，就不是不遗余力地为发表权的专属性作辩护，而应在法学理论以及法律规范层面坦承发表权的财产性。实际上，在具有益格鲁－撒克逊法律传统的国家，发表权作为"使用专有权"而得到承认。❸ 在这些国家，如果擅自公开作品而果真涉及作者的情感或隐私的，则适用普通人格权的规则来处理。这种做法也许比仅将发表权确认为作者的精神权利的做法更为务实。德国学者乌尔默也认为，发表权属于作者的一种综合权利，它既依赖于精神权利也依赖于经济权利。❹ 现行《著作权法》上发表权的困境与署名权类同：以单一的精神权利性质面对"文如其人类"作品与非"文如其人"类作品而难以两全。

　　修改权为我国《著作权法》所明确规定，在德国、日本等国则

---

❶　郑成思. 知识产权法 [M]. 北京：法律出版社，1997：371 – 372.

这一论断反证了著作权在作品发表之前是没有意义的。所谓的自动保护更像是一种"激情宣示"：只要创作完成就给予保护！

❷　韦之. 著作权法原理 [M]. 北京：北京大学出版社，1998：58.

❸　德利娅·利普希克. 著作权和邻接权 [M]. 联合国教科文组织，译. 北京：中国对外翻译出版公司，2000：120.

❹　DAVIES G. Copyright and the Public Interest（Second Edition）[M]. London：Sweet & Maxwell，2002：198.

以权利的限制等方式表现出来，❶ 在理论上常与保护作品完整权一起，被视为一个问题的两个方面。❷ 尽管有学者以释义学方法❸或者主张修改权应被理解为"禁止他人非法干涉作者修改的自由"而试图确立修改权的独立存在空间，❹ 但修改权已被证明"三面受困"几无立足之地，在著作权法上已无存在的必要。❺ 此次《著作权法》修改过程中，国家版权局起草的三次草案及送审稿均将修改权的内容并入了保护作品完整权。❻与署名权、发表权的境遇类同。面对"文如其人"类作品时，修改权的专属性可得保持，同时还应辅以收回权，以阻止不符合作者信念的思想在社会上继续传播；但面对非"文如其人"类作品时，修改权的专属性就会显得"不合时宜"，收回权就更无适用之余地了。

---

❶ 德国著作权法第39条"作品的修改"第1款规定："若无其他约定，使用权人不得对作品、作品标题或者作者标识进行修改。"第62条"禁止修改"第1款规定："即使按照本节规定可以使用作品，也不得对作品进行修改。第39条同时适用。"

日本著作权法第82条"作品的修改、增删"规定："在出版发行人再次复制时，作者可以在正当的范围内修改或者增删其作品。出版权人希望再次复制作为出版权标的的作品的，每次都必须事先通知作者。"

❷ 张玉敏. 知识产权法学 [M]. 法律出版社，2011：104.

❸ 刘有东. 著作人格权制度研究 [D]. 重庆：西南政法大学，2010：112 - 124.

❹ 李琛. 被误读的"修改权"[J]. 中国专利与商标，2004（3）. 李琛教授后期应该放弃了该观点。

❺ 修改权受到保护作品完整权、改编权、著作权法中"修改"本身的含义（非文字性修改）三方面的限制，存在空间极为狭小，有学者建议删除修改权或重构修改权，或直接以保护作品完整权吸收修改权。参见：王迁. 我国著作权法中修改权的重构 [J]. 法学，2007（11）；李雨峰. 精神权利研究——以署名权和保护作品完整权为主轴 [J]. 现代法学，2003（2）。

❻ 国家版权局《著作权法》修改草案一稿（2012年3月）第11条第2款第（3）项规定："保护作品完整权，即修改作品以及禁止歪曲、篡改作品的权利。"修改草案二稿（2012年7月）第11条第2款第（3）项规定："保护作品完整权，即授权他人修改作品以及禁止歪曲、篡改作品的权利。"修改草案三稿（2012年10月）第13条第2款第（3）项规定："保护作品完整权，即允许他人修改作品以及禁止歪曲、篡改作品的权利。"国务院法制办公室于2014年6月公布的《中华人民共和国著作权法（修订草案送审稿）》未再作修改。

　　保护作品完整权也被视为著作人格权的核心权利之一。应该说，该权利是"作品体现作者人格"理论的直接反映，其预设目的即在于保证作品与作者人格的一致性，排除他人通过歪曲、篡改作品等方式损害作者的人格利益。若无外在标准，该权利实际是赋予了作者对其作品的绝对控制权。即便不持"作者死亡"等后现代主义的极端主张，这种状况也很难让人接受。《伯尔尼公约》即在规定保护作品完整权的同时，对其适用加上了"有损作者声誉"的条件。❶ 不过，无论是否附加条件，侵害保护作品完整权必然都是指向作者。❷ 且从行使方式看，保护作品完整权是一种消极型或说防御型权利，作者若将该权利让与他人，自己的声誉或其他精神利益受到损害时将无从救济，受让人也不能从受让中受益——绝不允许受让人以取得保护作品完整权为由而侵害作者的声誉或其他精神利益。可见，保护作品完整权与其说是保护"作品"的完整，不如说是保护"作者"的声誉或其他精神利益不被侵害。这从本质上讲是民法人格权的范畴，而不应是著作权的范畴——著作权以作品为客体，保护作品完整权的真正客体应该是作者声誉或者体现在作品中的思想或情感。无论是作者的声誉，还是作品的思想或情感，都不是著作权的保护对象，著作权只保护作品的表达。所以说，保护作品完整权是专属于作者的权利，但不应属于著作权，应归于民法人格权。若经分析可以确定，保护作品完整权所保护的利益可完全为已有的民法人格权类型所涵盖，则可以考虑取消保护作品完整权；

---

　　❶ 刘有东先生认为"有损作者声誉"是歪曲、篡改作品的后果，不应该成为侵害保护作品完整权的条件。应将"有歪曲、篡改作品的行为"和"足以造成公众对于该作品的误解"作为侵害保护作品完整权的必备要件（参见：刘有东. 著作人格权制度研究 [D]. 重庆：西南政法大学，2010：127–140）。

　　❷ 李雨峰教授指出，人类文化发展历史中出现过一种观念：除去作品上作者的署名与将动产从所有人手中掠走并无不同，对作品的改动也就如同对动产的侵害一样。故对作者署名和作品完整性的侵害一方面否定了作者的人格——作者在作品中表达了情感，另一方面也否定/侵害了作者对作品的所有 [参见：李雨峰. 精神权利研究——以署名权和保护作品完整权为主轴 [J]. 现代法学，2003（2）]。

当然，也可以保留该权利类型，认其为一独立的民法人格权类型而与名誉权等其他民法人格权划清界限。

对现行《著作权法》规定的署名权、发表权、修改权、保护作品完整权的一一检视，让我们看到，《著作权法》规定的著作人格权其实是一个庞杂的体系。其客体、背后的利益、身处的环境都不是单一的。我们能想象立法者的美好愿景：在"作品体现作者人格"的理论指导下，制定出逻辑严密、调整有力的法律规范。依该理论设想，作品是作者思想或情感的表达，而这些思想或情感正是作者人格的体现。在作品尚未公之于众之前，这些思想或情感还控制在作者的私人范围之内，对他人、对作者都还没有实际的影响。要向公众表达这些思想或情感，就必须通过公之于众来实现。这涉及作者与公众的对话，也涉及作者人格形象的塑造与维护，当然应该由作者来决定。这在法权关系上就体现为"发表权"。作品与作者精神关联是由署名来维系的，通过署名，公众才知道是谁在表达思想或情感，才能建立对作者的认识。如此重要，当然也只能专属于作者了。这就是法律上的"署名权"了。通行行使发表权和署名权，作者终于和公众建立了联系，形成了对话。然而，作者的思想或情感不是一成不变的，当其发生变化之时，原有的思想或情感就不能再代表作者了。为了保证作品始终能体现作者的人格，就应该赋予作者阻止不符合其信念的思想或情感继续在社会上传播，同时应使作者能够通过修改作品来表达其最新的思想或情感，从而维持其在公众中的人格形象。这在法权关系上就又给了作者以收回权和修改权。从反面讲，作品的思想或者情感绝不能允许他人歪曲或篡改，否则就会侵害作者的人格利益。这就又必须赋予作者以保护作品完整权。经由发表权、署名权、收回权、修改权、保护作品完整权的保护，作品就能忠实地体现作者的人格，作者的人格利益也就得到了有力的保护。这些权利当然也就构成了完整的著作人格权体系。若顺此思路下来，会感觉每一种著作人格权都是必要的，所有的著作人格权都是和谐的，由此构成的著作人格权体系对作者人格的保护也是有力的。然而，不得不说，这只是立法者的一厢情愿，是"作品体现作者人格"理论幻化出来的"理想图景"。内在的逻辑缺陷与对现实生活的忽视注定了这一"理想图景"的破灭。

从逻辑上讲，"作品体现作者人格"理论直指作者的人格，这决定了其首要关注的是作品中的思想而不是作品的表达，而著作权法所保护的只是作品的表达，而不包括也不能包括思想。这是思想/表达二分法理论当初为正当化著作权/版权而向公众作出的承诺，如今已是著作权领域的基本理论。❶ 如果说发表权与修改权还可以作品为客体的话，署名权与保护作品完整权的客体则只能是作者的思想或情感等"人格要素"了，若强行与作品勾连，也只能是作品的思想，而这也是著作权法所不保护的。如此，便在著作人格权内部出现了双重客体：作品与"作为自然人的作者"的思想或情感等"人格要素"。若要维持体系逻辑的一致性，至少应将署名权与保护作品完整权从著作人格权体系中移除出去，置于民法人格权体系中。或者，应承认署名权和保护作品完整权的实质是"作者的人格权"。而署名权和保护作品完整权恰恰被认为是著作人格权中的"核心权利"！

从权利目的来讲，著作人格权乃保护作者人格利益，当然具有人格权性质。但这些权利实际所保护的，远不只是人格利益，还有财产利益与公共利益。这是作品的多样化类型与公共品格决定的。前已述及，署名不只是保护作者的精神利益需要，还是保护商业价值的需要、保护公共利益的需要——保护署名有助于作品的管理、检索与诠释，是文化研究与保存的需要。❷ 而保护作品的完整而不被他人任意篡改也有公共利益方面的需要：公众知晓作品的原貌也是文化研究与保存的需要。至于发表权与作品财产利益的关联，更是世所公认，毋须赘言。可以说，著作人格权实际承载了财产利

❶ 关于思想/表达二分的起源及正当化版权的过程，可参见：易健雄. 技术发展与版权扩张 [M]. 北京：法律出版社，2009。

❷ BENTLY L, SHERMAN B. Intellectual Property Law [M]. Boston：Oxford University Press, 2001：236.

益、人格利益、公共利益等多重利益的保护任务。集多重利益于一身而仅被定性为单一性质，并试图以民法人格权为其归宿，这注定了著作人格权的"理论性质"与其"现实本性"的不合。

　　一旦回到现实生活，面对"文如其人"类作品和非"文如其人"类作品的巨大差别，以"作品体现作者人格"理论为指导而制定的著作人格权便显得顾此失彼而捉襟见肘了。对"署名"外层含义的遗弃使署名权不得不以"视为""例外"等手段抛开所谓的"专属性"而让非真正作者在法人作品、委托作品上署名。对视听作品、特殊职务作品则仅给作者保留署名权，发表权、修改权、保护作品完整权则给了非真正作者。如前所述，保护作品完整权实质是保护作者人格利益而专属于作者的民法人格权，让作者保留署名权却失去了保护作品完整权，实际是对作者人格权的强行剥夺！这种伦理道德、民法完全不允许发生的事情却在著作权领域发生了！体察立法者本意，此处应是让单位或制片者不受作者牵绊随意修改作品之意，但因署名权仍在作者手上，单位或制片者对作品的修改仍将系属作者之下，由此决定了修改以不害及作者的声誉等人格利益为限度，否则作者依然可以民法人格权为请求权基础请求法律救济。此处的立法缺陷也反证了署名权与保护作品完整权二者只可同归一人而不可分属不同主体。发表权被设定为著作人格权，但就非"文如其人"类作品来说，其财产价值方面的意义远高于其维护作者人格利益方面的意义。以至于德国学者都不得不承认其为"综合性权利"。修改权则因"三面受困"而少有存在的空间，其面临的困境类同于发表权。收回权却与财产利益无关——无论是目的、功能还是实际行使，其只是阻止不符合作者信念的思想在社会上的传播，故具有很强的专属性，只能由作者专享。

　　一番检视之后，原本看上去和谐一致的著作人格权竟然如此的杂乱无章。当我们终于揭开重重面纱欲睹著作人格权的"芳颜"时，看到的却是一张千疮百孔的面容。大概只有"面目模糊"一词，勉强能够形容著作人格权的"真面目"。

第五章　著作人格权与民法人格权理论的协调

　　看清著作人格权的"真面目"后，我们就可以进一步考虑著作人格权与民法人格权理论的协调问题了。就目前而言，法学理论层面的著作人格权属于民法人格权，但法律规范层面的著作人格权与民法人格权理论的关系就不能一概而论了。无论是发表权、修改权，还是保护作品完整权和署名权，都出现了与作者相分离的现象。若仍想将其归入民法人格权，在理论上是无法自圆其说的。如前所述，现实生活的挑战让各著作人格权的理论基础捉襟见肘。如何在尊重现实生活的基础上，"重整"著作人格权，并在理论上协调好著作人格权与民法人格权、著作权的关系，从而理顺"法学理论—法律规范—现实生活"这一链条，使著作人格权脱离"顾此失彼"的困境，是著作权领域一重要研究任务，也是本书的最终落脚点。

　　要达成上述研究目的，需要考虑很多因素。"作者—作品"关系的基础原理固然要从理论上厘析清楚，诸多的现实因素也不容忽视。首先不容忽视的现实因素是，我国目前已在法律制度层面接受了著作人格权学说且已实施30余年，公众对该制度已经习以为常。简言之，著作人格权制度在中国早已存在，已是一种"公共工具"，除非确有必要，不可轻谈置换。"更换工具是一种浪费，只能留到需要的时候进行。"❶ 当然，若确有必要"更换工具"，则既有制度、新制度的接受成本不应成为阻碍的理由，否则，就会过于保守

---

　　❶ 库恩. 科学革命的结构［M］. 李宝恒，译. 上海：上海科学技术出版社，1980：65.

而无法推进制度的更新。其次应该面对的是，时至今日，在法、德等国的推动下，《伯尔尼公约》等国际条约已规定了署名权与保护作品完整权等"精神权利"，中国作为缔约国必须履行最低国际义务，故修改制度必须考虑要与最低国际义务不相违背。最后需要提及的是，若要修改制度，必须把握现实生活的需要，在充分的理论研究、比较法考察之后确定可能的修改方案，综合比较其合理性与可行性，选择出最合适的方案。其中，对新方案可能引发的新问题也要尽可能估计到，并考虑相关的对策。

一、协调方案：从著作人格权到"作者人格权"的回归

让我们从最基础的原理开始。先看"作者—作品"这一基础关系。凭借创作这一事实行为，作者成其为作者。这一作者身份一经产生，就成为客观事实，不因任何情势而发生改变。就像母子血缘关系一样，即使经收养等法律行为改变了法律上的亲子关系，其血缘关系也无法磨灭。作者在作品上署名，即是对这一事实的符号化确认。如前所述，"署名"包含两层意思：一是表示自己通过作品表达了自己的思想或情感，这是作品与作者之间的精神联系，是署名的内层含义；二是表示作品这一"身外之物"是自己的，这是作者对作品的所有权关系，是署名的外层含义。作品通过发表，从作者的私人领域进入公众视野，在丧失私密性的同时，获得了公开表达思想、实现作品财产价值的机会。这一基本关系如图 5-1 所示：

我国现行《著作权法》上的著作人格权以"作品体现作者人格"理论为指导，对作品与作者之间的精神联系给予了高度重视，专设署名权、发表权、修改权、保护作品完整权来保护这种精神联系。其体系结构如图 5-2 所示：

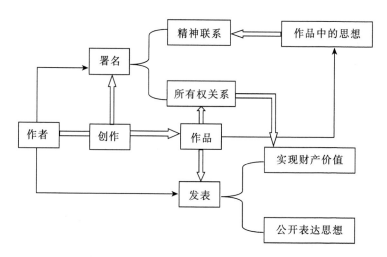

图 5 - 1　"作者—作品"关系的基本结构

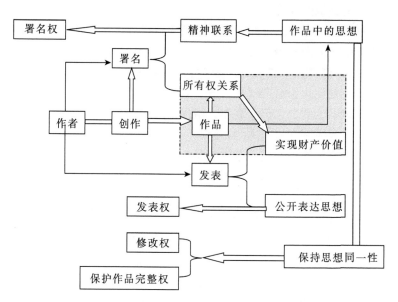

图 5 - 2　现行《著作权法》上的著作人格权体系

不难看出，我国《著作权法》上的著作人格权在关注作者体现在作品中的精神利益的同时，忽略了署名、发表行为所含有的财产权方面的意义。实际上，对著作权上的作品都忽略了。因为，根据思想/表达二分法原理，著作权所保护的，不是作品而是作品的表达。著作权并不关心作品的思想，对其也不作评判，那是美学、理论界、市场、读者的事情。著作权只关心一个基本事实：谁是作者？既如此，作品是否体现作者人格跟著作权又有什么关系？作品是否体现人格应是民法人格权关心的问题。若体现了，则民法人格权对作为作者的自然人提供保护；若没有体现，民法也不会关心作者。事实上，的确是有些作品体现了作者人格，有些则没有体现作者人格。由此也可见，以"作品体现作者人格"为理论基础的著作人格权应属民法人格权的范畴，与著作权毫无关系。因此，有两个方案可供选择：其一，将著作人格权从著作权体系中剥离出去。为避免混淆，最好改称"作者人格权"。至于作者人格权在民法人格权中有无独立存在的空间与必要，则要就作者人格权的具体内容与民法人格权的现有体系另行考量。这样，著作权就被纯化为财产权了，"著作财产权"的称呼也就没必要存在了。如此一来，整个知识产权都被纯化为财产权了，故可名正言顺地与物权、债权并列于财产权之下。其二，仍让著作人格权留在著作权内，但应申明，著作人格权在本质上是民法人格权，除主体外，与著作财产权的客体、性质、内容均不同。著作权实质上容纳了两种类型完全不同的权利，唯一的交点是这两种权利属于同一个主体——作者。这样，著作权也就成了两种权利的统称，但不是一种单独的权利类型。这一方案实际上抽空了著作权的实质内容，只剩下"著作权"这一名称。比较而言，方案一优于方案二。循此思路，我们解决了著作权上"客体双重"的矛盾：著作人格权的客体是作者人格——作品中的思想，著作财产权客体是著作权法上的作品——作品的表达。但是，实践中还存在作品"类型双重"的问题："文如其人"类作品与非"文如其人"类作品。❶ 前述类型化的作者人格权实质上只对"文如其人"类作品的作者适用，非"文如其人"类作品的作者根本不需要甚至反感所谓的作者人格权，因为这类权利可能会影响到作者所追求的作品经济利益的实现。若如此，则成了法律强加一种不必要的权利给主体。务实的做法是，只赋予"文如其人"类作品以作者人格权。这一做法源于作者在不同的作品中具有不同的功能这一事实。借用福柯的话语，不同的"话语特征当中，作者可以承担不同形式的关系（或非关系）"❷。这又旁生出一个问题：如何界分"文如其人"类作品与非"文如其人"类作品？可考虑在立法层面作例示式列举，具体由司法层面依立法精神个案裁量。❸ 总体精神是，只要判定作者人格对于该作品的功能很重要，就认定其为"文如其人"类作品而得享作者人格权。剩下的非"文如其人"类

---

❶ 目前已有学者建议在著作权立法中区分不同的作品，如根据作者与作品的不同关系，可分为商业作品、视觉艺术作品、学术作品和纯文艺作品［参见：王烈琦，唐艳. 论作者假定［J］. 法商研究，2012（6）］。

❷ 米歇尔·福柯. 什么是作者？［EB/OL］.［2020-04-19］. http://wenku. baidu. com/view/4c9a4cc46137ee06eff91892. html. 另一译本参见：米歇尔·福柯. 作者是什么？［M］//王潮. 后现代主义的突破：外国后现代主义理论. 兰州：敦煌文艺出版社，1996：270-292。

❸ 法律文本只能作此原则性区分，具体如何区分则是法解释学的任务。这一处理方式实属正常，不能指望法条"包办一切"并以此指责未达此期望的法条"操作性不强"。

刘孔中先生建言修改著作人格权制度时感叹："著作人格权也好，乃至整个著作权法上始终有些奇奇怪怪的问题'阴魂不散'地纠缠著作权主管机关，困扰一般人的日常生活。究其原因，无非司法怠惰。由于法院判决不能对社会出现的争执提出论理翔实而且有开创性的法律见解，致使法治国的国民只能对著作权法作'望文生义'或'望梅止渴'式的解释与适用。如此一来，法律条文势必'不够用、不周延'。（法律条文原本不就是原则性的方针规定吗？）因而各界会不断要求以修法加以补救，一方面破坏法律的安定，并且更进一步使得法院在适用法律时更为犹豫（新旧法制如何衔接？）一部频频修改、内容超载却又永远无法防止漏洞的著作权法，难道会是知识产权法制无解的宿命吗？"参见：刘孔中. 著作人格权之研究［EB/OL］.［2020-04-19］. http://www. docin. com/p-11527137. html。

作品则只享有纯粹财产权性质的著作权，包括署名、发表❶都可以转让。唯应注意，基于创作而生的作者身份因是不可否认的事实，故是始终都在也不可能转让给别人的。这也是纯粹财产权性质的著作权的逻辑起点。如非"文如其人"类作品在极端情况下也发生了侵害真正作者的人格利益，真正作者可依一般的民法人格权请求救济。这种情况其实与一般的人格权救济没有不同。这样，我们又解决了作品"类型双重"的问题。权利背后"利益双重"的问题也就一并解决了。❷ 就此，我们得到了改造现行著作人格权体系的方案：在确认作者因创作作品而取得作者身份的基础上，将作者人格权剥离出著作权，纳入民法人格权，并只赋予"文如其人"类作品的作者。从比较法的角度看，这一方案以顺应现实生活的实际需要为目标，立足于中国现行著作人格权体系，综合吸收了英、美等版体系国家以及日本的法律经验，能从根本上克服现有著作人格权体系在理论上、逻辑上的缺陷；结合民法关于人格权的规定，也能满足《伯尔尼公约》第6条之二的义务要求，应该具有很强的适应性与解释力。这一方案不妨称为"作者人格权"方案，如图5-3所示。

二、落实路径：关于"作者人格权"的立法建议

"作者人格权"的协调方案如何落实到法条层面，则有多种可能的路径以供选择。

路径一："纯粹财产权性质"的著作权＋"纯粹财产法性质"的著作权法。取消现行《著作权法》第10条关于修改权和保护作品完整权的规定，将署名权、发表权纯化为表示作品原始归属、表

---

❶ 此时的署名、发表都侧重的是其财产价值方面的含义，不同于署名权、发表权侧重的含义。

❷ 此处的"利益双重"问题指现行《著作权法》在类型化署名权、发表权后，出现的难以兼顾作者的精神利益与财产利益的情形。至于公共利益属于"第三重"利益，可作为意思自治的边界，交给民法原则去处理。

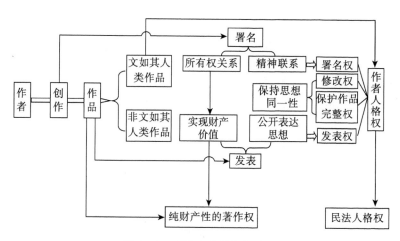

图 5-3　"作者人格权"方案

达作品利用之意愿的财产权，将"文如其人"类作品之作者的人格保护交由民法人格权处理。"著作权"纯化为财产权后，即可将"著作财产权"的措辞调整为"著作权"。对第 11 条关于法人作品的规定，可取消"法人或其他组织视为作者"的表述，修改为"由法人或非法人组织在作品上署名❶，享有著作权"。第 15 条视听作品、第 16 条特殊职务作品均出现了署名权与保护作品完整权分属不同主体的情形，应予纠正。可将作者表明作者身份内含的人格利益以及该人格利益的保护问题统一交给民法人格权处理；在著作权法上则只规定制片者、单位享有著作权。对第 15 条"但编剧、导演、摄影、作词、作曲等作者享有署名权"的规定，可修改为"但编剧、导演、摄影、作词、作曲等作者有权表明其作者身份"。第 16 条可作类似处理。第 17 条关于委托作品的规定，因著作权已被纯化为财产权，故无须再作原则性修改。对于"权利的保护期限"，则应删掉其中关于著作人格权的保护期限的规定，作者人格

---

❶　这一语境下的"署名"已无指示作者人格的内层含义，仅具表明作品原始归属的外层含义。

权的保护期限由民法人格权来调整——与作者同存亡；作者死亡后，可基于公共利益制止他人假冒或"反向假冒"署名，也不允许他人歪曲、篡改作品。对发表权的保护期也无须单独规定，可直接并入整个著作权保护期的规定之中。最后，在"权利的保护"部分增加一援引性规定："擅自发表体现作者人格的作品，或者歪曲、篡改该作品，或者不尊重该作品的作者身份，侵害作者人格的，适用《侵权责任法》/《民法典》关于人格权保护的规定。"这一路径使著作权法成为纯粹的财产法性质，有关的作者人格权则交由《侵权责任法》或今后的《民法典》去规范了。

这一路径对现行《著作权法》著作人格权部分的改造最彻底，也最能体现"作者人格权方案"的风貌，但将发表权、署名权纯化为财产权后，对这些术语的使用恐将产生高昂的"工具更换成本"。更换成本的高昂影响了这一路径的可行性。

路径二："纯粹财产权性质"的著作权 + "混合性质"的著作权法。基本做法同"路径一"，但在《著作权法》中增加"关于体现作者人格的作品的特别规定"。在此"特别规定"中，将作者人格权及其保护一并加以规定。这一路径的优势是便于法条的理解、执行，但有可能造成《著作权法》与《侵权责任法》或今后《民法典》的重复规定，也同有"路径一"的不足。

路径三："双重含义"的著作权 + "纯粹财产法性质"的著作权法。取消现行《著作权法》第10条关于修改权和保护作品完整权的规定，仍保留发表权、署名权的表述，但对发表权、署名权的现有内涵进行改造，即将前述发表、署名内含的财产利益观念补充进来并作为主要含义，同时保留与发表、署名内含的作者人格之间的关联。如此可实现署名权、发表权对现实生活中"体现作者人格"与"非体现作者人格"两类作品的涵盖力。具体设计如下：（1）在《著作权法》的总则部分，规定"因创作作品而有权表明创作者身份的自然人为作者"，以此表明作者与作品之间的自然联系，该自然联系为作者人格与著作权的根基；规定"与作者个性存在紧密联系的作品为体现作者人格的作品，任何人不得以歪曲、篡改作品等方式，侵害该作者的人格"，以区分"体现作者人格"与"非体现作者人格"两类作品，并将"保护作品完整权"的内容从著作权中剥离出来划至民法人格权，从而解决其在特定情形中与作者身份分离的现实境况；规定"著作权自作品创作完成之时产生，无须履行任何手续"，以确立著作权的取得方式。（2）在"著作权的内容"部分，完成对现有"署名权"和"发表权"的改造，将署名权规定为"在作品上署名，表明作品原始归属的权利"，并强调体现作者人格的作品的署名权专属于作者，以与"署名"的内层含义相关联，也让公众易于接受和理解；发表权的现有表达则可以保留，因其本就可以表达"发表"公开表达思想、利用作品意愿的双重含义，但要附加"发表权的行使取决于署名权人"的规定，将作品的公开问题置于署名权人的控制之下，以此协调发表内含的作者人格利益之保护与作品财产化利用的关系。（3）在"著作权的归属"部分，首先确立作者因创作取得作品著作权的基本地位，再解决法人或非法人组织、视听作品的制片者、职务作品的单位可以享有完整的著作权的问题。署名权、发表权经过财产化的改造后，即可名正言顺地由非作者主体享有，而无须再采取"视为作者"的拟制技术来迎合现实生活的需要，但要协调好非作者主体的著作权人与作者之间的关系。在现行市场经济背景下，可以考虑优先发挥当事人"意思自治"的利益分配功能，再辅以法律补充规定的调节。最后在保留受委托创作作品的现有规定的前提下，以"作者人格权"的内涵改造现有规定的含义。（4）在"权利的保护期"部分，仍然保留"署名权的保护期不受限制"的规定，但理由则由"对人格权的保护不应设期限"更换为"对公共利益的维护不应设期限"；修改权与保护作品完整权因已从著作权体系中剔除而无须再予规定；为解决现有"自然人的作品"与"非自然人的作品"的划分对受委托创作作品的保护期规定不周延的问题，代之以"作者享有署名权的作品"与"非作者享有署名权的作品"的划分。

（5）在"权利的保护"部分，规定"擅自发表体现作者人格的作品，或者不尊重该作品的作者身份，或者歪曲、篡改该作品，从而侵害作者人格的，适用《侵权责任法》/《民法典》关于人格权保护的规定"，以实现对作者人格权的民法保护。

这一路径比前一路径更显复杂，但也更加务实、灵活，在表面上体现出来的变化比较小，与目前的法律规定具有更好的承接性，容易为社会公众所接受，从而在原则性与灵活性之间保持了一定的平衡，应该具有一定的可行性。

综上，以"路径三"作为"作者人格权"方案的落实路径较为可取。当前，我国《著作权法》的修订工作正在进行，本书拟结合此次修法工作，以"路径三"为基准，就著作人格权的修改问题提出立法建议，以为立法者完善著作人格权法律制度提供智识参考，也代作本书的结论。

三、关于《著作权法》中著作人格权的修法建议❶

关于《著作权法》中著作人格权的修法建议

第一章 总 则

第 W 条　因创作作品而有权表明创作者身份的自然人为作者。

【释义】本条意在表明作者与作品之间的自然联系。任何作品的作者都有以适当方式表明其作者身份的权利。作者基于其对作品的作者身份，可能对其作品享有人格利益，也可能享有财产利益。该规定不仅涉及著作权，还涉及归属于民法人格权的作者人格权，

---

❶　为了与目前相关修改草案文本相衔接，以提高建议的可行性，本建议以国务院法制办公室 2014 年 6 月公布的《著作权法》修订草案送审稿为依托，尝试进一步完善该送审稿对著作人格权的相关规定。对国务院法制办公室 2017 年 12 月以"征求意见函"的形式向著作权专家提出的《著作权法》修改稿，则因其几无参考价值而略过。

实属作者人格权与著作权的根基，故放在"总则"比放在"著作权的归属"部分更合适。

第 W+1 条 与作者个性存在紧密联系的作品为体现作者人格的作品，任何人不得以歪曲、篡改作品等方式，侵害该作者的人格。

【释义】本条通过定义的方式将作品区分为"体现作者人格"与"非体现作者人格"两类，并将原"保护作品完整权"的内容从著作权中剥离出来，划归至民法上的作者人格权。这一区分对于整体著作权制度具有根本性的意义，故需要在"总则"中规定。本条规定以"个性"表述对接"作者人格"，强调的是作者人格的个体差异，落脚点是个人的具体人格而非法律主体资格层面的抽象人格，以与"独创性"理论保持协调。

第 W+2 条 著作权自作品创作完成之时产生，无须履行任何手续。

【释义】本条确立著作权的取得方式。此时的著作权已为纯粹的财产权，故不一定非由作者原始取得著作权，其他自然人、法人或非法人组织符合特定情形时，也可原始取得著作权。

第二章 著作权

第一节 著作权的内容

第 X 条 著作权包括：

（一）署名权，即在作品上署名，表明作品原始归属的权利。体现作者人格的作品的署名权专属于作者，当事人不得作出相反约定。

（二）发表权，即决定作品是否公之于众的权利。发表权的行使取决于署名权人。

（此处删除修改权和保护作品完整权，后列其他著作权）

【释义】本条第（一）项将原署名权中"表明作者身份"的含义替换为"表明作品原始归属"，从而更侧重于"署名"的外层含义，如此可更顺畅地满足法人作品、委托作品等作品中"非作者主体"署名并享有完整著作权的现实需要——只限于原始归属，后续的继受主体无权署名；于此情形，作者在必要时可通过前文"第W条"表明其创作者身份。另为了顾及现有观念中"署名"与作者身份的内在联系，特别规定"体现作者人格的作品的署名权专属于作者"，并不允许当事人以约定排除该规定的适用，以免因"署名"的外层含义而影响"署名"内层含义的正确表达。如此区分能较好地协调"署名"的双重含义在现实生活中的关系。

本条第（二）项沿用了发表权的现有定义，因该定义本就可以表达发表内含的"公开表达思想"和"利用作品意愿"的双重含义，无须另作改造。通过将发表权的行使置于署名权人的控制之下，能实现发表体现作者人格的作品时，对作者人格利益的保护。如此区分能较好地协调"发表"的双重含义在现实生活中的关系。对于"作者身份不明的作品"的发表问题，则可考虑另行规定由该作品原件持有人决定，以利于该作品的传播与使用。

本条第（一）项关于署名的专属性规定、第（二）项关于发表权的行使取决于署名权人的规定涉及作者人格权与著作权的关系处理，具有普遍性意义。为突出该规定与著作权本身的密切联系，特规定于此处。

另需考虑，作者表明身份的权利与署名权同时存在的情况下，在表达方式上如何区分二者？因为规定了"体现作者人格的作品的署名权专属于作者"，故对"体现作者人格的作品"而言，可依目前习惯判断，不会产生问题，也可理解为在作品上署名的自然人既是作者也是著作权人，两重意思合于一处。但对于"非作者主体"享有署名权的情形，则需考虑二者的表达区分问题。本建议倾向于在作品上"署名"首先表达的是"原始著作权人"之意，即该作品原始归属于谁，至于作者表明身份的方式则比较灵活——作者当然可以在作品上标示自己的姓名，也可在其他情境中表明其作者身份。只是作者在作品上表明作者身份时，为与著作权人的"署名"

相区别，建议加注"作者"二字。实施之初或有混乱，应属难免；假以时日，当有惯例自成。

第二节　著作权的归属

第 X+1 条　作者因创作作品得享著作权，本法另有规定的除外。

并非作者的自然人、法人或者非法人组织，依照本法特别规定，可以享有著作权。

【释义】本条第一款确认作者在原始取得著作权方面的基础地位，并指出其取得依据为"创作作品"的事实行为。另附加"本法另有规定的除外"，一为排除作者的原始著作权主体地位提供法律依据，二为非作者主体原始取得著作权提供接口。

本条第二款接续第一款的"接口"，规定非作者主体在特定情况下可以凭借本法的特别规定而原始取得著作权。第二款规定相对于第一款为"例外规定"，相对于后续其他各个具体的"特别规定"则为"总括性规定"。

第 X+2 条　由法人或者非法人组织主持或者投资，代表法人或者非法人组织意志创作，以法人、非法人组织或者其代表人名义发表，并由法人或者非法人组织承担责任的作品，法人或者非法人组织享有该作品的著作权。

【释义】本条直接规定法人或非法人组织"享有"著作权，无须再以"视为作者"的迂回方式，让法人或非法人组织享有包括署名权在内的完整著作权。因为通过对"署名权"的财产化改造，由法人或非法人组织不借助"作者"身份而直接享有署名权已不存在人格理论上的障碍。同时，依据前文"第 W 条"的规定，法人作品的作者在必要时仍可以表明自己的作者身份。这样的处理方式，更适应现实生活的需要，也更能尊重作者，较之于现有的"视为作者"模式，应具有较大的优势性。

第 X+3 条　制片者使用小说、音乐和戏剧等已有作品制作视听作品，应当取得著作权人的许可。如无相反约定，使用该视听作品应当取得该视听作品的著作权人和前述已有作品著作权人的许可。

视听作品的作者包括导演、编剧、摄影以及专门为视听作品创作的音乐作品的作者等自然人。

视听作品的著作权和利益分享由制片者和作者约定。没有约定或者约定不明的，著作权由制片者享有，但作者仍有权表明其作者身份并分享收益。

视听作品中可以单独使用的剧本、音乐等作品的作者可以单独行使其著作权，但不得妨碍视听作品的正常使用。

【释义】本条首先区分"已有作品"的著作权人与因制作视听作品而"新"出现的作者，并将后者列为视听作品的作者；其次由视听作品的作者与制片者约定视听作品的著作权归属；再次则补充规定制片者享有视听作品的著作权，但仍保留作者表明作者身份的权利；最后则规定可单独使用的作品与视听作品使用的关系。因为通过对署名权的财产化改造，制片者已可对视听作品无障碍地享有完整的著作权，又因为已取消了著作权框架内的保护作品完整权，制片者不能以其享有保护作品完整权的名义而以歪曲、篡改作品的方式侵害作者的人格利益。如此则能在制片者正常利用视听作品与保护作者的人格利益之间保持较好的平衡。

第 X+4 条　职工为完成单位工作任务所创作的作品为职务作品，其著作权归属由当事人约定。

没有约定或者约定不明的，著作权由职工享有；但工程设计图、产品设计图、地图、计算机程序等功能性作品，以及报刊社、通讯社、广播电台和电视台等新闻媒体的职工专门为完成报道任务创作的作品的著作权由单位享有，作者仍有权表明其作者身份。

依本条第二款规定，职务作品的著作权由职工享有的，单位有权在业务范围内免费使用该职务作品，并自作品完成两年内有权排除第三人以相同方式使用该作品。

依本条第二款规定，职务作品由单位享有的，单位应当根据创作作品的数量和质量对职工予以相应奖励；职工可以通过汇编方式出版其创作的作品，但应标明该作品为职务作品。

【释义】本条规定职务作品的著作权归属以约定优先，这符合市场经济中意思自治的基本原则；没有约定或约定不明则由职工享有著作权，特殊职务作品则由单位享有著作权，再各辅以相应限制性规定以平衡双方的权利义务关系。因为区分了作者表明身份的权利与署名权，单位可以在符合规定的情况下享有完整的著作权，又因为已取消了著作权框架内的保护作品完整权，单位不能以其享有保护作品完整权的名义而以歪曲、篡改作品的方式侵害职工体现在职务作品中的人格利益。如此则能在单位正常利用职务作品与保护职工的人格利益之间保持较好的平衡。

第 X+5 条　受委托创作的作品，其著作权归属由当事人约定。

当事人没有约定或者约定不明的，委托作品的著作权由受托人享有，但委托人在约定的使用范围内可以免费使用该作品；当事人没有约定使用范围的，委托人可以在委托创作的特定目的范围内免费使用该作品。

【释义】本条规定直接源于现行著作权法与相关司法解释的规定，措辞方面并无实质改动，但因已区分作者表明身份的权利与署名权，又保留了二者在体现作者人格的作品中的联系，故很好地解决了"著作人格权"能否约定归属委托人的问题：对于体现了作者人格的作品，署名权只能归于作者，发表权的行使也取决于作者的意愿；反之则可自由约定，但即使委托人能依约定享有完整的著作权，仍需尊重作者表明身份的权利，并不得以歪曲、篡改作品的方式侵害作者的人格——如果作品中仍有作者人格利益的话。

第三节　权利的保护期

第 Y 条　署名权的保护期不受限制。

【释义】本条仅规定署名权的保护期不受限制。作此规定不是因为署名权是人格权，而是出于对公共利益的维护——作品的管理、检索与诠释以及文化研究与保存的需要等。原署名权中关于作者人格利益的内层含义以及保护作品完整权中不得以歪曲、篡改作品的方式侵害作者人格的内容均交由民法人格权处理，无须再在著作权法中规定。

第 Y + 1 条 作者享有署名权的作品，除署名权以外的著作权的保护期为作者终身及其死亡后五十年，合作作品的保护期计算以最后死亡的作者为准。

非作者享有署名权的作品，其发表权的保护期为自作品创作完成后五十年；除署名权、发表权以外的其他著作权的保护期为首次发表后五十年，但作品自创作完成后五十年内未发表的，本法不再保护。

本条所称的保护期，自作者死亡、作品创作完成或者首次发表后次年 1 月 1 日起算。

【释义】本条规定除署名权以外的其他著作权的保护期，以"作者享有署名权的作品"取代了现行法／送审稿中"公民／自然人的作品"的表述。后一表述不能周延规范"受委托创作的作品"的保护期问题：若受托人是自然人，委托人是法人且享有著作权，则该作品是"公民／自然人的作品"还是"非公民／自然人的作品"？依文义解释，该作品应属"非公民／自然人的作品"，但在实践中计算该作品的保护期时都是采用"公民／自然人的作品"的标准，即以作为作者的受托人终身及其死后五十年为准。"作者享有署名权的作品"的表述则可避免此尴尬现象的发生。

第七章 权利的保护

第 Z 条 擅自发表体现作者人格的作品，或者不尊重该作品的作者身份，或者歪曲、篡改该作品，从而侵害作者人格的，适用《侵权责任法》／《民法典》关于人格权保护的规定。

【释义】本条以援引《侵权责任法》／《民法典》关于人格权保护规定的方式，向作者人格权提供保护。作者人格权主要与"体现作者人格"的作品相关联，但在极端情况下，"非体现作者人格"的作品的作者的人格利益也有可能受侵害，于此情形，作者仍可寻求民法人格权的保护。

参考文献

一、著作类

1. 柏拉图．柏拉图文艺对话集 ［M］．朱光潜，译．北京：人民文学出版社，1963.

2. 柏拉图．柏拉图全集（第 2 卷）［M］．王晓朝，译．北京：人民出版社，2002.

3. 柏拉图．柏拉图全集 ［M］．王晓朝，译．北京：人民出版社，2006.

4. 柏拉图．理想国 ［M］．郭斌和，张竹明，译．北京：商务印书馆，1986.

5. 柏拉图．柏拉图对话集 ［M］．王太庆，译．北京：商务印书馆，2004.

6. 柏拉图．斐多 ［M］．杨绛，译．大连：辽宁人民出版社，2000.

7. 亚里士多德．诗学 ［M］．陈中梅，译注．北京：商务印书馆，1996.

8. 亚里士多德．政治学 ［M］．吴寿彭，译．北京：商务印书馆，1965.

9. 亚里士多德．形而上学 ［M］．吴寿彭，译．北京：商务印书馆，1959.

10. 苗力田．亚里士多德全集（第 9 卷）［M］．北京：中国人民大学出版社，1994.

11. E. 策勒尔．古希腊哲学史纲 ［M］．翁绍军，译．济南：山东人民出版社，1992.

12. 杨适．古希腊哲学探本 ［M］．北京：商务印书馆，2003.

13. 章安祺．缪灵珠美学译文集（第 1 卷）［M］．北京：中国人民大学出版社，1998.

14. 陈嘉映．何为良好生活 ［M］．上海：上海文艺出版社，2015.

15. 车尔尼雪夫斯基．美学论文选 ［M］．缪灵珠，译．北京：人民文学出版社，1957.

16. 爱比克泰特．哲学谈话录 ［M］．吴欲波，等译．北京：中国社会科学出版社，2004.

17. 库恩．科学革命的结构 ［M］．李宝恒，译．上海：上海科学技术出版社，1980.

18. 文德尔班．哲学史教程——特别关于哲学问题和哲学概念的形成和发展 [M]．罗达仁，译．北京：商务印书馆，1987.

19. 雅各布·布克哈特．意大利文艺复兴时期的文化 [M]．何新，译．北京：商务印书馆，1979.

20. 斯宾诺莎．笛卡尔哲学原理 [M]．王荫庭，等译．北京：商务印书馆，1980.

21. 西耶斯．论特权　第三等级是什么？[M]．冯棠，译；张芝联，校．北京：商务印书馆，1990.

22. 哈罗德·J. 伯尔曼．法律与革命——西方法律传统的形成 [M]．贺卫方，高鸿钧，张志铭，等译．北京：中国大百科全书出版社，1993.

23. 奥斯瓦尔德·斯宾格勒．西方的没落（第2卷）[M]．吴琼，译．上海：上海三联书店，2006.

24. 古郎士．希腊罗马古代社会研究 [M]．李玄伯，译．北京：中国政法大学出版社，2005.

25. 梯利．西方哲学史（增补修订版）[M]．葛力，译．北京：商务印书馆，1995.

26. 路德维希·维特根斯坦．文化与价值——维特根斯坦随笔 [M]．许志强，译．杭州：浙江文艺出版社，2002.

27. 鲍桑葵．美学史 [M]．张今，译．北京：商务印书馆，1985.

28. 伊恩·P. 瓦特．小说的兴起 [M]．高原，等译．北京：生活·读书·新知三联书店，1992.

29. 卡特琳娜·萨雷斯．古罗马人的阅读 [M]．张平，韩梅，译．桂林：广西师范大学出版社，2005.

30. 威尔·杜兰，艾丽尔·杜兰．路易十四时代——名人与时代 [M]．北京：东方出版社，1998.

31. 弗雷德里克·巴比耶．书籍的历史 [M]．刘阳，等译．桂林：广西师范大学出版社，2005.

32. 加比托娃．德国浪漫哲学 [M]．王念宁，译．北京：中央编译出版社，2007.

33. 利里安·弗斯特．浪漫主义 [M]．李今，译．北京：昆仑出版社，1989.

34. 罗兰·斯特龙伯格．西方现代思想史 [M]．刘北成，等译．北京：中央编译出版社，2005.

35. 罗兰·巴特. 罗兰·巴特随笔选［M］. 怀宇，译. 北京：百花文艺出版社，2005.

36. E. 博登海默. 法理学——法律哲学与法律方法［M］. 邓正来，译. 北京：中国政法大学出版社，1999.

37. 卡西尔. 卢梭·康德·歌德［M］. 刘东，译. 北京：生活·读书·新知三联书店，2002.

38. 康德. 实践理性批判［M］. 邓晓芒，译. 北京：人民出版社，2003.

39. 康德. 判断力批判（上卷 审美判断力的批判）［M］. 宗白华，译. 北京：商务印书馆，1964.

40. 康德. 法的形而上学原理——权利的科学［M］. 沈叔平，译；林荣远，校. 北京：商务印书馆，1991.

41. 杨祖陶，邓晓芒. 康德载《纯粹理性批判》指要［M］. 北京：人民出版社，2001.

42. 黑格尔. 法哲学原理［M］. 范扬，张企泰，译. 北京：商务印书馆，1961.

43. 京特·雅科布斯. 规范·人格体·社会［M］. 冯军，译. 北京：法律出版社，2001.

44. 特奥多尔·蒙森. 罗马史（第1卷）［M］. 李稼年，译；李澎泖，校. 北京：商务印书馆，1994.

45. 朱塞佩·格罗索. 罗马法［M］. 黄风，译. 北京：中国政法大学出版社，1994.

46. 优士丁尼. 法学阶梯［M］. 徐国栋，译. 北京：中国政法大学出版社，1999.

47. 梅因. 古代法［M］. 沈景一，译. 北京：商务印书馆，1959.

48. 艾伦·沃森. 民法法系的演变及形成［M］. 李静冰，姚新华，译. 北京：中国政法大学出版社，1992.

49. 洛克. 政府论（下篇）［M］. 叶启芳，等译. 北京：商务印书馆，1964.

50. 彼德罗·彭梵得. 罗马法教科书［M］. 黄风，译. 北京：中国政法大学出版社，1992.

51. 张永和. 权利的由来［M］. 北京：中国检察出版社，2001.

52. 张文显. 二十世纪西方法哲学思潮研究［M］. 北京：法律出版社，1996.

53. 周枏. 罗马法原论（上册）［M］. 北京：商务印书馆，2002.

54. 张致祥．西方引语宝典［M］．北京：商务印书馆，2001.

55. 彭小瑜．教会法研究［M］．北京：商务印书馆，2003.

56. 汉斯－格奥尔格·伽达默尔．真理与方法：哲学诠释学的基本特征［M］．洪汉鼎，译．上海：上海译文出版社，2004.

57. 朱学勤．道德理想国的覆灭——从卢梭到罗伯斯庇尔［M］．上海：上海三联书店，1994.

58. 梁漱溟．东西文化及其哲学［M］．北京：商务印书馆，2006.

59. 邓晓芒．文学与文化三论［M］．武汉：湖北人民出版社，2005.

60. 易中天．美学讲稿［M］．上海：上海文艺出版社，2019.

61. 雅克·盖斯旦，吉勒·古博，等．法国民法总论［M］．陈鹏，等译．北京：法律出版社，2004.

62. 卡尔·拉伦茨．德国民法通论（上）［M］．王晓晔，邵建东，等译．北京：法律出版社，2003.

63. 弗朗茨·维亚克尔．近代私法史：以德意志的发展为观察重点［M］．陈爱娥，黄建辉，译．上海：上海三联书店，2006.

64. 罗尔夫·克尼佩尔．法律与历史——论《德国民法典》的形成与变迁［M］．朱岩，译．北京：法律出版社，2003.

65. 梅迪库斯．德国民法总论［M］．邵建东，译．北京：法律出版社，2000.

66. 迪特尔·施瓦布．民法导论［M］．郑冲，译．北京：法律出版社，2006.

67. 罗伯特·霍恩，海因·科茨，汉斯·G. 来塞．德国民商法导论［M］．托尼·韦尔英，楚建，译；谢怀栻，校．北京．中国大百科全书出版社，1996.

68. 俞江．近代中国民法学中的私权理论［M］．北京：北京大学出版社，2003.

69. 史尚宽．民法总论［M］．北京：中国政法大学出版社，2000.

70. 胡长清．中国民法总论［M］．北京：中国政法大学出版社，1997.

71. 佟柔．民法原理［M］．北京：法律出版社，1983.

72. 张俊浩．民法学原理［M］．北京：中国政法大学出版社，2000.

73. 梁慧星．民法总论［M］．北京：法律出版社，1996.

74. 星野英一．私法中的人［M］．王闯，译．北京：中国法制出版社，2004.

75. 曾世雄．民法总则之现状与未来［M］．北京：中国政法大学出版社，2001.

76. 马俊驹，余延满．民法原论［M］．北京：法律出版社，2005.

77. 刘心稳．中国民法学研究述评［M］．北京：中国政法大学出版社，1996.

78. Carlos Alberto da Mota Pinto. 民法总论 [M]. 林炳辉, 等译. 澳门：澳门法律翻译办公室, 澳门大学法学院, 1999.

79. 李锡鹤. 民法哲学论稿 [M]. 上海：复旦大学出版社, 2000.

80. 王利明. 人格权法新论 [M]. 长春：吉林人民出版社, 1994.

81. 马俊驹. 人格和人格权讲稿 [M]. 北京：法律出版社, 2009.

82. 周清林. 主体的缺失与重构：权利能力研究 [M]. 北京：法律出版社, 2009.

83. 王利明. 人格权法研究 [M]. 北京：中国人民大学出版社, 2005.

84. 马特, 袁雪石. 人格权法教程 [M]. 北京：中国人民大学出版社, 2007.

85. 张翔. 自然人的法律构造 [M]. 北京：法律出版社, 2008.

86. 刘春茂. 法律学全书·民法学 [M]. 北京：中国人民公安大学出版社, 1992.

87. 徐显明. 公民权利义务通论 [M]. 北京：群众出版社, 1991.

88. 王利明. 中国民法典学者建议稿及立法理由（总则编）[M]. 北京：法律出版社, 2005.

89. 龙显铭. 私法上人格权之保护 [M]. 北京：中华书局, 1937.

90. 郑永宽. 人格权的价值与体系研究 [M]. 北京：知识产权出版社, 2008.

91. 王泽鉴. 人格权法：法释义学、比较法、案例研究 [M]. 北京：北京大学出版社, 2013.

92. 张红. 人格权总论 [M]. 北京：北京大学出版社, 2012.

93. 王利明, 杨立新. 人格权与新闻侵权 [M]. 北京：中国方正出版社, 1995.

94. 王利明. 人格权立法的中国思考 [M]. 北京：中国人民大学出版社, 2020.

95. 孟玉. 人身权的民法保护 [M]. 北京：北京出版社, 1989.

96. 苏珊·K. 塞尔. 私权、公法：知识产权的全球化 [M]. 董刚, 译. 北京：中国人民大学出版社, 2008.

97. 彼得·达沃豪斯, 约翰·布雷斯韦特. 信息封建主义 [M]. 刘雪涛, 译. 北京：知识产权出版社, 2005.

98. 罗纳德·V. 贝蒂格. 版权文化：知识产权的政治经济学 [M]. 北京：清华大学出版社, 2009.

99. 张玉敏. 知识产权法学 [M]. 北京：法律出版社, 2011.

100. 张玉敏, 张今, 张平. 知识产权法 [M]. 北京：中国人民大学出版社，2009.

101. 刘春田．知识产权法［M］．北京：中国人民大学出版社，2002.

102. 吴汉东．知识产权法学［M］．北京：北京大学出版社，2009.

103. 王迁．知识产权法教程［M］．北京：中国人民大学出版社，2009.

104. 黄勤南．新编知识产权法教程［M］．北京：法律出版社，2003.

105. 李明德．美国知识产权法［M］．北京：法律出版社，2003.

106. 德利娅·利普希克．著作权和邻接权［M］．联合国教科文组织，译．北京：中国对外翻译出版公司，2000.

107. 半田正夫，纹谷畅男．著作权法50讲［M］．魏启学，译．北京：法律出版社，1990.

108. M. 雷炳德．著作权法［M］．张恩民，译．北京：法律出版社，2005.

109. 韦之．著作权法原理［M］．北京：北京大学出版社，1998.

110. 郑成思．版权法［M］．北京：中国人民大学出版社，1997.

111. 萧雄淋．著作权法论［M］．台中：五南图书出版公司，2001.

112. 李明德，许超．著作权法［M］．北京：法律出版社，2003.

113. 汤宗舜．著作权法原理［M］．北京：知识产权出版社，2005.

114. 王迁，刘有东．著作权法［M］．厦门：厦门大学出版社，2006.

115. 江平，沈仁干，等．中华人民共和国著作权讲析［M］．北京：中国国际广播出版社，1991.

116. 费安玲．著作权权利体系之研究——以原始性利益人为主线的理论探讨［M］．武汉：华中科技大学出版社，2011.

117. 杨延超．作品精神权利论［M］．北京：法律出版社，2007.

118. 李琛．知识产权片论［M］．北京：中国方正出版社，2004.

119. 肖东发，于文．中外出版史［M］．北京：中国人民大学出版社，2010.

120. 理查德·波斯纳．论剽窃［M］．沈明，译．北京：北京大学出版社，2010.

121. 爱德华·扬格．试论独创性作品［M］．袁可嘉，译．北京：人民文学出版社，1998.

122. 易健雄．技术发展与版权扩张［M］．北京：法律出版社，2009.

123. 周晓冰．著作人格权的保护［M］．北京：知识产权出版社，2015.

124. 德国民法典［M］．杜景林，卢谌，译．北京：中国政法大学出版社，1999.

125. 拿破仑法典（法国民法典）［M］. 李浩培，等译. 北京：商务印书馆，1997.

126. 法国知识产权法典（法律部分）［M］. 黄晖，译. 北京：商务印书馆，1999.

127. 保护文学和艺术作品伯尔尼公约（1971 年巴黎文本）指南［M］. 刘波林，译. 北京：中国人民大学出版社，2002.

128. 十二国著作权法［M］. 十二国著作权法翻译组，译. 北京：清华大学出版社，2011.

129. 日本著作权法［M］. 李扬，译. 北京：知识产权出版社，2010.

130. BUCKLE S. Natural Law and the Theory of Property: Grotius to Hume［M］. Oxford: Clarendon Press, 1991.

131. ABRAME M H. The Mirror And the Harp［M］. New York: Oxford University Press, 1953.

132. BETTIG R V. Copyright Culture – The Polictical Economy of Intellectual Property［M］. Boulder: Westview Press, 1996.

133. DEAZLEY R. On the Origin of the Right to Copy – Charting the Movement of Copyright Law in Eighteen – Century Britain（1695 – 1775）［M］. Oxford: Hart Publishing, 2004.

134. ROSE M. Authors and Owners［M］. Boston: Harvard University Press, 1993.

135. COLLINS A S. Authorship in the Days of Johnson – Being a study of the relation between author, patron, publisher and public, 1726 – 1780［M］. London: Robert Holden & limited company, 1927.

136. PATTERSON L R. Copyright in Historical Perspective［M］. Nashville: Vanderbilt University Press, 1968.

137. FEATHER J. Publishing, Piracy and Politics – An Historical Study of Copyright In Britain［M］. London: Mansell Publishing Limited, 1994.

138. SAUNDERS D. Authorship and Copyright［M］. London: Routledge, 1992.

139. CORNISH W R. Intellectual Property: Patents, Copyright, Trade Marks and Allied Rights（Fourth Edition）［M］. London: Sweet & Maxwell, 1999.

140. NIMMER M B, NIMMER D. Nimmer on Copyright［M］. Harrisburg: Matthew Bender, 1989.

141. BEVERLEY – SMITH H, ANSGAR O, LUCAS – SCHLOETTER A. Privacy,

Property and Personality［M］. Cambridge：Cambridge University Press，2005.

142. BENTLY L，SHERMAN B. Intellectual Property Law［M］. Oxford：Oxford University Press，2001.

143. DAVIES G. Copyright and the Public Interest（Second Edition）［M］. Sweet & Maxwell，2002.

144. DOMAT J. The Civil Law in its natural order（VolumeⅠ）［M］. translated by William Strahan. Colorado：Fred B. Rothman & Co. Littleton. ，1980.

二、文章类

1. 甘阳. 政治哲人施特劳斯：古典保守主义政治哲学的复兴［M］//列奥·施特劳斯. 自然权利与历史. 北京：生活·读书·新知三联书店，2003.

2. 阿·布瓦斯泰尔. 法国民法典与法哲学［M］//徐国栋. 罗马法与现代民法（第2卷）. 北京：中国法制出版社，2001.

3. 霍尔斯特·埃曼. 德国民法中的一般人格权制度——论从非道德行为到侵权行为的转变［M］//梁慧星. 民商法论丛（第23卷）. 邵建东，译. 香港：金桥文化出版（香港）有限公司，2002.

4. 米歇尔·福柯. 作者是什么？［M］//王潮. 后现代主义的突破：外国后现代主义理论. 兰州：敦煌文艺出版社，1996.

5. 刘春田，刘波林. 关于职务作品著作权的若干问题［M］//中国版权研究会. 版权研究文选. 北京：商务印书馆，1995.

6. 刘得宽. 论著作人格权［M］//刘得宽. 民法诸问题与新展望. 北京：中国政法大学出版社，2002.

7. 王宏军. 两大法系著作权法、版权法中有关精神权利的比较研究［M］//国际法与比较法论坛（第2-3辑）. 哈尔滨：黑龙江人民出版社，2008.

8. 李琛. 著作人格权诸问题研究［M］//刘春田. 中国知识产权评论（第1卷）. 北京：商务印书馆，2002.

9. 阿道夫·迪茨. 德国著作权法中的人身权利［M］//中国知识产权评论（第2卷）. 北京：商务印书馆，2006.

10. 获原有里. "版权"和"著作权"两个词在日本的来龙去脉［M］//唐广良. 知识产权研究（第17卷）. 北京：中国方正出版社，2005.

11. 唐广良. 论版权法中的"精神权利"［M］//中国版权研究会. 版权研究文选. 北京：商务印书馆，1995.

12. 李贵连. 二十世纪初期的中国法学（续）[J]. 中外法学，1997（5）.

13. 李锡鹤. 民法学应有准人身概念 [J]. 华东政法大学学报，2007（2）.

14. 李锡鹤. 论法人的本质 [J]. 法学，1997（2）.

15. 汉斯·哈腾鲍尔. 民法上的人 [J]. 孙宪忠，译. 环球法律评论，2001 （冬季号）.

16. 张建涌. 从菲迪亚斯到吉贝尔蒂——古希腊时期和文艺复兴时期艺术家社 会地位之比较研究 [J]. 美学随笔，2009（10）.

17. 张慎. 德国启蒙运动和启蒙哲学的再审视 [J]. 浙江学刊，2004（1）.

18. 胡玉鸿. 围绕"人格"问题的法理论辩 [J]. 中国法学，2008（5）.

19. 曹险峰. 论德国民法中的人、人格与人格权——兼论我国民法典的应然立 场 [J]. 法制与社会发展，2006（4）.

20. 马俊驹，张翔. 论人格权的理论基础及其立法体例 [J]. 法学研究，2004 （6）.

21. 张红. 19 世纪德国人格权理论之辩 [J]. 环球法律评论，2010（1）.

22. 张红. 20 世纪德国人格权法的演进 [J]. 清华法律评论，2009（1）.

23. 周晨，张惠虹. 中德民法中一般人格权制度之比较 [J]. 德国研究，2003 （2）.

24. 姚辉，周云涛. 人格权：何以可能 [J]. 法学杂志，2007（5）.

25. 马俊驹，从人格利益到人格要素——人格权法律关系客体之界定 [J]. 河 北法学，2006（10）.

26. 马俊驹. 从身份人格到伦理人格——论个人法律人格基础的历史演变 [J]. 湖南社会科学，2005（6）.

27. 马俊驹. 人与人格分离技术的形成、发展与变迁——兼论德国民法中的权 利能力 [J]. 现代法学，2006（4）.

28. 薛军. 法人人格的基本理论问题探讨 [J]. 法律科学，2004（1）.

29. 薛军. 人格权的两种基本理论模式与中国的人格权立法 [J]. 法商研究， 2004（4）.

30. 徐国栋. 人身关系流变考（上）[J]. 法学，2002（2）.

31. 尹田. 论自然人的法律人格与权利能力 [J]. 法制与社会发展，2002 （1）.

32. 尹田. 论法人人格权 [J]. 法学研究，2004（2）.

33. 尹田. 论人格权的本质——兼评我国民法草案关于人格权的规定 [J]. 法

学研究，2003（4）.

34. 冷传莉. 论人格物的界定与动态发展［J］. 法学论坛，2010（2）.

35. 麻昌华，李明，刘引玲. 论民法中的客体利益［J］. 法商研究，1997（2）.

36. 李永军. 论权利能力的本质［J］. 比较法研究，2005（2）.

37. 付翠英. 人格·权利能力·民事主体辨思——我国民法典的选择［J］. 法学，2006（8）.

38. 陈年冰. 物质性人格权精神损害赔偿的几个问题［J］. 法学，2005（6）.

39. 傅强. 论废除民事权利能力制度的必要性［J］. 新视野，2005（5）.

40. 江平，龙卫球. 法人本质及其基本构造研究——兼为拟制说的一点辩护［J］. 中国法学，1998（3）.

41. 孙新强. 论委托作品的性质和特点［J］. 南京大学法学评论，2000（秋季号）.

42. 李雨峰. 从写到作者——对著作权制度的一种功能主义解释［J］. 政法论坛，2006（6）.

43. 李雨峰. 精神权利研究——以署名权和保护作品完整权为主轴［J］. 现代法学，2003（2）.

44. 李琛. 质疑知识产权之"人格财产一体性"［J］. 中国社会科学，2004（2）.

45. 李琛. 被误读的"修改权"［J］. 中国专利与商标，2004（3）.

46. 李明德. 美国形象权研究［J］. 环球法律评论，2003（冬季号）.

47. 孙新强. 论委托作品的性质和特点［J］. 南京大学法学评论，2000（秋季号）.

48. 石金钢. 委托作品的著作权归属——兼评《著作权法修改草案》相关规定［J］. 中南民族大学学报（人文社会科学版），2012（6）.

49. 李明发，宋世俊. 著作人身权转让质疑［J］. 安徽大学学报（哲学社会科学版），2003（5）.

50. 张玉敏，易健雄. 主观与客观之间：知识产权"信息说"的重新审视［J］. 现代法学，2009（1）.

51. 易健雄. "世界上第一部版权法"之反思——重读《安妮法》［J］. 知识产权，2008（1）.

52. 李莉. 论作者精神权利的双重性［J］. 中国法学，2006（3）.

53. 郑媛媛. 作者死了, 著作权何存? ——再论后现代主义思潮对作者法学概念的冲击 [J]. 理论界, 2011 (4).

54. 王烈琦, 唐艳. 论作者假定 [J]. 法商研究, 2012 (6).

55. 刘孔中. 著作人权权之比较研究 [J]. 台大法学论丛, 2002, 31 (4).

56. 冷传莉. 论民法中的人格物 [D]. 武汉: 武汉大学, 2010.

57. 原晓爽. 形象权研究 [D]. 北京: 最高人民法院中国应用法学研究所, 中国社会科学院法学研究所, 2013.

58. 刘有东. 著作人格权制度研究 [D]. 重庆: 西南政法大学, 2010.

59. 吕基弘. 著作人格权之研究 [D]. 台北: 台湾大学, 1981.

60. 王跃博.《伊安篇》与《理想国》: 论柏拉图前后期诗学思想的差异与演变 [D]. 长春: 吉林大学, 2017.

61. 易健雄. "物权—债权"二元结构之反思 [D]. 重庆: 西南政法大学, 2005.

62. 孟庆鹤. 启蒙视野下的德国早期浪漫派 [D]. 湘潭: 湘潭大学, 2009.

63. 陆映青. 委托作品著作人身权归属探悉 [D]. 上海: 华东政法大学, 2010.

64. 陈仁淋. 物化的人格抑或人格化的物——作品从"物"的本体到纯粹财产本权的演进 [D]. 重庆: 西南政法大学, 2013.

65. 米歇尔·福柯. 什么是作者? [EB/OL]. [2020 – 04 – 19]. http: //wenku. baidu. com/view/4c9a4cc46137ee06eff91892. html.

66. LAROCHELLE G. 从康德至傅柯: 作者余下甚么? [EB/OL]. [2020 – 04 – 19]. http: //www. gongfa. com/congkangdedaofuke. htm.

67. 刘孔中. 著作人格权之研究 [EB/OL]. [2020 – 04 – 19]. http: //www. docin. com/p – 11527137. html.

68. 张娜. 论版权体系中的著作人格权 [EB/OL]. [2020 – 04 – 19]. http: //www. civillaw. com. cn/wqf/weizhang. asp? id = 40672.

69. SUHL N C. Moral Rights Protection in the United States Under The Berne Convention: A Fictional Work? [J]. Fordham Intellectual Property, Media and Entertainment Law Journal, 2002.

70. BIRD R C. Moral Rights: Diagnosis and Rehabilitation [J]. American Business Law Journal, 2009 (46): 497.

71. SWACK C. Safeguarding Artistic Creation and the Cultural Heritage: A Compari-

son of Droit Moral Between France and the United States ［J］. Columbia – VLA Journal of Law & the Arts, 1998 (22): 361.

72. BOYLE. The Search for an Author: Shakespeare and the Framers ［J］. American U. Law Review, 1988 (37): 617.

73. GINSBURG J C. A Tale of Two Copyrights: Literary Property in Revolutionary France and America ［J］. Tulane Law Review, 1990 (64): 991.

74. ROEDER M. The Doctrine of Moral Right: A Study in the Law of Artists, Authors And Creators ［J］. Harvard Law Review, 1940 (53): 557.

75. KOWALSKI W W. A Comparative Analysis of the Retained Rights of Artists ［J］. Vanderbilt Journal of Transnational Law, 2005 (38): 1141.

76. STRAUSS W. The Moral Right of the Author ［J］. American Society of Comparative Law, 1955 (4): 506.

77. SUHL N C. Note, Moral Rights Protection in the United States Under the Berne Convention: A Fictional Work? ［J］. Fordham Intellectual Property, Media and Entertainment Law Journal, 2002 (12): 1203.

78. MOORHEAD C J. H. R. 2962: The Berne Convention Implementation Act of 1987 ［J］. Journal of Law & Technology, 1988.

79. LOGEAIS E. The French Right to One's Image: a Legal Lure? ［J］. Entertainment Law Review, 1994.

80. REITER. Personality and Patrimony: Comparative Perspectives on the Right to One's Image ［J］. Tulane Law Review, 2001 (76): 684.

81. WOODMANSEE M. The Genius and the Copyright: Economic and Legal Conditions of the Emergence of the "Author" ［J］. Eighteenth – Century Studies, 1984.

82. HOWARD R M. Some Events and Ideas in the History of Authorship in the West ［EB/OL］. ［2020 – 4 – 19］. http: //wrt – howard. syr. edu/Handouts/ChronAuth. html.

83. KHAN B Z. Intellectual Property and Economic Development: lessons from American and European History ［EB/OL］. ［2020 – 04 – 19］. http: //www. iprcommission. org/papers/pdfs/study_ papers/sp1a_ khan_ study. pdf.

84. FAILING P. Artists Moral Rights in the United States before VARA/1990: An Introduction ［EB/OL］. ［2020 – 04 – 19］. http: //www. studiolo. org/CIP/VARA/Failing/Failing. htm.

后 记

校对完书稿的最后一个字，在电脑上敲出"后记"二字时，原本预期的若释重负感没有如期而至，不期而来的，却是岁月蹉跎感。从最初的研究动意到如今结成书稿，竟纵跨了十个年头！回想这而立至不惑的十年，自己经历了三次搬家，四处漂泊，体验了人情冷暖、世事变迁，煎熬于兴趣之乐与稻粱之谋，终于明白，哪怕身负重担，也比心无所依幸福。眼前的这部书稿，即是我的一副重担，暂且卸下。

2010 年初报国家社科基金项目时，基于研究生学习期间未了之心愿——观照人格权，选择了"著作人格权与民法人格权理论之冲突与协调研究"这一主题，获批后携该课题进入最高人民法院中国应用法学研究所博士后工作站，经东川老师和明德老师同意，同时将该课题作为博士后研究项目。到 2014 年底初稿形成，于 2015年通过项目验收与出站评审，并获评"优秀博士后出站报告"。在此衷心感谢两位老师的指导，也感谢评审组的认可！❶

出站后有过结稿成书的想法，但始终觉得不太满意，仍需修

---

❶ 两位老师在开题之初对我能否如期完成该主题的研究工作表示过某种担心，但仍然尊重了我的个人选择。后因同时承担了博士后一等资助项目"中国著作权民事审判状况研究——以侵权损害赔偿为重心"以及由此深化、延伸而来的博士后特别资助项目"基于'著作权案例采集分析系统'的侵权损害赔偿研究"，涉及 2 万多份裁判文书的收集、整理与数据挖掘，自己在研究时间与精力分配方面的确面临极大的压力。然兴趣所在，虽远不怠，到 2014 年底总算能有所交代。当 2015 年博士后出站评审组成员、中国应用法学研究所副所长范明志给出"思想深刻、语言优美"的评语，评审组主席、最高人民法院副院长景汉朝宣布"优秀博士后出站报告"的决定，那一刻，真感觉自己所有的努力与付出都是值得的。中国应用法学研究所对我一再推迟出站的宽容，也让我铭记于心。这一段负重而行的过往，至今想来，仍心有余波，特记于此。

改。此后断断续续，虽有所推进，但进展缓慢——常因补充资料而去查阅图书，一读又忘了修改之事，中间又夹杂各样"俗务"，等辗转回头，往往已"岁月蹉跎"。直至此次特别疫情时期，终于"被迫"全情投入，完成了心中所想的修改任务，算是过了自己这一关。

坦率地说，当初选择这一主题作为研究对象时，心中多有"圆梦"想法，真正投入进去，才深切感受到这一研究的难度之大。所有法学术语中，大概没有哪个比"人格""人格权"更复杂的了。不要说写作，即使是阅读，都是件极不容易的事。尽管一向自觉对哲学、历史、法理学、民法学、知识产权法学等有所涉猎，面对这一主题，仍时常感到吃力。所幸研究过程并不孤单。进入阅读、思考状态后，会感受到诸位思想者的诉说、思辨——似乎在期待着与读者的共鸣。每一次的共鸣，都是智识的一次洗礼。思考有多艰难，洗礼就有多愉悦。此间所获，非感谢二字能当。

但我仍要特别感谢周清林先生。清林兄是我同门师兄，也是我的挚友，在西南政法大学素有"周康德"之称，其经哲学素养加持过的民法学功底带给我丰厚的理论养料。与清林兄的深谈、对其文章的阅读，都让我受益良多，也奠定了我梳理民法人格权理论的底气。我还要感谢当初的陈仁淋、刘媛两位同学——如今一位已是人民法官，另一位也成为大学教师。两位同学为我的课题研究搜集了大量资料，并撰写过一些内容；尽管后来因为各种原因并未用上这些内容，两位同学的工作仍然促进了我的研究。在此也祝福两位同学学有所长、业有所成。最后但绝不是最不重要的是，感谢知识产权出版社为我提供了优越的出版条件，感谢可为女士辛勤的付出与宝贵的意见。正是经与可为女士的商量，才最终将书名确定为《著作人格权与民法人格权理论的冲突及协调》。

书稿的修改同时也是学习的过程，而学习是无止境的。尽管作了相当努力，不少关于人格权的新成果也来不及吸收了。就让"丑媳妇"这般模样去见公众这位"公婆"吧。如能得到读者、方家的批评指正，则是这位"丑媳妇"的万幸。

易健雄

2020 年 4 月 12 日